TEACHERS DO RESEARCH
PROCESS, METHOD AND SECURITY

教师做科研

过程、方法与保障

李臣之　主编

海天出版社（中国·深圳）

图书在版编目（CIP）数据

教师做科研：过程、方法与保障 / 李臣之主编. — 深圳：海天出版社，2010.9（2016.3重印）

ISBN 978-7-80747-963-5

Ⅰ. ①教… Ⅱ. ①李… Ⅲ. ①教师－教育科学－科学研究 Ⅳ. ①G451

中国版本图书馆CIP数据核字（2010）第173324号

教师做科研
过程、方法与保障
JIAOSHI ZUO KEYAN GUOCHENG FANGFA YU BAOZHANG

出 品 人　聂雄前
责任编辑　梁　萍
责任技编　蔡梅琴
装帧设计　线艺设计　电话 83460339

出版发行　海天出版社
地　　址　深圳市彩田南路海天综合大厦7-8层（518033）
网　　址　www.htph.com.cn
订购电话　0755-83460202（批发）　83460239（邮购）
设计制作　深圳市线艺形象设计有限公司　Tel：0755-83460339
印　　刷　深圳市希望印务有限公司
开　　本　787mm×1092mm　1/16
印　　张　23.25
字　　数　320千字
版　　次　2010年9月第1版
印　　次　2016年3月第5次
印　　数　12001—15000
定　　价　35.00元

前　言

　　一直想写一本关于中小学教师做科研的书。目的很简单：与中小学教师相处时间一长，感觉他们有做科研的外在要求和内在需要，感受到他们的生活方式需要调整，感受到他们有专业提升的使命。一直喜欢做教师，也一直喜欢同教师交往，自然喜欢为教师做些力所能及的事情。

　　别的事情总是很多，这事便一直拖到今天。若不是海天出版社陶明远副总编辑再三催促，再三鼓励，这事还会一直拖下去。

　　一直拖，也不仅仅是因为时间少、事情多，主要是想寻求能够帮助教师做科研的一些途径。现在，关于教育研究方法的书籍已经很多了，为什么教师仍然感觉研究很艰难呢？果真是教师研究基础不好？是研究太深奥？还是社会赋予教师的研究机会太少？

　　事实上，教师做科研，主要是为了强化教师的专业角色及认同感，提高课堂教学的质量；为了改变职业生活方式，提高职业幸福指数。教师做科研，源于教学生活。在教学生活中，教师的科研是变革性的教学实践，是在改善教学品质的过程中，积累智慧、形成研究成果的过程。

　　也有人认为教师做科研就是讲故事。这样说的确也能够舒缓教师做科研的精神压力。但科研就是科研，它需要有科学的态度，需要用科学的方法，需要实事求是。教师做科研的目的，仍然是把握规律、解决问题、提高效率、提炼理论。因此，教师做科研，不能只是讲讲故事。从"程序"上看，教师做科研需要有一个基本的过程。这个过程总体上包括选题、开题、做题、结题四个子过程。过程可长可短，形式也可多样，但不可缺少任何一个子过程，否则，科研就会像风筝断了线。

　　教师科研选题，往往来源于自身教学实践中的困惑、自身经验的升华，来源于自身的阅读，来源于与他人的学术交往。先有一个模糊的选题范围，再经过一步一步地阅读、交流、反思，逐渐缩小题目范围，明确要研究的问题，最终确定可行的课题。

开题，并非是单纯地举行会议，而是计划科研内容的过程。选定研究课题后，需要进一步界定课题到底是什么，思考用什么方法可以解决问题，打算如何去研究。这些工作很重要，包括关键概念的界定，针对要解决的问题选择恰当的研究方法，并说明如何使用。系统考察与课题相关的研究成果，分析这些研究所用的方法、得出的结论、不足以及对自身研究的启示。对具体的研究方法，不仅仅是写出一个方法名称，而是要讲清楚如何运用方法，包括对象、环境、工具、技术路线、注意事项等。

做题，按照研究设计将课题研究付诸实践。对教师而言，与专家研究明显不同的一点是在自身教学实践过程中从事研究活动，将研究和教学合一。这就要求教师在教学设计、教学实施、教学反思各个环节都要有研究的视野，有研究的状态，有研究的追求。在研究性教学的要求下，教师教学设计的时候往往要实行整体备课，如"学期备课"或"学年备课"，备课的人际交往不再限于同科组，往往是异质的、跨学科的，备课的内容也具有教学与研究双重性。教学目标之外有研究目标，且二者不可分割：教学内容既是研究内容的依托，也是研究内容的表现形式。而教学实施过程，则是有观察、有测量、有记录的过程，既能促进学生的学习，又能获得教学研究中的典型事件。教学反思，也是从研究的角度回溯教学过程，既能发现教学中值得注意的"状况"，也能升华研究的感受，有所收获。

结题，不是简单的会议活动，而是研究过程的系统整理，研究发现的系统概括和提升。

教师做科研，当然要知道研究方法，但这还很不够，还要学会运用方法，真正掌握方法。问卷调查、访谈、观察有助于发现研究的问题，收集最鲜活研究资料；行动研究对研究教学、变革实践、改进实践都有帮助；叙事研究则有助于积累经验提升理论。如何处理收集的资料，分析数据、实物，创造文本，得出结论，也是教师们比较想了解的内容，可以放在方法中讨论。教师做科研，自然需要历史研究和批判研究，但这些研究往往附着在调查研究和变革研究过程中，因此，可以不做单项讨论。

教师做科研，还需要持续学习、主动反思；教师做科研不是孤立地做，有同事、有同学、有专家，可以在相互学习中一起对话、一起研究。

因为有这样的考虑，才有了这本书的构想。

在研究团队的集体努力下，这本小册子终于有了雏形。由我负责设计全书整体框架，提出章节标题及建议性观点，撰写部分章节和前言，审读修改后，最终定稿。我的同事刘树生负责规范编写体例，提出需要着力完善的地方。我们组成的这个研究团队，队员都是研究生，其中不少人曾经做过中小学教师，且对中小学教师做科研有深刻体验。大家分别就自身的研究兴趣负责相应的章节：李臣之、刘树生第一章，刘文军、刘树生第二章，刘妍、李臣之第三章，刘文军、李臣之第四章，刘妍、郑文娟、帅飞飞第五章，刘树生、刘妍、李臣之第六章，刘芳芳第七章，帅飞飞、乔亚利、刘芳芳、方小芳、王益辉第八章，刘树生第九章，刘怡第十章，乔亚利第十一章，绳珂第十二章。

我们期待一线教师和读者朋友们提出批评，并将致力于进一步完善这本书。

最后仍然要感谢拥有教育学和出版学双硕士的陶明远副总编辑，他亲自组稿，为本书的完善和及时出版，尽心尽力。我们感慨无限，唯有勤奋以报。

李臣之

2010年7月12日

目 录 CONTENTS

第一部分 教师做科研的基本过程

第四章 结题：成果升华

第二部分 教师做科研的基本方法

第五章 教育调查研究

第八章 研究文本创作方法

第三部分 教师做科研的基本保障

第九章 持续学习

第 一 部 分

教师做科研的基本过程

    世界是过程的集合体。科研也是一个过程，教师会经由这个过程获得成长，教育会经由这个过程获得改进，学校会经由这个过程获得变革。任何科研，在程序上都由"选题—开题—做题—结题"诸过程得以完成，在学理上由"问题—资料—分析—结论"诸环节得以实现。尽管不少教师认为难做"科研"，或认为教师的科研实际上是教研，但只要承认是在做"研究"，就要遵循研究的逻辑与程序。教师做研究与院校研究人员一样，唯有程序及学理的表现形式不同，没有本质上的差异。或者说教师研究坚持一般的程序与学理，有助于保障教师做科研的规范性和有效性。

第一章 选题：从"问题"到"课题"

科研兴校已成为人们的共识。教师做科研首先碰到的问题是如何寻找研究课题。一些教师根据自己在教育教学实践中的困惑和经验，将具体的教育现象作为自己的研究课题，虽然有很强的针对性，但往往失之于表面，无法深入教育的本质；一些教师从各种教育理论出发，借用理论研究者的概念进行文字加工，虽然便捷，却无法推动教师自身的专业发展；一些教师发现别人的研究成果能够促进实际教学，便将其运用于自己的课堂教学中，这种"试验"的确是研究的一种形式，但在具体操作中仍然带有一定的盲目性，对于自身究竟要解决什么问题仍然不够清楚。"去哪里找问题"成为教师做科研的第一步。在教育研究中，发现有价值的研究问题，既离不开对鲜活教育现场的敏锐感知，更离不开由表及里、由现象到本质的理论思考。即使问题找到后，也需要根据自身的研究条件综合考量，对问题进行提炼和加工，寻找关键概念，最后形成研究课题。

一、问题在哪里

身处变革的时代，人们的观念日趋多元化，我们不得不在新旧观念的激烈冲突中不断找寻自我。可以说，这是一个充满问题的时代。变革时代的教育更加具有复杂性和不确定性，传统与现代、激进与保守……各种教育思潮混杂在教育发展的滚滚洪流中，"整个教育史，不过就是一个意见纷争、众说纷纭的展览馆"[1]。复杂的教育情境，针锋相对的教育流派，理想与现实的巨大差异，都使我国当前教育在发展中问题不断。由此看来，教育情境的复杂性和不确定性决定教师面临的矛盾和问题无时不有，无处不在。如何在诸多困惑与矛盾中找到自己需要研究的问题呢？

教师做研究是一个既立足实践又超越实践的过程。在教学实践中，总会碰到困惑，也会积累成功的经验。对困惑展开追问，试图发现困惑的原因，寻求解决问题的办法；对教学实践中形成的经验及时进行总结，探寻成功经验背后的规律性，都是教师做研究的基本立足点。但要使教师研究超越实践，超越简单的"经验总结"，还需要广泛占有资料，清楚了解在即将研究的领域里，"前人"做了什么，"他人"做了什么。充分的文献阅读和相关的学术活动是一个捷径，有助于教师找到研究的主题。也许是先发现了问题去找文献，再和同伴或研究者交流；也可能是通过阅读文献，发现了自己教学中未曾质疑过的假设；也可能在与同事的争论中灵光一现，发现了有价值的议题。因此，文献阅读、教育调查、经验升华和学术交往四种路径互相影响，都能引发系统的思考，使原本模糊的问题逐渐清晰化，个人所要研究的问题也就慢慢呈现出来。（见图1-1）

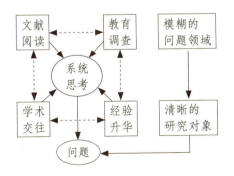

图1-1 研究问题的形成

---

[1] 刘良华. 教育研究方法：专题与案例[M]. 上海：华东师范大学出版社，2007：3.

（一）教育实践的追问与调查

教育理论必须植根于教育实践。对教育实践进行追问，是研究问题的最基本来源。在当今的教育教学中，随着课程改革的推进和学生个体的变化，教师时常会遇到各种各样的疑难或困境。如教师的设想、计划与实际效果之间的差距；教育教学情境中不同价值取向间的冲突与对立；教学中的两难情境；不同的人或群体对待同一教育教学行为的不同看法。[1]如果教师能敏锐地捕捉到教学情境中的各种现象，在习以为常的教学现场中发现不寻常的因素，就可以找到许多值得研究的问题。

1. 经常追问教学中的困惑

教学是一条流动的河流，教学情境充满了复杂性。老师可能在不经意间感觉到，过去常用的管理学生的方式突然失去了作用，与学生的沟通和交流也出现了越来越多的障碍，曾经定型的教学方式已经不能适应课程发展的需要……这些都是值得教师进一步思考的现象或问题。为什么会这样？有没有办法可以改变这种状况？在与教师同伴的交流中，也很容易倾听到类似的困惑，譬如，现在的孩子不喜欢学习，没有学习热情，不知道该怎么教；现在的学生不能骂更不能打，太难管了；素质教育要求减轻学生负担，可是学生负担反而越来越重；新课标主张多元教学方式，但课堂知识性质不同，教学方式如何多元？综合实践活动要求基于学生经验，密切联系学生生活，又处处需要考虑安全，如何放手让学生活动？如此等等，不一而足。只要进一步追问，试着寻找教学困惑背后的真实问题，就很容易发现值得探索的问题还不少。

案例1-1 怎样让"差生"自由发言？[2]

有一段时间我有意识地鼓励学生在我的语文课堂上自由发言，学生们很开心。可是几天后，其他学科的老师不断到我的办公室告状，说这个班的学生越来越不像话，课堂纪律差，学生"像着了魔似

---

[1] 郑金洲. 教师如何做研究 [M]. 上海：华东师范大学出版社，2005：46.
[2] 刘良华. 校本行动研究 [M]. 成都：四川教育出版社，2002：180-182.

的"。事情发展到这个地步，我只能答应政治老师加强班里的纪律教育，但这件事很快传到了校长办公室，我们班在学校教师会议上受到学校领导的点名批评。我找来班长，请他组织一次主题班会，主题可以定为"自由与纪律"。主题班会后，我发现在语文教学中学生自由发言的整体程度不如从前了，平时善于表达的学生发言越来越多，不善于表达的学生发言越来越少。

究竟该怎样让所有学生主动发言，开口说话呢？

学生在课堂上可以自由发言，不需要举手，由此带来了班级秩序的混乱，影响了其他老师上课；协商自由发言反而让自由发言变成了"好生说话，差生听话"的局面。如果教师结合自己的经验，发现这是一个普遍性的问题，就要慢慢追问，困惑的核心问题究竟是什么。在这样的追问下，问题就出现了。

2. 在教育调查中发现问题

在对教学困惑做进一步的追问中，往往会发现一些值得注意的教育现象或问题，但尚不能明确该现象或问题是否具有普遍性，这时就可以有计划地对该现象或问题进行调查。可以采用观察、访谈的方式，也可以做问卷调查，使问题聚焦，区别出问题的层次，凸显问题的关键特征，最终使困惑背后的问题浮出水面。

案例1-2 "高中文化信息课程"构建的来龙去脉[1]

自1987年从教以来，"经师易得，人师难求"这句名言一直深深地印刻在我的脑海中。在"高考成绩就是硬道理"的时代背景下，我的想法非常简单，那就是，只要我做好"经师"，让更多的学生考上理想的大学，我就会成为学生们心目中理想的"人师"。然而我最得意的门生（被清华大学录取）由于不能忍受学业的负担，被清华大学勒令退学之后，我开始反思自己的语文教学。为了做语文教育的"人

[1]郑慧琦.教师成为研究者[M].上海：上海教育出版社，2004：124-126.

师"，我经常深入到课堂和学生中间进行调查研究，进行友好对话和深度访谈。通过观察和调查，到高二阶段已有85%的学生不喜欢或讨厌学习语文。有些同学十分尖锐地说："本来在假期看懂了，被老师一讲反而有点不懂。"我继续追问，为什么会出现"有点不懂"这个现象呢？学生说："课堂中，绝大部分观点都是老师的，而老师的绝大部分观点都来源于教参。即使老师允许学生讲出自己的看法，最后也还是被引导到教参上。"

这样的调查和访谈，使我得到很大启示：要想改革语文教学，就不能仅仅停留在语言的工具性层面上，而是要从复兴中国文化入手，站在中国文化内核和中国文化创新的高度审视语文教学。同时，西方也有学者预测，十几年后网上中文资料将成为信息文化的主流，这将给语文教学带来无限的想象空间和发展机遇。为此，我于1999年10月设立并主持了"高中文化信息课程建构"的课题研究。

案例1-2说明了课题产生的简略过程。"高二阶段已有85%的学生不喜欢或讨厌学习语文"，如果这样发展下去，学生如何面对语文学习，如何获得理想的学习效果？带着这样的疑惑，通过进一步的调查，终于发现部分深层原因，从而确定了研究课题。类似这样的困惑或问题，在日常生活里处处可以发现，只要留心，只要追问，只要调查，就能得到研究和解决这一问题的途径。

（二）教育经验升华

随着教学时间的推移，教师在教育实践中会积累许多经验，但这种在实践中形成的经验往往是"缄默的"，教师可以意会，却难以言说。所以导致许多教师很难找到自己的表达方式，也很难发出自己的声音。或者即使能表达出来，也只是停留于"经验总结"的层面，无法与专业人士展开对话。如果能深入经验的内核，发现其中蕴含的本真概念，尝试推断不同概念间的相互关系，就会逐渐摆脱狭隘的个人主义，得出具有普遍性、有价值的课题。因此对教育经验的总结和提升也是找到研究问题的重要方式。

案例1-3 教育日记伴我成长[1]

1991年，我结束了大学生活成为一名中学数学教师。我怀着极大的热情走进学校的大门，在这所重点高中，担任高一两个班的数学课，并做班主任。但是两个月后，遇到了极大的麻烦，其他科任老师说班级比较乱，尤其是上课纪律不好，对我颇有好感的学生小光在作业中夹了一张纸条："老师，你是我从小学到高中的班主任里最好的一个，是我最信任的一个，你是我们学生的自己人。但是老师，我想调到另外一个班去，因为我班纪律不好。我爸已经为我办好了这件事，可是我又真的舍不得离开你，我很苦恼。"

来自科任老师、学生和家长的压力，使我陷入了深深的痛苦中。我的梦想、我的执着、我对学生的爱，换来的竟是一个"乱"？虽然老教师传授了诸多治理班级的经验，但我知道，这些都不适合我。不管怎样，应该给小光一个答复，我同样写了一张纸条："你先别走，还有两个月的时间，如果这个学期结束，班级纪律还不好转，你走，我也走。帮帮老师，不用多，你只要管好你前后七八位同学就行。"又给班里最爱讲废话的杨磊写了一张条子："不为别的，只为了你自认为是朋友的班主任，请你明天上课只说五句废话，好不好？"

正如我所期待的，就在第二天事情就有了转机，课堂纪律一下子变得好起来。从此以后，我每天都坚持在作业中给不同的学生写不同的交流纸条，学生也喜欢用一张小纸条给我回信。在参加工作的第一个学期结束时，我终于交上了一份及格的考卷。我将教育日记中大大小小的纸条和当时的情感、心得体会变成课题，即"书信谈话法在班集体德育工作中的作用"，课题论文获得一等奖。

---

[1]郑慧琦. 教师成为研究者[M]. 上海：上海教育出版社，2004：204-206.

类似案例1-3这样的体验，我们可能都会感同身受。也许我们对"只说五句废话"仍然存有新的疑问，但"课堂纪律一下子变得好起来"说明先前的现象毕竟有了改变。因此，如果我们不留意，不积累，不抓住机会将这些片段的经验汇集成为一个整体，那么我们能够看到的也仅仅是一个改变了的环境。虽然这也是我们乐意看到的，但仍然留下不少遗憾，这些经验无法在更大范围内传递，也难以在自身专业的发展中发挥更大的作用。

（三）学术交往

思想的火花来自于不同想法的碰撞。教学专业带有一定的个人倾向，保持开放的心态，与同事坦率沟通，形成良好的团队合作氛围，有助于教师取得更大的成绩。网络的发展也为教师的沟通和交流提供了新途径，博客、论坛等新的网络交流手段可以极大地开阔教师视野，同时适当借助外来力量（教育理论研究者），从不同的视角审视日常的教学现象和问题，使教师的思想得到激发，思维趋于活跃，许多科研问题也就应运而生了。

1. 与专业研究人员互动

专业研究人员有较扎实的理论基础，具有较敏锐的问题感知能力，具有实践工作者难以具备的理论开拓性，容易从实践中发现值得研究的问题。实践工作者长时间深埋在实践活动中，往往对原本有研究价值的问题习以为常、司空见惯，难以往"深层"思考。在教师与专业人员的互动中，"外来者"的视角有助于发现一线教师忽视的问题，有助于提高教师发现问题的意识，即发现问题的能力。

一位应考教育学博士的小学教育行政领导，虽然初试顺利通过，但在如何确定一个值得研究的课题上左右为难，这是学校的考试要求，关系到最后的录取结果。他设想了三个题目："现代小学教学管理模式研究""流动人口家庭教育支援研究""现代小学教育质量评价研究"，不知道如何确定。通过与专业研究者的短暂交流，他意识到第一、第三个选题范围宽，且缺乏新意，第二个选题有新意，但研究对象不很明确。在进一步交流和沟通后，打算从"城市流动人口学生学习适应性研究"角度入手进一步深入思考。下述案例1-4则是包老师确定选题的过程。

案例1-4 研究伙伴合作同行[1]

我与某校长闲聊时，谈到他学校里有一位包老师特别喜欢丰子恺先生的漫画，在语文教学中也会利用，学生兴趣很浓，教学效果明显提高。好奇心促使我走进教室听她上课，教学内容为《从百草园到三味书屋》。课后，包老师与我交换意见时显得很高兴，但她只满足于表面的生动、学生的兴趣，没有往深层思考。我提出"学生为什么对此感兴趣"和"如何在兴趣中扎实基础、开发潜能"两个问题，她说没有想过，并提出要与我合作的愿望。研究的问题逐渐明朗，"初中语文教学中运用漫画手段提高学生创新思维的实践研究"这一课题也就顺理成章产生了。

需要注意的是，教师在教育科研中也应注意保持研究的相对独立性，否则"合作研究"也往往使教师成为收集资料的"工具"，丧失了研究的乐趣。因此，在与专业研究人员的互动中，既要保持开放的心态，也要坚持研究的自主性。

2. 与同行的自由争论

真正的问题存在于有争议的领域，不同观点的激烈碰撞会引发思维的火花。同事之间在教学之余进行专业对话，常常可以找到有价值的问题。由于教师个人面临的教育情境有较大的差异，导致对同一问题的观点不一致。日常教学中，教师可能会根据个人判断采取自己的方式，如果能客观地审视同行的建议，发现不同观点的价值，不仅有助于找到有价值的研究问题，还有助于教师从更深的层面来思考教育教学问题，促进自身的专业发展。

---

[1]郑慧琦. 教师成为研究者[M]. 上海：上海教育出版社，2004：332.

案例1-5 由争论带来的教研组课题[1]

1999年早春的一个双休日，建平中学语文组的老师们在办公室争论这样一个问题：电脑进课堂，是利还是弊？资深教师王镫令首先"发难"，教学是学养，是风度，是终身追求的视野，哪里还要什么新点子、新工具？而年轻老师并不赞同，提出电脑能拓展语文教学的空间，也会给学生自主学习的机会。在大家争执不下时，程红兵老师提出了"如果说电脑进课堂给语文教学带来危机，那么也是危险与机遇同在"的观点。之后，经过多次学生问卷、师生座谈、教师沙龙、家长恳谈，语文组把"自主探究式语文教学模式研究"定为全组教师参与的课题。

案例1-5说明，同行之间的见解、思维方式、知识背景也不相同，如果善于倾听，大胆追问，敢于发现，就很容易找到有价值的研究课题。

（四）阅读文献

教育问题有很强的现实性，社会政治、经济、文化的发展会使教育所面临的现实问题有较大的差异。因此，教师做研究首先要立足于教育实践，从教育实践中寻找问题。但教育问题又有很强的历史性，相关文献的阅读可以为解决现实问题提供借鉴。如果能充分占有文献，就可以使研究的问题更加清晰，让研究更加深入。

1. 借鉴文献

教育者必先受教育，教育者的教育是终身的。因此，教师需要持续不断地学习。其中，文献阅读是教师最常用的学习方式。尤其是一些工作基础比较好的教师，在操作日常教育教学任务颇有余力，有可能会进入个人专业发展的高原期，找不到更高的发展方向的时候，更需要广泛阅读相关文献，关注整个教育或某个学科领域的一些发展趋势性的问题，从中寻找自己今后可能有所作为的阵地。从文献中发现教育发展的

---

[1] 郑慧琦. 教师成为研究者[M]. 上海：上海教育出版社，2004：500.

大趋势，寻找与教育实践的结合点，往往会比一般题目更具有前瞻性。这样的课题起点高，对学校和教师的发展具有积极的导向作用，还有可能在教育改革的大潮中发挥一定的引领和示范作用。下述案例1-6中的刘老师，针对自身作文教学的困境，成功借鉴专业教学文献中的方法，获得了语文教学的新出路。

案例1-6 不断"有办法"的刘老师[1]

刘老师是一所初级中学的语文老师，在教学实践中她感言："随着学生年级的升高，他们对语文越来越失去兴趣，尤其是最感头痛的作文。"她通过阅读资料了解到，档案袋的收集和评估是国内外比较流行的一种先进的学业成就评定方法。她借鉴先进的评价方式，选择写作教学为迁移点，提出以"通过写作档案袋提高中学生语文学习的自我效能研究"为主题。尝到研究快乐的她说："参加科研使我的语文教学之路越走越宽。"

借鉴文献也表现为对"遗留问题"的留意或重视。一些文献暗示或直接提出值得进一步研究的问题，尤其一些调查类期刊论文、硕士/博士学位论文，在"结论与讨论"、"研究反思与展望"部分，都会提出一些值得研究的问题，这些问题属于"遗留问题"。如果能够结合教育实践加以探讨，也可以成为有研究价值的课题。

2. 质疑文献

古人云："尽信书不如无书。"书籍或资料中的结论或观点不一定完全正确。分析不同的资料，比较不同的观点，追问前人的结论，往往可以产生新的研究课题。因此教师在占有文献的同时，如果能采取评判的态度，敢于发现已有文献的研究缺陷，并结合个人实践经验，提出有效的解决途径，就会使自己的研究课题富于创造性。

教师质疑文献，往往缺乏勇气，认为书中的理论是专家的发现，信

---

[1]蔡笑岳. 教师专业发展与教育科研[M]. 广州：暨南大学出版社，2007：47.

任多于挑战。实际上，没有空想的理论，理论需要源于实践并接受实践的检验。教师在借鉴文献解决实践问题的过程中，要敢于质疑文献，进行创造性思考。在此意义上，教师研究的智慧产生于研究的勇气。

3. 参照各级教育科学规划课题指南

国家、部省以及地方政府都非常重视教育课题规划立项工作，每一个五年计划都会出台相应的课题指南和年度课题。对于中小学教师而言，尽管难以申请到这些课题，但可以从中看到各级政府关注的教育问题，再对应到教育实践中遇到的教育现象和困惑，就很容易生成有研究价值的课题。有些地方政府，还特别为一线教师准备了课题指南，如广东省教育厅教学研究室为中小学及教学研究室设计了系列教育研究课题，经费单列，级别等同于省级教育科学规划课题。教师可以直接参照和申请，成功概率较大。

教育部、各省市政府为了促进教育科研的发展，大多设有教育科学规划办公室，负责科研课题的评审、立项和管理，每隔一段时间，会制定并公布相关的课题指南。

教育部"十一五"教育科学规划与基础教育相关的研究方向列举：

1. 城乡学生学业成绩差异调查研究
2. 教学模式改革与学科教学思想创新研究
3. 新课程改革对师生教学方式转变的影响研究
4. 教师发展对转变教师学习方式的影响研究
5. 克服学生厌学的对策研究
6. 高中文理分科问题研究
7. 薄弱学校提高办学质量实践模式研究
8. 普通高中教育多样化办学模式研究

广东省教育科学"十五"规划课题与基础教育相关的研究项目[①]列举：

---

①广东省教育科学"十五"规划与课题指南。

1. 城市化进程中的基础教育热点、难点研究
2. 广东省普教科研体系和科研成果转化的研究
3. 名校长、名教师成长环境、机制、规律的研究
4. 地方、校本课程开发与管理的研究
5. 高中阶段教育发展研究
6. 学科教学中实施素质教育的理论与实践研究
7. 青少年科学技术教育研究
8. 网络与现代教育技术对中小学教育影响的研究
9. 广东流动人口子女教育问题研究

深圳市教育科学"十一五"规划重点课题[①]列举：
1. 深圳公办教育集团的发展模式与运作机制研究
2. 多元智能理论转变高中生数学学习方式的实证研究
3. 新课改背景下高中校本课程建设个案研究
4. 主题班会——学生自主行为及课程开发研究
5. 思想政治课互动式教育主题网站建设个案研究
6. 高年级小学生中QQ文化流行现状与引导策略研究
7. 教学学具在学生思维训练中的应用研究
8. 幼儿早期阅读习惯和能力的研究
9. 学校、社区共建乒乓球体育园地的案例研究

二、将"问题"转化为"课题"

通过教育调查、经验升华、学术交往和文献阅读，"发现"的研究问题可能只是"值得"研究的问题，这个问题是否适合自己？是否可以完成？仍然需要结合选择研究问题的三原则进一步确证，进一步聚焦，缩小问题范围，将宽泛的问题明确化，一般问题特定化。在此基础上，界定与问题相关的关键概念，通过恰当的方式表述出来，确定为研究课题。

---

①深圳市教育科学"十一五"规划课题，根据需要进行筛选。

（一）缩小问题范围

缩小问题范围对教师而言特别重要，如果问题范围过于宽广，就会难以驾驭，也不容易解决问题。缩小问题范围的重要方式是聚焦问题，即将研究问题明确化，"指的是通过对研究问题进行某种界定，给予明确的陈述，以达到将最初头脑中比较含糊的想法，变成清楚明确的问题。"[1]聚焦问题可采用的策略是对问题进行限制，缩小问题的内容范围，使研究对象聚焦于某一个点，这样可以使课题研究更加可行，也使研究能够更深入。

缩小研究范围、明确研究问题可以从以下方面增加"限定"条件：

1. 地域的特殊性：东部、西部；沿海、内陆；（大中小）城市、农村、市郊结合部；发展状况：发展中、发达、落后；城市化进程中、新农村建设中；行政区域变化不同阶段等。

2. 学校、个人的特色或特殊性：农民工、移民等文化背景。

3. 学段的设置：小学（低中高年级）、初中、高中、大学。

4. 学科的差异性：将研究对象限定在自身熟悉的学科领域。

5. 研究对象的分层、分类：学生（不同群体）、教师（青年、骨干、专家）；教学要素的不同：备课、教案、学案、教学反思、课堂（组织形式、教学关系的变化、教学方法、手段、模式、时间安排、节奏控制、提问、练习）、作业（预习、复习、课外、课内、书面、口头、实验、作文、摘抄、阅读、提高、基础等）、辅导、测试、评讲等。

6. 研究角度的细化：手段、途径、方法、策略、模式、机制、体制。

7. 研究方法的精确匹配：不同于已有研究且切合自身目的的方法。

8. 环境/情境设定：网络环境、市场经济、移民文化背景等。

譬如，有老师注意到"学生厌学"这一问题，准备研究学生厌学的原因。造成学生厌学的原因众多，教师课题研究不可能都兼顾，有必要对原因具体分析，进一步聚焦。通过阅读文献，发现一些已有研究对家

---

[1]风笑天. 社会学研究方法[M]. 北京：中国人民大学出版社，2005：56.

庭因素、课程因素、教学因素等方面都进行了探讨，并注意到很少有研究关注考试题目难度对学生厌学的影响。于是将问题聚焦为"试题难度对学生学习促进的影响"。再如"校本研修"已经成为研究的热点，如果增加"网络环境下"的限定，就会成为值得研究的新课题。

（二）梳理关键概念

由于研究问题的来源是多样的，可能有的来自教师的教学实践，可能有的来自教师的理论阅读。来源于教育实践的问题需要从教育实践中提取核心概念；来源于理论阅读的问题可能并不缺少理论概念，但由于不同的研究者对概念的表述不同，也需要对借用的相关概念进行梳理。

首先需要从聚焦的问题中提取核心概念，并对概念进行界定，避免概念泛化；其次用"命题"对相关概念关系进行表述，提出自己的研究假设。如：在教师教材观及对教学行为的影响这些论证过程中，梳理课题的核心概念为：教材观、教学行为、质性研究。确立概念间的关系为：教师教材观是自变量；教学行为由教师教材观引起变化，是因变量。教师教材观对教学行为方式有影响，是研究需要确立的命题。

通过核心概念的界定、概念之间关系的建立，以及假设的确立，课题的基本框架才得以搭建。

（三）课题的表述

清楚准确地表述研究课题，是课题成功申报与有效开展的前提。一般来说，课题名称包括三个部分：研究对象、研究的中心内容和研究方法。研究对象界定该课题的研究范围，研究的中心内容明确课题研究的相关领域和研究方法。

1. 指明研究对象

课题名称需要说明到底研究什么。某教师根据自己的教育经验，发现中学生的学习效果和学习能力有很大关系，因此对所教班级进行以"中学生学习能力研究"为课题的研究。从选题来看，有一定的实践意义，也符合教师的个人研究能力，研究条件也基本具备。但课题的表述较为含糊，看不出究竟要研究什么。是想研究学生自主学习能力，还是研究学生合作学习能力，抑或是何种学习能力对学习效果的影响。总之，不具体，没有针对性。

2. 说明研究中心内容

暗含研究"命题"与"假设"。如"教师教材观及对教学行为影响的研究"这一课题，研究教师教材观怎样对教学行为产生影响，以及影响教师教材观的因素。明确这些研究的中心内容，既有助于研究任务的分工与落实，又有助于研究技术路线的确定、研究经费的合理支配，以及研究阶段性成果的设计。

3. 提示研究方法

并非所有的课题表述都必须呈现研究方法，但也有不少课题名称直接将所采用的方法描述出来。如"关于中学生课外阅读兴趣的调查研究"、"气象与生活校本课程开发行动研究"、"幼儿园优秀教师课堂管理的叙事研究"等等，直接表明使用的研究方法，给人以清晰的研究指向。

在课题表述过程中，还需要注意下面几个方面的内容：

1. 避免使用宣传口号

课题在表述时一般使用陈述句，表明作者的研究内容、研究方法和主要观点。一些教师在表述研究课题时会受到教育口号或工作总结的影响，用祈使句来表述课题。如："大力提倡以人为本的教育观"、"为了每一个孩子的发展"等。这类表述不是课题，而是领导讲话或宣传标语。课题研究只是为了解决、研究某个问题，这个研究是否规范或有价值尚待结题时做评定，不宜以教育口号的方式表述。一般而言，课题表述常用的形式是"……的研究"。如果需要特别强调研究的范围，可用副标题加以解释，如"以……为例"、"基于……"，否则视之为赘字。如"优秀教师实践性知识形成机制研究——以语文学科为例"，可以改为"优秀语文教师实践性知识形成机制研究"。

2. 反映研究的关键词

课题在表述时应将该项研究涉及的关键词体现在课题中，使课题审定机构能够清楚地了解申报课题的关键内容。同时，关键词也直接影响课题的设计和实施，它的界定和理解，直接关系到课题的研究立场和追求，也是课题合作者统一概念和认识的重要途径。所以，凡是课题研究涉及到的关键词，都应该呈现在题目中。

3. 简洁明了针对性才会强

课题表述，需要给人一目了然、眼前一亮的感觉。如陈柏华老师主持的课题"教师教材观及对教学行为的影响研究"，语言简洁，研究对象清晰，无赘字。相反，一些课题表述就显得冗长，缺乏针对性。如"小学生主动求助与求助他人的能力培养研究"、"利用电脑美术提高学生色彩能力的策略"等等，需要从"公民互助能力"、"电脑美术校本课程开发"等角度重新设计和表述。

三、确定问题的原则

教师不断在教育实践中留心观察，在与他人交往中反思实践、升华经验，在文献学习中拓展视野，就会在现实教育情境中发现许多值得研究的教育问题。这些问题都是进行课题研究的基础，但真正由问题转化为课题，还需要进行综合考察，考虑自己所提出的问题是否是"真问题"，具有怎样的研究价值，是否能解决个人和学校教育工作中的困难。同时也需要考虑自身条件，做力所能及的研究。

（一）社会所需

"社会所需"指教师要做能体现或反映社会发展需要的课题。这样说，听起来似乎难以置信，实际上教师都在追求这样的境界。教育是亘古常新的事业，社会的发展总对教育提出新的要求，促使教育不断进行改进。因此，教育改革始终是社会发展的主旋律之一。教师在传道授业解惑、课程开发及教学设计的过程中，不断关注社会的生活、学生的起色，将其渗透在自己的教育教学实践过程之中，使自身的实践能体现出时代的精神，培养出社会需要的人。教师做科研，就是要关注变革的时代新提出的教育教学问题，并努力解决这些问题。

1. 促进教育教学实践的变革

教师做科研最基本的目的就是促进教育教学实践的变革，或者说引起教育教学实践行为的积极改变。现代社会的剧烈变迁引发教育变革，教师在面对复杂的教育变革时常常会应接不暇、无所适从。这就需要教师自觉地将个人融入到教育发展的事业中，意识到个人（尤其是教师角色）的社会责任，只有如此才能使教师在面对体制化的种种教育弊端时，履行教师的神圣职责，有勇气、有决心地实践社会发展对"人"的要求，并将这种要求转化为自己的教育行动，实现教育的价值。教师在这个过程中是真正的"研究者"，他研究的内容是社会发展对学生培养提出了哪些要求？教育如何培养体现社会发展需要的人？如何有效培养这样的人？这就需要教师不断学习和探索，通过变革自身的教育教学实践，回应这些问题。华东师大一附中刘定一老师深入钻研系统科学理论，了解当代科学发展中学科交叉与融合的趋势，发现社会发展对培养学生综合运用多学科知识、解决实际问题有迫切要求，提出了"高中生跨学科研究活动辅导的探索"这一课题。课题研究正好切合了教育部在高中课程改革中提出的"研究性学习"的需要，该课题在全国教育科研成果评奖中获得了较高评价。

因此，教师投身教育科研不是以构建新的概念系统为目的，而是为了在自己的教育实践中发现和解决问题，形成有应用价值的经验，所以课题研究要实实在在，尽量联系自己的实际工作，研究内容要简明、具体，关注教育理念与教育行为的联系，突出操作性问题。如一所基层学校针对农民工子女教育问题，提出了"农民工子女就读城市公办学校行为文化重塑的策略和方法研究"这个课题，该课题研究的问题有较大的理论价值，但问题比较抽象，研究实践中不容易把握。相反，"农民工子女学习适应困难及对策研究"则有更为实在的研究价值。甚至，致力于发现教育教学实践中的问题之类的课题也很有实践价值。诸如，"中学高级教师学习倦怠情况调查研究"、"小学生经典阅读兴趣调查研究"等等。通过调查研究发现的问题可以为教师课程设计、教学设计提供直接的借鉴。

2. 为丰富教育教学理论提供实践基础

教师做研究，注重教育实践的变革，强调教育教学行为的改变，并非仅仅停留在实践层面。教师在实践探索过程中，也容易得出一些有理论内涵的本土概念，反映教育理论意蕴的典型个案，甚至发现突破原有教育教学理论的实践性知识。这些概念、案例和知识都是教育教学理论发展的源泉。

教育研究有一定的稳定性，一些教育理论家在100年前曾提过的教育命题，如学校与社会、教育与生活、儿童与课程、教师与课程、自由与纪律等等，在今天仍然值得研究。但是今天的研究并非做重复工作，因为今天的教育是在当代社会背景中进行的。社会现实性给一些"永恒"教育问题的解决提供了新的途径、策略与方法。教师做科研，需要借鉴教育历史上相关问题的解决办法，并结合自身教育教学实践的任务，展开新的探索。如此"旧题新解"的实践探索，可以为进一步丰富甚至发展教育教学理论提供重要的实践基础。

因此，教师科研选题，并非一味强求"原创性"，凡能体现当今教育发展需求的"老问题"，仍然值得探索；凡能为教育教学理论的发展增加实践性知识、本土概念、典型个案的研究都需要重视。

（二）能力所及

能力包括教师已有的研究基础、研究经验、研究的熟练程度、研究技术（如SPSS等统计工具的使用）的运用水平等等，具体还表现在是否独立主持过课题，参与过哪些研究课题，发表了哪些与课题研究相关的成果等等。教师在确立研究问题或申报研究课题时，需要量体裁衣，和同类型研究相比要有所超越。

对于中小学教师来说，并非所有问题都能经过自己的研究得到解决，例如有些问题是由于制度原因引起的，教师无法在短时间内改变学校的制度。但总有一些问题可以改善，教师研究可以"从能够改变的地方开始"[1]。刘良华老师认为教师可以改变的地方至少有三个领域：一是课程问题。经过课程改革，教师参与课程开发的呼声越来越高，这为教师开发校本课程提供了前提条件。二是教学问题。教师可以围绕"有效教学"做相关研究。三是管理问题。教师尤其是班主任，在工作中会遇到大量的学生管理问题。另外，中小学教师也十分关注德育问题，德育问题是育人的首要问题。所以，中小学教师可以改变的领域主要体现在这四个方面。

不少教师在申报课题时，提出的研究问题往往过大，如"素质教育研究"、"农村教育发展和改革研究"这样的研究内容。大课题往往会导致空泛研究，无法发挥对教育实践的指导作用，在一定程度上偏离了教师研究的出发点。因此选题应以小见大，从小问题着手。

教师个人研究项目从小问题着手的优点在于：项目研究内容涉及面集中，容易把握；研究的问题往往以小见大，见微知著，细小处能够折射出大问题；研究可聚焦标题内容，进行深度挖掘；研究小问题更能锻炼深入探究、追问实践的态度和思想方法。[2]试比较两位教师提出的课题：其一，"培养学生外语学习兴趣的研究"，其二，"初中生物课堂教学中利用悬念提高教学效果的研究"。

比较这两位教师提出的课题可以发现，前一位教师提出的研究问题十分宽泛，可涉及不同学段、不同年级和校内、校外诸多方面。就校内而言，会涉及课程建设、课堂教学、课外兴趣小组等。仅就其中的课堂教学而言，与学生的外语学习兴趣直接相关的就有目标定位、内容处理、情境创设、过程调控、资源处理、评价反馈、师生对话、组织形式等多个方面，每一个方面都包含了很多需要研究的内容。所以面面俱到地研究学生

---

[1]刘良华. 教育研究方法：专题与案例[M]. 上海：华东师范大学出版社，2007：4.

[2]胡兴宏. 中小学教师科研选题策略[J]. 人民教育，2009：8.

外语学习的兴趣是很难深入的。后一位教师从学生对生物学科的学习不够重视这一实际问题出发，选择的切入口较小，研究的可行性、所能达到的深度和实际价值就会大大增加。

（三）条件所能

人的实践行为离不开具体的个人条件、学校环境条件及社会条件。研究行动需要勇气、理想与智慧，也要在力所能及的范围内有所为。研究问题的难易程度、范围幅度、选择方法都离不开这些条件的限制与支撑。

1. 个人条件

个人的学科背景、知识基础、研究兴趣、研究时间决定自身研究问题的范围及难度，同时自身个性也决定能否使用正确的研究方法。如不善交往、性格内向的教师，选择深度访谈的方法进行研究会受到很大的限制。个人条件与"能力所及"有相似之处，但研究能力不能完全替代研究条件。个人条件往往因为"集体"规定或地域特点而受到限制，如研究时间可以争取，但不能完全由自己支配。在有科研兴校传统的学校，可能对教师做课题有一定的制度保障，教师做科研的时间相对也会充裕。

2. 学校环境条件

学校环境条件主要包括学校科研经费、科研设备（如电脑、统计分析软件）、文献资料（图书、杂志、电子图书）、协作力量（科研团队）、科研制度、办学思想（如是否推崇科研兴校）等方面。确定课题前，还应充分考虑到学校环境条件与个人条件是否相辅相成。虽然个人受环境的制约，但个人也可能影响学校环境。所以，教师在确定研究问题时，需要因校制宜。

3. 社会条件

学校周边社区、大学及研究机构、专家团队、社会舆论、地方教育科研政策等因素，都是教师做科研时需要参考的。社会条件对课题开发影响很大，周边有高校及科研院所云集的中小学，教师很容易组成科研顾问团队，容易组织小型学术会议，获取研究资料也很方便。可以根据这些条件，适当调整研究问题的范围、难度、时间等。

四、如何申报课题

申报立项课题、设计研究方案、组织课题实施、完成课题结题四个步骤构成了科研课题的整个过程，其中，课题申报是关键环节。课题申报主要是把研究项目申请纳入科研规划系列或获得研究基金资助，以取得法律、行政管理以及经济上的支持，保证课题顺利完成。其主要任务是按照课题规划或管理部门的要求，对课题进行价值论证和可行性论证，展示课题的研究方案，争取课题能够通过立项审批。教师做科研，虽然不一定向官方申请，但为了有效进行研究，总需要得到学校等科研单位的支持与认可，否则会孤立无援。即使个人独立开展研究，不需要任何援助，也要按照申报课题的要求做好相关工作，这是研究过程的必要环节。

（一）选择恰当的申报层级和领域

我国自改革开放以来，日益重视教育科研事业，为了在制度上鼓励和保障教育科研的开展，建立了很多教育科研管理机构，制订了教育科学规划方案。目前，从国家到地方都在大力倡导开展教育科学研究，通过课题申报、评审、立项、支持、中期检查、验收、推广等形式，对教育科学研究进行引导和管理。教师应了解各种科研课题的申报渠道、课题类别、申报条件和程序，只有有的放矢地申报各类课题，才可能在政策或资金上获得更多的支持与帮助，有助于研究课题的顺利完成。

1. 选择恰当的层级

目前的课题管理主要有以下层级：国家级课题、部省级课题、市级课题、学校课题等。不同级别课题的研究侧重点有一定差异，学校或教师可以根据实际情况，参照选择。就国家级课题项目[①]而言，一般要求如下：

国家重点课题采用公开招标方式。此类课题事关我国教育改革与发展的基础性、全局性、战略性、前瞻性、长远性问题，鼓励跨学科、跨部门协同攻关。申报者应有承担省部级课题的经验，充分了解已有研究成果，研究团队优势互补，研究方法适当，研究技术先进，研究成果要出版30万字左右的专著，在SSCI（社会科学引文索引）或CSSCI（中文社会科学引文索引）上发表3篇以上的学术论文，并在学术界和实践领域产生重要的影响。

其他课题采用匿名评审方式。此类课题围绕落实教育优先发展、推进素质教育、促进教育公平、提高教育质量、建设终身教育体系和学习型社会等主题，探索适应不同地区、不同民族和不同类型教育的思路理念、标准条件、体制规章、实践模式和经验案例，研究具有普遍意义的特殊问题，突出"小、精、实、新"的特点，多深化、细化、量化，研究成果要公开发表并产生实际效用。

在确定课题级别过程中，尤其要注意相关的研究基础，如已经主持的课题、已发表的相关研究成果、研究团队等因素。如果"靠近"这些因素，申报成功可能性会较大。

2. 选定申报领域

各级教育科研项目管理机构在审定课题时，往往会划分研究领域。如：A. 教育基本理论与教育史；B. 教育心理；C. 教育信息技术；D. 比较教育；E. 德育；F. 教育经济与管理；G. 教育发展战略；H. 基础教育；I. 高等教育；J. 职业技术教育；K. 成人教育；L. 体育卫生美育；M. 民族教育；N. 国防军事教育。教师在申报课题时，如能选择与学校教育教学联系较为密切的领域，成功申请课题的比例会相应提高。

---

①全国教育科学"十一五"规划2009年度课题指南。

中小学教师申报科研课题，一般集中在基础教育、德育、教育信息技术、体育卫生美育方面，也可以拓展范围，譬如研究"教师培训"、"教师学习"等问题，还可以选择成人教育。关键要以课题申报者的学科背景和研究基础为依据。

（二）申报表的填写

填写申报表本身就是一种研究，意味着课题研究目的、内容、方法、条件等环节都已经十分清晰。即使教师不做课题申报，实际上也必须回答这些基本问题。所不同的是，填写申报表既回答了做研究必须回答的基本问题，还增加了获得科研支持的可能性。因此，教师做科研，主动申报是有必要的。

教师在决定申报课题时，首先要选择相应级别的《课题申请·评审书》，仔细阅读"填表说明"，按照"填写数据表注意事项"填写，陈述负责人和课题组主要成员近年来取得的与本课题有关的研究成果及主持的重要课题。最为关键的是"课题设计论证"，包括本课题核心概念的界定，国内外研究现状述评、选题意义及研究价值；课题的研究目标、研究内容、研究假设和拟创新点；课题的研究思路、研究方法、技术路线和实施步骤。此外，还需要对完成课题的可行性进行分析，包括已取得相关研究成果的社会评价（引用、转载、获奖及被采纳的情况），主要参考文献；课题负责人的主要学术经历；主要参加者的学术背景和研究经验、组成结构（如职务、专业、年龄等）；完成课题的保障条件（如研究资料、实验仪器设备、配套经费、研究时间、所在单位的条件等）；最后设计预期研究成果，提出经费预算。这些内容在各级规划课题申请表的填写上大致相似，按照要求填写即可。

在填写课题申报表过程中，要做到"信息对称"，表述前后一致，最好能互相印证。课题"关键词"与"核心概念"需要对应，关键词要在核心概念界定中予以界定；研究思路、方法、技术路线和实施步骤要"内在"一致，"技术路线"体现"方法"的精神，研究步骤是研究技术路线的具体化；研究方法、研究步骤、研究阶段性成果、经费预算需要互相印证，如研究方法为问卷调查法，"调查"一般应该排在若干研究步骤之前，相关"量表"、"调查报告"排在"阶段性成果"之前，经费预算也需要将问卷发放、统计等所发生的费用计算到相应的年份内。否则，评审过程就不会一帆风顺了。

（三）申报的注意事项

各级课题管理机构在接受课题申报之前都会根据形势和需要发布课题研究指南。因此，教师在申报课题之前，应首先了解各级课题管理部门的课题指南，再根据自己的研究兴趣和研究条件确定研究课题和申报渠道。在申报时，应注意以下内容：

1. 围绕课题指南选题

各级教育科学规划委员会及地方课题管理部门在制订课题指南之前，大多会组织专家学者进行讨论。所以，课题指南一般体现了教育发展和研究中的热点和难点，代表教育理论的发展方向，有一定的指导意义。但并不应该直接使用课题指南中的题目作为课题。课题指南往往只是一个方向性的框架，教师可以根据实际情况和自己的研究兴趣，将研究范围定在课题指南的相关领域，将题目具体化，提高课题研究的针对性和实效性。

2. 体现个人的研究兴趣和研究成果

课题评审时，一般都要求课题申报者先了解申报课题的相关研究成果，并对国内外研究情况有所分析。专家组会据此判断课题申报者是否具备研究该课题的能力。教师在申报课题之前可以有计划地了解同类课题的研究成果、研究方法、存在问题及研究动向。如果条件允许，还应积极参与相关领域的研究工作。这些前期工作对课题申报能否取得成功往往有直接的影响。

3. 充分论证分析

需要特别强调的是，"课题设计论证"和"完成课题的可行性分析"这两部分内容十分重要，研究问题选择的三大原则均体现在其中，是否立项在很大程度上取决于这两部分的内容。因此，填写时应认真谨慎、广泛阅读、周密思考、统筹兼顾、信息对称，甚至在字数要求、字体格式、匿名要求、构图设计等方面都需要注意，总体上以"让审阅专家称赞"为目的。中小学教师在科研课题申报过程中，往往不很在意"研究现状述评"和"研究方法"。实际上，缺少研究现状述评或只是堆积文献而没有"述"和"评"，很难说清课题研究的价值；缺乏研究方法，或简单地一笔带过，则难以讲清楚研究的技术路线和研究步骤。因此，论证分析一定要做到"充分"二字。

第二章 开题：设计研究蓝图

教师在确定研究课题，或得到相关课题管理部门审批立项后，需要进一步展开有针对性的文献阅读以及初步的调查分析，了解与课题相关的研究成果及实践状况，在充分占有相关资料的基础上提出具体的研究方案，进一步详细解释研究方法，整理研究思路及技术路线，进一步合理分工以及确定研究步骤，寻求制度、物质资源、人力等相关支持。这些工作所形成的书面材料就是开题报告，是开展研究的蓝图。完成开题报告后，往往需要聘请相关专家学者进行论证，对课题研究如何开展进行开诚布公的讨论，为课题研究的有效实施提供建设性意见。

一、开题的价值与内涵

开题是课题研究的重要一环，研究者向相关专业人员展示个人的研究方案，可以借助专家的力量为研究的顺利开展扫清障碍。因此，开题对于研究者而言不仅仅是一种形式，更应该是获得专业指导的大好机会，如果能充分利用，可以为自己的研究打下良好的基础。没有科学的开题报告（研究设计），就没有全面而有价值的成果。随着教育科研管理工作规范化的不断加强，开题论证越来越受到教育科研管理部门的重视。

（一）开题的价值

开题是一种形式，也是必要的研究过程，是研究者在实施研究之前对研究项目进行的一个较为充分、整体的设计过程。好的开始是成功的一半，开题做好了，后面的阶段研究将顺利很多；好的开题也影响研究结果的可靠性和科学性。

1. 有利于吸收研究智慧

开题是相关专家对课题申报者的研究方案进行审核、论证的过程。在开题过程中，课题申报者不仅可以得到专家对课题研究的反馈意见，还可以当面提出研究的疑惑和问题，寻求专家的解答和智力援助。因此，开题可以理解为课题研究之开端，也可以认为是向相关专业人士公开自己的研究计划，寻求合理有效的研究策略。学术上的公开与自由对话有助于教师从教学的"个人主义"中走出来，不断提升个人的理论素质，形成高效的合作群体，为教师做科研提供质量保证。

2. 有利于课题研究的顺利展开

通过开题，赢得专家对课题研究意义的肯定，收获专家对研究设计的认同与批评，有利于研究者对课题研究的设计与实施进行深入思考。专家认可，可以提升研究自信，使对研究工作有帮助的信息得到强化或拓展。而专家的批评，则有助于研究方案的进一步修改和完善，尽可能减少研究展开时的失误，保障研究顺利进行。

即使教师自定选题，没有通过官方科研的评审立项，也需要"开题"。因为只有向他人公开，才会得到反馈，获得相关研究支援，保障研究顺利有效地实施。这种公开，不一定是对专家团队，可以对部分自己认为恰当的人来公开。实际上，正是因为课题没有通过官方评审立项，少了专家的智力援助，才更需要通过公开以获取给养。

（二）开题的内涵

课题研究，在正式实施之前有许多问题需要明晰。课题开题报告涉及课题研究各方面的具体内容和步骤，对整个研究工作的顺利开展起关键性的作用。可以说，课题开题报告水平的高低是一个课题质量与水平的重要反映。课题开题报告的撰写，需要尽可能地缜密思考，陈述为什么研究、研究什么、如何研究、研究要达到什么结果等关键问题。同时预见研究过程中可能出现的相关问题。对于科研经验较少的人来讲，一个好的方案可以使他们明确课题研究的方向，避免发生工作一阵后不知道下一步该干什么的情况，保证整个研究工作能有条不紊地进行。

教师课题研究和教师的日常教学紧密联系，从一定意义上说，教学即是研究，研究即教学。教师不能像科研院所的专家那样，专职于科研，不做教学或少做教学。因此，教师做科研如何与做教学有机统一起来，是课题成功实施的关键。在开题报告中，需要对研究的计划进行具体的阐述，对如何整合教学过程系统地规划。这在一定程度上既保证了研究质量，也保障了教学的质量，甚至使研究与教学互相促进，达到单边活动不能达到的效果。这是教师做科研的设计难点和关键，必须在开题时尽可能解决。

二、撰写开题报告

写出好的开题报告不太容易。"汝果欲学诗，功夫在诗外。"研究者对某一领域的熟悉程度决定了开题报告的质量。因此，写好开题报告最重要的是做好基础性工作。撰写开题报告主要包括陈述研究基础、说明研究方法和叙述整体研究方案三方面的内容。

（一）陈述研究基础

陈述研究基础的主要顺序是：介绍研究的缘起，阐述该课题研究的理论价值和实践意义，对相关文献资料进行系统地综述，并对课题研究的关键概念进行界定，以明确课题研究的对象。

1. 介绍研究的缘起

本部分要将对选题的系统思考表述出来，围绕"社会所需、能力所及、条件所许"组织内容。确定研究课题往往是个人兴趣与社会需要的互动过程，研究者在这个过程中是一步步逼近的。可以将自己研究兴趣逐步聚焦的过程叙述出来，有助于增强开题报告的说服力。

2. 阐述该课题研究的理论价值和实践意义

开题的重要目的是向他人证明研究者感兴趣的课题是有价值的，因此本部分的写作也是至关重要的。说明研究的目的、意义就是说清楚为什么要研究、研究它有什么价值。一般可以先从现实需要方面去论述，指出现实中存在这个问题，本课题的研究有什么实际作用，然后，再写课题的理论和学术价值。这些都要写得具体、有针对性。切忌写成坚持党的教育方针、实施素质教育、提高教育教学质量等口号。

由于教师做科研与教学实践有密切的联系，许多研究者在这部分的写作中仅仅描述自己的操作过程，缺乏理论提升。要阐明课题研究的理论价值，需要将课题放在该研究领域的大背景中进行分析。一般而言，应在核心概念的基础上放大范围，建立课题研究的"概念地图"。通过地图，可以清楚地了解自己即将开始的研究处于什么位置，与其他临近领域的研究有什么联系，在这种比较和鉴别中可以逐步发现研究的理论价值。在语言上可以用"丰富……"、"发展……"等有研究目标性的短语，但使用"首次"、"开创性"等表明研究价值的程度短语时需慎重。

由于教师做科研往往与实践联系密切，因此教师在表述课题研究的实践意义时会比较得心应手，表述清楚该研究对教育实践的推动和促进作用即可。在语言上应注意避免使用"口号式"的祈使句，应多采用陈述句来表达。

一线研究在表述研究的理论价值和实践意义时容易直接引用教育文件、课程改革理论等材料，如果不和个人研究结合起来，就容易泛泛而谈，说服力不强。在我们接触到的开题报告会上，有一项德育课题，即研究小学生品德养成的方法，它将课题的意义概括为：在青少年中大力倡导"爱国守法，明礼诚信，团结友善，勤俭自强，敬业奉献"的基本道德规范，努力提高学生的道德素质，对促进人的全面发展，培养一代又一代有理想、有道德、有文化、有纪律的社会主义公民具有重要的现实意义和深远的历史意义。

实际上，该课题在探讨其理论价值时，应放在小学德育的相关研究背景下，阐明该研究对于小学德育研究的意义和价值。可以用以下方法寻找自己的"研究地图"，如：该研究是研究德育的目标，还是研究某一目标下的具体实施途径和方法？在该表述中，"重要的现实意义"稍嫌空泛，"深远的历史意义"有自夸的嫌疑。相反，下述案例的研究意义表述比较具体。

案例2-1《中学优秀校长成长过程案例研究》开题报告[1]

理论价值：丰富校长学和学校管理理论，多学科分析优秀校长的成长过程及影响其的关键因素，拓展研究的理论基础；运用案例研究法弥补现有的校长研究法的不足。

实践价值：挖掘优秀校长成长经验，促进中国"教育家"的培养，提高基础教育的办学质量和水平；通过典型案例分析，挖掘优秀校长的成长动机、影响其成功的因素和事件，寻找优秀中学校长成长的"隐形知识"和"个人知识"。为更多校长的自我发展提供"原型"启发，为校长培训工作提供具有建设性价值的课程资源，为选拔、培养和评价优秀校长提供比较客观的依据。

该开题报告将核心概念——"校长成长过程"放在研究的大背景下，结合校长学和学校管理理论两个领域，这样在表述其理论价值时就不会过于空泛，显示了研究的价值。在实践意义的表述中，作者从促进基础教育发展、校长培训等方面体现课题的实用价值，有较强的说服力。

3. 对相关文献资料进行系统地综述

文献的收集和整理是教师做科研比较容易忽视的一个环节。如果忽视文献的阅读和积累，科研也很容易成为"没有他人的研究"；如果没有对他人研究成果的辨别和继承，研究将很难顺利进行。

文献综述是开题报告的重要内容，对相关研究的了解和分析直接影响个人研究的开展。通过文献梳理可以弄清课题研究的基础，前人已经研究了什么？是如何开展研究的？得到了什么结论？存在哪些局限性？

---

[1]田汉族.《中学优秀校长成长过程案例研究》课题开题报告[EB/OL].（2010-04-14）[2010-06-23]. http://www.doc88.com/p-51561940151.html.

进行类似的文献分析之后就可以找到课题研究的方向和目标，课题的研究价值自然也就体现出来。

目前，中小学课题开题报告出现的主要问题之一就是文献综述做得不到位，甚至根本没有文献综述。如有关道德教育的相关研究成果非常丰富，但涉及道德教育的开题报告，仅仅引用洛克的一句话，对国内的相关研究只是一笔带过，这样的文献综述会给人一种错觉：课题成员根本不了解相关研究。

因此，要保证课题的顺利开展，就有必要针对课题的关键词认真搜索。既要了解与课题有关的学术论著，还应登陆中国期刊网，了解最新的研究进展。现代社会资讯异常丰富，教师在做科研时应有所选择，瞄准"基本文献"。所谓基本文献是指在该领域有影响力的专著、论文。人民教育出版社、教育科学出版社、高等教育出版社等出版的教育类专著有较强的影响力；《教育研究》《课程·教材·教法》《教育理论与实践》《全球教育展望》《比较教育研究》《教育研究与实验》《报刊复印资料》（中国人民大学主办）等刊物发表的论文影响较大，是搜索的重点；中国期刊网（中国基础知识实施工程"CNKI"的一部分）上发表的相关文章也应重点收集。对其他网络文章以及非核心期刊的文章，由于层次不一，应有所鉴别，不宜作为核心的文献。除此之外，也不可忽视未加入网络的重要论文。

广泛收集并阅读相关文献后，就需要对文献进行系统综述。文献综述是对已有研究的综合分析和评价，需要对他们的研究内容、研究方法、研究结论进行归纳和评价，从而找到自己研究的立足点。在实际写作中，如果没有认真理清相关研究的线索，就很容易变成文献的堆积。写作文献综述首先要体现出综合性，即概括已有的研究成果。可以对文献的研究内容、研究方法进行分类。如《中学优秀校长成长过程案例研究》开题报告文献综述，将相关文献按照研究内容（因素、过程、阶段）、研究方法（案例研究）等进行了分类。[1]这样就理清了该研究领

---

[1]田汉族.《中学优秀校长成长过程案例研究》课题开题报告[EB/OL].（2010-04-14）[2010-06-23].http://www.doc88.com/p-51561940151.html.

域的主要研究思路，但仍然多"述"少"综"。做文献综述时还应对已有研究进行分析和评价，需要指出已有研究采用了什么方法、研究了什么问题、取得了哪些研究成果，还有哪些问题没有解决。从不同的角度分析已有研究的不足，既找到自己研究的立足点，也表现出研究的创新性和价值，这样，开题报告就有较强的说服力。

当然，文献综述是开展研究的基本功，也是研究的难点，需要长期积累，需要有较强的理论素养，不能一蹴而就。教师从事科研时如果能养成收集资料的好习惯，并及时分类总结，就可以为课题研究奠定扎实的基础。

4. 课题研究的理论基础

课题研究的理论依据是进行课题研究的理论指导。课题研究需要在一定的理论指导下进行，理论依据一般是课题研究的指导思想。新的研究成果都是在已有研究成果的基础上进一步突破与发展。寻求已有理论的依据，可以让研究在正确理论的指导下顺利进行。这部分的陈述要求理论依据要具体，围绕课题研究的需要，有针对性地列出课题研究依据的若干具体的理论观点或政策，依据的理论要兼具科学性、先进性、时代性。研究的理论基础要基于自己的研究内容，我们常常所说的理论基础有哲学、心理学、教育学、社会学等一些教育教学的权威观点和理论。它们都对课题研究具有支撑作用，可以引经据典，也可以自圆其说，但不要乱贴标签，不能为理论而理论。

在陈述研究基础时，我们需要注意：（1）首先要交代选择什么理论，再简要说明其理论的主要内容。如研究"综合实践活动"问题时，用得比较多的是"马克思主义的实践理论"。在行文中，除了说明为什么要运用这个理论外，还要用简要的话语加以表述，如马克思主义实践论认为"认识来源于实践，并要在实践中得到检验"或"实践—认识—实践"等。（2）这个问题时容易出现的偏差：①所选择的理论或政策、法规依据与研究的问题不一致，理论依据被架空。②只提出了理论概念，无具体内容，如马克思主义理论、素质教育理论、构建主义理论、多元智能理论等等。因为这些理论的内容很多，不知道该课题选择什么样的具体理论做指导。③用某个人的话语作为理论依据，则难以说明它的科学理论。

案例2-2《城乡结合部普通高中艺术教育特色可持续发展实践研究》理论依据[1]

1. 多元智能理论。哈佛大学零点中心的加德纳教授发表了震惊世界的"多元智能"理论。他认为人有8种智能，这8种智能如果在教育中得到培育和刺激，发展得就快；如果受到压抑，发展得就慢，甚至不发展了。但通过艺术教育，这8种智能能得到协调发展。

2. 教育本质论。教育是培养人的社会实践活动，教育的对象是人，教育的本质就是促进人最大可能的发展。往哪个方向发展？应该是素质的全面发展，包括道德、能力、身心健康等等。怎样才能促使人的最大可能的发展呢？既然教育的本质是促进人的发展，也就是说学校和教师要为人的发展提供条件、提供服务、提供帮助。

3. 以人为本的现代艺术教育论。以人为本的教育理念是时代发展的产物，它主张把人放在第一位，以人作为教育教学的出发点，顺应人的禀赋，提升人的潜能，完整而全面地关照人的发展。在学校艺术教育中坚持以人的发展为本，就是要在传授广泛、综合的艺术基础知识的同时，致力于个体人格的绽放，强调每个人都应该成为他自己，寻求一种"个体的真实性"，以达到知识传递与个性培养的和谐发展。

该研究在表述理论基础时，仅"多元智能理论"有明确的理论观点，而"教育本质论"并不是一个理论观点。一直以来人们对于教育的本质有不同的看法，有的甚至互相对立，截然相反。因此将"教育本质

---

[1]株州第四中学课题组.《城乡结合部普通高中艺术教育特色可持续发展实践研究》开题报告[EB/OL].（2010-01-27）[2010-06-23]. http://www.zz4z.com/index_jyky_show.asp? ArticleID=208.

论"表述为理论依据不太合适。

也有开题报告将研究性学习放在认知心理学、建构主义学习理论等的基础上，较好地体现了该研究的基本理论假设。但理论基础表述依然存在问题，哲学认识论存在许多互相对立的观点，如果这些观点与课题研究的关系难以描述清楚，就不足以立论。

案例2-3 《研究性学习的行动研究》理论依据[1]

（1）认知心理学和有意义的学习理论。……（2）建构主义学习理论。……（3）哲学认识论。近年来哲学认识论有新的发展，有学者提出了与"显性知识"相对的"缄默知识"。……缄默知识的研究揭示了人的知识结构中还有大量具有实践性、缄默性知识类型，就要求学校教育不仅要关注显性知识的传授，还要重视这种缄默知识的积累和培养，因为缄默知识是显性知识的基础和向导。而研究性学习在注重学生解决具体问题过程中是"从做中学"的，是积累实践性知识的有效途径。因此，研究性学习的开展无疑为学生积累缄默知识提供了机会。

由此看来，阐明研究的理论基础时应反思课题研究的基本立足点和课题的基本理论假设，这些理论、立足点可以直接用来进行推理和论证，而不用证明。在表述时应当注意：理论基础一定要有明确的观点和态度，不能用有争议的议题。

5. 对关键概念进行界定

由于理论概念和具体事物名称不同，具体事物名称往往有专用性，指代得非常清楚。而理论概念是抽象思维的产物，一般存在许多层涵义，在不同的场合指代的具体内容也有较大的差异。为了保证课题研究的严谨，课题涉及的关键概念需要进行界定，以确定它们所指代的领域和范围。

---

[1]杨笃剑. 谈谈研究方案的构成要素[J]. 当代教育论坛，2006，（4）.（引用时有删减）

关键概念的界定也往往被中小学课题开题报告忽视，要么缺少关键词界定；要么随意选择一个概念，没有解释这个概念的界定；要么关键概念与以后研究的纬度、工具编制等没有联系，均在一定程度上影响研究的运行。

（二）说明研究方法

研究方法是指在研究中发现新现象、新事物，提出新理论、新观点，揭示事物内在规律的工具和手段。这是运用智慧进行科学思维的技巧，一般包括文献调查法、观察法、思辨法、行为研究法、历史研究法、概念分析法、比较研究法等。具体内容在本书的第二部分会有较为详细的介绍。我们根据研究方案选择研究方法时，调查法、观察法、实验法等这些具体的方法会一个一个涌现出来。如何选择研究方法既受到时代主流思潮的影响，也受到研究内容的制约。

从历史角度看，不同的历史时期人们往往采用不同的研究方法。近代以前，科学不够发达，人们在研究教育活动时往往借用哲学的思维方式，采用纯粹思辨的形式，夸美纽斯的《大教学论》是采用思辨方法研究教育的范例。随着科学技术的发展和进步，自然科学的准则和方法成为各研究领域竞相模仿的典范，以斯金纳为代表的教育研究者开始采用自然科学中颇具标志性的定量研究方法，期望取得确定性的研究成果，指导教育实践。定量分析一般大量采用问卷调查、实验研究等方法。但人们在随后的研究中发现，教育有太多无法控制的因素，即使通过科学实验得出的结论依然难以推广和应用。人们开始关注教育的情境性、复杂性、整体性，定性研究成为教育研究的新选择。观察法、访谈法、现场调查法、叙事研究、个案研究等逐渐被教育研究者重视和采用。由于社会对教育变革的强烈需求，行动研究也逐渐取代实验研究成为教育变革的重要手段。从教育研究的发展趋势看，研究方法的选择日趋多元化，研究者还有更多的选择余地。

研究者选择研究方法时还应注意与研究内容的匹配程度，应主要考虑以下三方面因素[1]：

（1）研究问题的类型，即"谁，什么，哪里，怎样和为什么"。"什么"类的问题可以是探究性的，例如，"什么是好的教学信念？"对于这类问题，我们可以使用问卷调查、实验研究、案例研究或综合使用这几种方法。研究者可以给教师发放一张列表，上面罗列出对教师信念的各种陈述，请教师指出这些陈述在多大程度上反映了自己的信念，也可以请教师在实验条件下完成一些任务；同时可以开展针对教师个体和他们的教学信念是如何蕴含在他们的日常教学活动中的。"什么"类问题也可以是关于"多少"和"多大程度"的问题。要回答这类问题，采用调查和档案研究的方法比案例研究要好。同样，有关"谁"和"哪里"的问题最好也采用调查的方法。"怎样"和"为什么"之类的问题是解释性的，对这类问题可以开展实验、案例研究和历史研究。

（2）对事件或行为的控制程度，当我们对事件或行为不能控制时，我们应该使用案例研究，而不是进行实验。

（3）聚焦历史现象或者当前事件。如果焦点是过去的事件，应该用历史研究法，如果焦点是当前发生的事件或行为，可以采用案例研究。

当然，根据课题的需要可以综合采用多种研究方法，把定量研究和定性研究相结合，历史研究和实证研究相结合。多种方法的组合运用有利于整体性探究问题。

虽然有的课题开题报告综合采用了多种研究方法，但由于缺乏清晰的研究思路，各种研究方法之间缺乏有机的联系，因此难以形成研究的合力。同时，研究方法的介绍也不够具体，如何取样等具体情况也没有交代清楚。某些课题开题报告罗列的研究方法繁多，没有主要的研究方法，且各方法之间相互交叉，没有清晰的研究线索，缺乏对使用此种方法的解释和说明等等。这些都是研究者应该避免的问题。

---

[1]徐碧美. 如何开展案例研究[J]. 教育发展研究，2004，（2）.

（三）叙述整体研究方案

一份完整的研究方案应该回答以下几个问题：研究什么？为什么研究？怎样研究？研究的预期成果是什么？[1]具体来说，叙述课题研究方案可以从以下几个方面着手：

1. 课题研究的目标

课题研究的目标也就是课题最后要达到的具体目的，要解决哪些具体问题，即本课题研究的目标定位。确定目标时要紧扣课题，用词要准确、精练、明了。确定课题研究目标时，一方面要考虑课题本身的要求，另一方面要考虑课题组实际的工作条件与工作水平。常见的存在问题是：不写研究目标；目标扣题不紧；目标用词不准确；目标定得过高；对预定的目标没有进行研究或无法进行研究。

案例2-4《"学科教学与素质教育"研究实验方案》的课题研究目标[2]

（1）通过实验研究，总结中小学各学科实施素质教育的特点和规律

（2）提出在中小学学科教学中实施素质教育的意见

（3）制订中小学各学科教学中实施素质教育的目标和评价方案

（4）初步形成素质教育机制下的中小学学科教学基本理论

（5）全面提高实验学校学生的素质，促进实验学校教育质量的大面积提高

（6）促进实验学校教师素质的提高，造就高水平的科研队伍

这些目标很宏大，内容却比较模糊，可能花上五年甚至十年时间也未必能够很好完成，需要本着"摸得着"、"做得到"的原则重新确定。所以，确定课题研究目标时，既要考虑课题本身的要求，又要考虑课题组实际的工作条件与工作水平。

---

[1]刘旭，顾颉，胡燕. 一线教师教育科研指南[M]. 成都：四川教育出版社，2007：145.

[2]李德煌，阮秀华. 谈科研课题开题报告的撰写[J]. 福建教育学院学报，2004：1.

2. 课题研究的基本内容

有了课题的研究目标，就要根据目标确定我们这个课题具体要研究的内容，相对研究目标来说，研究内容要更具体、明确。并且一个目标可能要通过几方面的研究内容来实现，它们不一定是一一对应的关系。课题研究的基本内容一般包括：（1）对课题名称的界说，应尽可能明确研究的对象、研究的问题、研究的方法。（2）本课题研究有关的理论、名词、术语、概念的界说。

3. 课题研究的步骤

课题研究的步骤，就是课题研究在时间和顺序上的安排。研究的步骤要充分考虑研究内容的相互关系和难易程度。一般情况下，都是从基础问题开始，分阶段进行，每个阶段从什么时间开始，到什么时间结束都要有规定。课题研究的主要步骤和时间安排包括：整个研究拟分为哪几个阶段；各阶段的起止时间；各阶段要完成的研究目标、任务；各阶段的主要研究步骤；本学期研究工作的日程安排等。

4. 课题研究的成果表达形式

本课题研究拟取得什么形式的阶段研究成果和终结研究成果。形式有很多，如调查报告、实验报告、研究报告、论文、经验总结、调查量表、测试量表、微机软件、教学设计、录像带等，其中调查报告、研究报告、论文是课题研究成果最主要的表现形式。课题不同，研究成果的内容、形式也不一样，但不管形式是什么，课题研究必须有成果，否则，这个课题就没有完成。

由于教师做研究有一定的特殊性，教师研究的成果可以是实践形态的[1]，也可以是文本形态的。实践形态的成果，如教师的优质教学法。如同作家有自己的代表性作品一样，教师也有若干代表性的课例，这些课例是教师教育理念的探寻、教学艺术修炼的结晶，非一般论文所能代替。就文本形态的成果来讲，也绝不是局限于所谓的"论文"，而是更

---

[1] 柳夕浪. 教育研究的意蕴[M]. 北京：教育科学出版社，2007：222.

多地表现为教育叙事、教学案例、反思笔记等。

从内容构成来看，一项主题相对集中、内容比较充实、材料相对完整的教师研究成果一般包含这样几方面的要素：一是大量鲜活的教育故事、教学课例、具体的操作材料；二是从具体的案例、操作细则中提炼出来的若干实践活动样式、教学模式；三是统摄整个教育教学活动过程的主导理念。

5. 课题研究的组织机构和人员分工

在方案中，要给课题组长、副组长、课题组成员进行分工。课题组组长就是本课题的负责人。一个课题组应该包括三方面的人：一是权威之士，二是有识之士，三是有志之士。课题组的分工必须要明确合理，让每个人都了解自己的工作和责任。

6. 其他有关问题或保障机制

最后，课题研究者还应思考如下问题，如：课题组的活动时间；学习什么相关理论和知识；如何学习，要进行或参加哪些培训；如何保证研究工作的正常进行；课题经费的来源和筹集；如何争取相关部门的支持和专家的指导；如何与校外同行交流等。

（四）写好开题报告的技巧

为了提高开题报告的说服力，应注意以下方面的内容：

1. 提出问题注意"层次"

选题是撰写学术论文的第一步，选题是否妥当，直接关系到论文的质量，甚至关系到论文的成功与否。不同于政策研究报告，学术文章聚焦理论层面、解决理论问题。有些选题不具有新颖性，内容没有创新，仅仅是对前人工作的总结，或是对前人工作的重复。选题要坚持先进性、科学性、实用性及可行性的原则。提出的问题要用"内行"看得懂的术语和明确的逻辑来表述。选题来源[1]包括：（1）与自己实际工作或

---

[1]李艳，董良飞. 试论撰写研究生开题报告的技巧与方法[J]. 江苏工业学院学报，2007: 6.

科研工作相关的、较为熟悉的问题；（2）自己从事的某专业问题发展迅速，需要综合评价；（3）从掌握的大量文献中选择能反映本学科的新理论、新技术或新动向的题目。所选题目不宜过大，越具体越容易收集资料，容易深入。

2. 瞄准主流文献，随时整理

文献资料是写好学术论文的基础，文献越多就越好写。应选择本研究领域的核心期刊、经典著作等文献资料，要注意所选文献的代表性、可靠性及科学性；选择文献应先看近期（近3～5年）的，再看更早的，广泛阅读资料；必要时还应阅读有关文献所引用的原文，注意做好读书卡片或读书笔记。整理资料时，要注意按照问题来组织文献资料，不是将看过的资料都罗列和陈述出来，而是要按照一定的思路将其重新提炼。只有这样，才能写出好的文献综述，也才能写出好的开题报告，进而为写出好的论文打下基础。

3. 研究目标具体而不死板

一般开题报告都要明确论文的研究目标。研究目标不宜规定得太死板。这是因为目标是偏高还是偏低，往往难以准确判断，研究工作本身涉及各种因素，可能在研究的过程中又会生成一些新的目标。

三、开题论证的运作

写好了开题报告，就要请相关学者、专家对开题报告进行论证，以保证自己的研究从一开始就进入正确的研究轨道。

（一）开题论证的程序

开题论证会之前，课题研究者需要填写各种表格，做开题论证会的准备。准备开题论证会要注意下面的内容：

1. 选择开题论证会的地点

一般在小会议室进行，最好以圆桌会议的形式进行。不要安排在阶梯教室，以免把开题论证会搞成科研报告的形式。

2. 参加人员

一般由课题负责人邀请该研究领域的2～3名专家、课题立项单位相关联系人和上级教育科研主管部门的负责人参加。课题组所有成员尽量全部参加，对该课题有兴趣的学校老师可以列席旁听。

开题论证会一般有如下程序：首先，上级领导宣读课题立项通知书；接着，课题主持人宣读课题实施方案（若有子课题，其负责人宣读子课题实施方案）；最后，与会专家、领导及课题组成员研讨课题实施方案（含子课题方案）。

（二）开题论证的注意事项

开题论证往往容易流于形式，如何把论证会开成富有成效、有意义的研究会议，需要一线研究者做到如下几点内容：

1. 关键概念要界定清楚，表述要规范，尽量简洁明了。

2. 提出拟解决的问题。研究需要解决的问题可能很多，通常情况下难以在课题研究期限中完全解决，因此要在拟分析的一大堆问题中找出能够解决的问题，即确定主攻方向。确定主攻方向的原则是：（1）针对关键问题，即这类问题的解决是完成设定研究任务的核心环节；（2）针对有重要价值的问题；（3）确定在现有条件下（经费、时间、设备、材料、知识基础等）能解决的问题，即具备解决的可行性；（4）解决相对较容易的问题，即从更易于突破的方面着手。

3. 提出研究内容、研究方案和可行性分析[1]。围绕拟解决的问题提出具体的研究内容，研究内容与待解决问题之间要有显著的关联，不要求多，而要充分必要。研究方案要具体可行，切忌空泛，并且要有必要

---

[1]黄卫东. 开题报告注意事项[EB/OL].（2007-01-07）[2010-06-23].http://www.nwpu.edu.cn/web/skl/gfyd/3047.Html.

的可行性分析。需要高度重视研究内容和研究方案的确定性，要依托于前期的研究基础，不能总是另起炉灶。事实上，绝大多数研究都同过去的工作有密切的关联，任何项目的研究内容和研究方案的确定都要反映出这种关联。许多研究者的研究内容和研究方案都追求"全面系统"，这实际上表明主攻方向不明确，对前人工作不够清楚。对于一线教师来说，与其"全面系统"，不如在关键问题上有所突破。针对自己提出的研究内容和研究方案，要反复问：是不是透彻理解了相关的基础理论，并将自己的研究方案构筑其上？是否充分注意到相关的研究成果，并把它们作为自己研究方案的基础？尤其是已经进行前期研究工作的老师，务必要对这些工作有所交代，反映对开题报告的研究内容和研究方案的指导作用。

4. 对研究进度要有详细的支撑计划，确保计划的严肃性和可操作性，不能凭空想象，以免和真实的进度相去太远。

5. 不要拘泥于固定的格式。研究工作的性质千差万别，难以用一种格式进行最完善的表述，拘泥于格式有时会束缚思想，限制充分的表述。形式要适合内容，要选择最能充分展示表述内容的格式。例如，有的研究任务是在对文献的分析中提出来的，往往不需要再单列选题背景，而要在文献的评述中自然交代出来。

6. 开题报告陈述，时间30分钟左右比较合适；简要交代出任务来源和背景；重点"指出"存在的问题，不必花太多时间细述发现这些问题的过程；对主攻方向要有比较充分的论证；详细论证研究内容、方法、方案及其可行性。

7. 虚心听取与会专家和学者的意见，做好记录，以便吸收他们的意见，使开题报告成为课题研究的重要蓝图。

第三章 做题：教学研合一

　　"做题"，即做科研课题。做，教师科研知识获得的唯一途径，舍此，只能获得科研"伪知识"，"真知识的根是要安在经验里"[1]。教师做科研课题，是真实的"做"，不仅仅是"写"。教师做科研，就是让自己的教学变成研究，使自身的教学实践处于一种研究的状态。简言之，教师做科研，就是在研究的状态下教学，在教学实践过程中研究。由于"做题"与"方法"紧密相连，很难离开方法独立谈做题，方法不同，做题过程各异。教育调查研究，强调问题的发现、归因及建议的形成；行动研究则关注教育的变革、反思与表达。因此，本章首先讲述教师做科研的双重特性，再以行为研究为例，简要说明教师做科研的过程。它主要包括教学设计融入研究设计、探究性教学实践、系统反思性教学评价三个阶段。

一、教师做科研的双重特性

　　随着中小学对校本教研的重视，教师对教育的研究方法也有一定程度的了解，但还存在一些误区，比如将处理日常教学问题视为研究，将平时的工作总结视为研究成果。或者认为科学研究专指科学、精确的基础研究，需要扎实的研究功底，不是普通教师可以完成的。类似这样的误区会影响教师们从事教育研究的态度和信心。实际上，教师做科研

---

[1]陶行知. 中国教育改造[M]. 北京：人民出版社，2008：102.

是以探究为基础的教学实践，实质就是把教学变成研究。所以教师遇到问题试图解决，在教学过程中为解决问题系统地做调查、展开科学的假设、有目的地收集资料，与他人一起做分析及深入讨论时，已经是在进行教育研究了。

（一）在研究中教学

教师做科研存在于日常教育教学活动中，是教育教学实践的重要组成部分。教师做科研的过程包括运用本书第二部分所概括的方法展开独立的研究，如通过问卷调查，写出调查报告；通过访谈，发现故事并分析蕴藏的"道理"，写出叙事研究本文；通过观察，揭示问题，结合访谈发现深层次原因，写出报告，等等，这些都是实实在在的研究，都渗透了以研究的态度从事日常教学的精神，表达了探究教学实践的内在逻辑。

在研究中教学首先表现为教师对社会生活的研究，教师作为社会生活的个体，也在不断追寻个人的人生价值，在社会的变化与发展中不断调整自己的思想观念。如何认识社会的种种变迁、不良的社会问题，如何建立自己的社会责任等等，这些问题虽然与教学的距离有点遥远，但它却深刻地影响了教师的日常教学。优秀的教师总在研究社会的发展，不断调整自己的观念，拓展自己的职业生涯。

其次表现为教师对学科教学的研究。这就要求教师从教学设计到教学实施、教学反思各个环节都要有研究的视野，有研究的状态、研究的追求。在研究性教学的要求下，教师教学设计的时间往往要实行整体备课，如"学期备课"或"学年备课"，备课不再限于同一科组，往往是异质的、跨学科的，备课的内容也具有教学与研究双重性，教学目标之外有研究目标，且二者合一。教学内容是研究内容的依托，也是研究内容的表现形式。而教学实施，则是有观察、有测量、有记录的过程，既能促进学生的学习获得，又能积累学习的获得和典型的事件。教学反思，是从研究的角度回溯教学过程，既能发现教学中值得注意的"状况"，又能升华研究感受。

研究不仅表现对学科教学的关注，更表现为对学生的关注。优秀教师都是优秀的"研究者"。如何创造机会让学生表达自己的观念，让教师倾听学生的见解，是一项迫切需要解决的事。

在研究状态下教学，走向研究性教学，是中国教育教学变革的一个重要方向。张华教授近年来大力倡导重建课堂教学的方向，主张把教学变成研究[①]，提出的诸多观点对教师做科研很有启发，列举如下：

1. 把"备课本"变成"教学研究记录手册"，鼓励创造性备课。

2. 把设计教学目标与创设教学情境并重，侧重情境创设。有目标，但不拘泥目标。

3. 讲授教学与对话教学并重，侧重对话教学。不论讲授，还是对话，都不能流于形式，都要基于探究、发现和创造的态度。

4. 把学生自己的观念视为教学的出发点和归宿。倾听学生，研究学生（包括研究学生的"错误"）。

5. 充分体现教学的生成性。善于捕捉课堂上不可预测的教育时机，运用智慧发挥教育。

6. 把课堂教学变成教师与学生的共同探究，体验学科与生活的过程。

7. 重视课堂上故事的价值与力量。

8. 在课堂上，尽可能提供丰富的教学资源，包括教科书之外的相关文献、图表、数据、图像，日常生活中的资源，本学科的诸种实验资源。

9. 尽可能增加发现性的实验（包括思想实验），降低验证性实验的比例。

10. 引导学生把学科知识运用于日常生活中。

11. 加强不同学科间的关联与整合。注重学科课程与综合实践活动课程的关联与整合，引导学生运用多学科的视野关注问题。

这些观点和看法，教师可以直接或间接加以采用，无论用于课题选择，还是具体研究策略的设计。

[①] 引自张华2009年10月9日在深圳大学的学术讲座提纲。

（二）在教学中研究

教师做科研，不严格控制在实验室进行，而在日常的教学场所展开。不受外部专家的严格控制，而是自己"当家做主"。当教师成为研究者，教学不再是简单的知识传递过程，不再是知识的灌输和接受，也不是单纯的技能训练，教学本身变成了研究，课堂成为师生合作探究的舞台，成为共同创造知识的发现的空间。下述案例呈现出数学课堂上的研究状态，显示了教师作为研究者所秉承的态度。

案例3-1 数学课堂上的研究[1]

在一次初中数学课上，李老师问同学："（-3）×（-4）=？"经过短暂的思考，同学们纷纷举手。老师微笑着让表现踊跃的张昊回答。他自信地说："（-3）×（-4）=9"伴随着一阵哄笑声，同学们又纷纷举手。李老师略一沉思，轻声问张昊："为什么？"由于着急，张昊挥舞着双手，依然难以表达清楚。李老师示意他慢慢说。张昊快速走上讲台，拿起粉笔在黑板上画起来："老师你看！这是数轴，这是0，0的左边三个单位是'-3'，右边三个单位是'+3'，右边六个单位是'+6'，右边9个单位是'+9'。既然是（-3）×（-4），'-3'在这儿！"他指着数轴接着说，"既然乘以'-4'，就是朝相反的方向走四次：'-3'到0一次，0到3两次，3到6三次，6到9四次。因此，（-3）×（-4）=9！"张昊兴奋得脸色红润，声音微微颤抖。班级内一下子安静下来，李老师也一时语塞。突然，李老师灵机一动："同学们怎么看这个'张昊问题'？"这节课剩下的时间是围绕着"张昊问题"而展开的。经过各种争论、辩护、反证，最终揭开了为什么"（-3）×（-4）=9"是错误的，但人人都赞赏张昊学习数学的可贵精神。

在这里，数学老师的研究不同于数学家的研究，并没有产生新的数

---

[1]张华. 试论教学中的知识问题[J]. 全球教育展望，2008，（11）.

学知识，但教学中的数学观念完全能够成为"数学研究"。在这样的研究中，学生的思想被激活，数学思维得到发展，不断在原有观念的基础上探究、尝试建立个人的新观念。不仅学生在研究，教师也在不断生成"数学教学知识"，建立自己的研究领域，享受职业的尊严和幸福。

二、教学设计融入研究设计

确定研究课题之后，教师需要分解研究问题，提出解决问题的研究假设或"计划"，通过教学过程验证研究假设或实施研究计划。这就包括在教学设计中融入研究设计，使教学变成有研究目的、有研究计划的实践活动。

（一）问题分解

教师做科研，需要在研究与教学二者之间寻找"有机"结合点。"有机"意味着在教学目标落实之时达成研究目的，也意味着教学任务与研究目标的"切合"。由于研究不能一次性解决太多的教学问题，教学也不能一次性解决太多的研究问题，所以将研究课题所包含的研究对象进一步细化，有助于与教学诸环节的研究性设计有机结合，也有助于针对研究的问题有效设计教学诸环节。同时，并非一切教学环节都能够同研究环节一一对应，问题分解有利于恰当地选择教学环节、设计研究任务。所以，将研究的问题分解对整个研究有重要的作用，否则，整个研究性教学实践无从开展。

如果老师在教学中发现"学生的英语学习能力"有待提高，就将"如何提高学生的英语学习能力"作为研究问题，这是不合适的。"英语学习能力"这个概念十分广泛，它涉及听、说、读、写、译几个方面的学习，还涉及方法、工具、资源等方面，如果将这个问题分解成"如何提高学生英语阅读能力"、"如何提高学生英语写作能力"等，就会较好地开展教学实践，解决需要研究问题。如果老师对学生写作这个问题比较感兴趣，经过查阅相关资料，综合分析后，提出"采用不同的教学方法开展写作教学"，可以细分为用直接纠错法、圈错法、圈错但不纠正法。这样，更有针对性地同教学设计结合起来。

若对生态化课堂活动这个题目感兴趣，可以研究某一年级某一学科的生态化课堂活动的某一方面，这样的研究更有针对性。如："生态化课堂活动设计行动研究——以小学'品德与社会'学科为例"。对这个问题重新界定后将会有详细、深入、准确地研究。问题界定后还需要进一步分解，本题可以分解为：小学"品德与社会"课堂活动设计的非生态现象是什么？如何对"品德与社会"的生态化活动进行理论建构？"品德与社会"生态化课堂活动设计的研究过程是什么？"品德与社会"生态化课堂活动设计的行动研究会得出哪些结论、经历哪些限制？通过问题分解，可以将研究问题进一步细化，更能够找到相应的解决策略，因而，也便于将研究问题的解决思路融入教学设计中。

（二）问题归因

研究问题细化后，需要进一步找出相关问题出现的原因，以便有针对性地提出问题解决的策略。一般而言，研究者对问题的归因主要有三个来源：理论的来源、经验的来源和实证调查的来源。依据这三个来源，从问题的种类、性质、成因等方面进行整理和归纳。

表3-1 问题归因的三个来源

来源	载体	途径
理论	通过阅读文献资料和接受专家指导，寻找分析问题可能产生的原因	图书馆、阅览室、相关专业网站
经验	总结自身经验与同行交流，通过各种渠道掌握以往同类问题的归因经验	学科组活动、网上论坛
调查	通过实证调查发现和分析问题的原因	发放调查问卷

就"生态化课堂活动设计行动研究——以小学'品德与社会'学科为例"这一内容，若要研究小学"品德与社会"课堂活动设计生态化，首先要了解现在的小学"品德与社会"课堂活动设计有什么非生态现象，可以通过文献分析、实证调查等手段对它的非生态现象进行归因。也就是通过阅读文献，了解前人对"品德与社会"课堂活动设计中存在的问题归纳了哪些原因，结合调查、访谈、课堂观察等研究方法，了解现在实施的课堂活动设计存在哪些问题。经过研究者的分析可以归纳为以下几个原因：活动设计缺乏动力（包括：教师苦于活动设计无指导、教师无暇进行活动设计、"品德与社会"授课时间有限、教师对活动设计的实施存有顾虑）；活动资源设计缺少拓展；活动内容设计局限（包括：活动内容局限于教材、缺乏挑战性、缺乏实用性）；活动过程设计忽视学生的主体性；活动目标设计宽泛；活动形式设计仍以讲授为主；活动评价设计单一这几方面的原因。为教师的研究性教学设计奠定了良好的基础，也为解决问题提供了方便。

（三）提出解决问题的策略

对研究问题进行分解与归因后，研究者需要对问题提出具体解决策略，这些策略是有待检验的答案或结论，也可以看成是研究性的假设。它具有假定性、科学性、明确性和可检验性，能够指明后续研究的工作方向，还可以提高研究活动的创造性。

提出研究假设的途径很多，主要有归纳、演绎、类比三种方法。教师可以通过观察、调查，自下而上地归纳出解决问题的策略，也可以从可能接触到的教育理论或一般性结论中自上而下地推理出更具体的结论，在不同领域之间比较和推断，形成问题解决的策略。如，随着某人从事某一活动的能力的提高，他花在这一活动上的时间就会减少。这是一个一般性的结论。我们可以按照这个结论推测出：学生在其擅长的学习科目方面，可用较少的时间完成作业。先根据变量间的假定关系，建立对有关事件的一般推测，然后再根据它对特殊事物及关系做出推测，这就是演绎的方法。又如，某物理教师在其任教时观察到，高中阶段男生的物理成绩普遍要比女生好。虽然该物理教师观察的学生相对于全体高中生来说，还不具有普遍性，但该教师可以在此基础上，提出"在物理学科中，高中阶段的男生比女生学习成绩要好"这样一个具有一般意义的假设。[1]再如，为探讨"如何在小学数学教学中应用活动教学理论"，可以充分了解活动教学理论在其他学科（如语文、科学、德育等）以及在其他学习阶段（如初中、高中、大学）中应用的具体策略和结论，进而类比小学数学教学的具体情境形成假设，建构小学数学教学运用活动教学的暂时性策略。

（四）让研究假设进入教学设计

让研究假设进入教学设计的实质，是让教师设计教学时充分考虑研究的意图，尽可能将研究假设与教学设计融为一体，形成研究性的教学计划。使教学计划（或方案）基于研究假设（或策略），目的是为了解决问题，改进现状。因此，研究性教学方案的制订是落实研究总体设想和整体规划的重要措施。教学方案总是一步一步进行的，先做哪一步，再做哪一步，每一步要达到什么要求，用多少时间，这些都要在制订方案时有所考虑。研究者心里有数，在实施研究性教学中一环接一环、有条不紊地开展各项工作，保证研究能按预定要求如期完成。

"生态化课堂活动设计行动研究——以小学'品德与社会'学科为例"这一课题的研究假设提出：现行"品德与社会"活动设计理念与生态化"品德与社会"存在差异；教师可以突破教材限制构建活动文本；师生可以共同拓展活动资源，增进学生参与活动设计的程度。

案例3-2 "悲壮的古炮台"探究性教学设计[2]

【解读教材】

"悲壮的古炮台"是小学"品德与社会"课上第一次接触历史性

---

[1]佟德. 提出研究假设的方法[J]. 教育科学研究，2006，（8）.

[2]刘妍. 生态化课堂活动设计行动研究——以小学'品德与社会'学科为例[D]. 深圳大学，2009.

题材的教学内容，主要是对学生进行爱国主义教育。从本课教材编写结构来看，文字明显增多，表达的内容离学生的日常生活较远，对五年级学生而言颇有难度，所以不能要求他们全面完整地了解详细的历史脉络，而是让学生感受到外来列强的侵略曾给中国人民带来巨大的民族灾难，激发学生的民族忧患意识和爱国热情。结合自己的学习经历和教学经验，将教学文本进行拓展、重构与整合。

【需求分析】

通过问卷调查发现，本班有69%的同学知道鸦片是对人有害的物品，会使人上瘾，影响人的健康；有60%的同学知道外国人火烧圆明园的事件；有27%的同学知道虎门销烟的故事，但并不清楚故事细节；有27%的同学知道林则徐，但也只知道他是一个大臣，并不了解他的事迹。

【活动目标】

1. 简单了解鸦片曾经给中国人民带来的危害，认识禁烟英雄林则徐及虎门销烟的历史事件，了解英法联军火烧圆明园的暴行。

2. 了解外国列强对中国的侵略，初步感受"落后必然挨打"的道理，激发民族忧患意识和爱国热情。

【活动重点】

了解鸦片曾经给中国人民带来的危害，认识禁烟英雄林则徐及虎门销烟这一历史事件，了解英法联军火烧圆明园的暴行。

【活动难点】

激发学生的民族忧患意识和爱国热情。

【活动资源评估】

可以通过网络查找到鸦片、林则徐、虎门销烟、火烧圆明园的纪录片或电影。由于电影反映的是清朝的历史事件，语言略显晦涩，加上电影的特殊表现手法，五年级的同学较难理解。纪录片比电影要直白易懂。还可以查找美丽的罂粟花照片、林则徐画像、虎门销烟图片、电脑还原的圆明园3D图片和被烧毁的圆明园图片。

【活动准备】

1．教师准备：通过图书馆、网络查找与本课内容相关的文字材料，并准备相关纪录片，制作ppt课件。

2．学生准备：课前查找资料，思考：（1）鸦片是什么？鸦片给中国人民带来了怎样的危害？（2）了解虎门销烟的故事你感受到了什么？（3）圆明园为什么会被烧毁？课时结束后以本课内容为主题制作手抄报。

【活动流程】

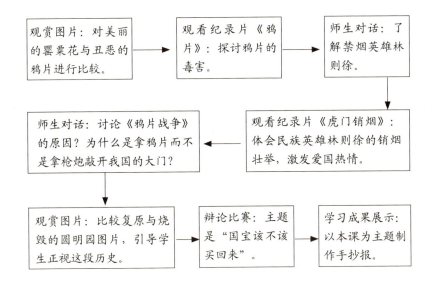

【活动评价】

根据学生查找资料、课堂交流、课堂辩论、制作手抄报和笔试的测验情况，共同评价学生的学习。

上述研究性教学设计，融入了生态化的教学策略，师生共同开发了活动资源，重新构建活动文本，强化活动内容的内在关联性，一定程度上改变了小学"品德与社会"课偏重文字、内容与生活脱节的状况。从后续实践教学效果看，学生参与课堂活动的积极性有所提高，研究假设得到一定程度的验证。

三、探究性教学实践：上课与研究结合

教学是探究，探究即教学。融入研究旨趣的教学实践充满了探究的精神。因此，在研究过程中，教师的上课与研究属于同一过程的两个方面，彼此补充，互相促进。

（一）让教学过程落实研究设计

研究性教学设计完成后，教师需要在自身的教学过程中彻底落实上课与研究整合的理念，将传统的教学过程转变为师生共同获得知识的探究性教学实践。

实际上，在过去的教学过程中，教师不少做法都体现了某种研究设计或某种研究追求。诸如典型个案的确定、留意研究个案的课堂表现、观察个案与同学的互动情况、对个案有意识地提问、以日志方式记录典型事件、对一些事件的巧妙处理等等。下述案例3-3，显示出有效落实研究设计、成功解决问题的探究性教学实践过程。

    案例3-3 高高地举起你的左手[1]

    在一次公开课上，我发现有一位平时从不举手的学生M举手了。我有些奇怪，但还是让他起来发言。但M站起来后一脸的羞愧和慌张，根本不知问题的答案。

    我让他坐下，没有批评这位学生，心里有些纳闷：这位学生为什么这次举手了呢？为什么又不知道答案呢？羞愧和慌张是否对这位学生的心理造成伤害了呢？

    下课后，我把M叫到办公室，安慰他说："今天你举手了，这很好，这说明你在思考老师提出的问题。你能不能告诉老师，当时究竟是怎么考虑那个问题的呢？"没想到M说："其实我根本不知道答案。我只是不希望被同学看不起，所以举手了，希望能侥幸蒙混过

---

[1] 杨英友，胡书琴. 听那花开：校本行动研究成果集. 沈阳：辽宁美术出版社，2007：386.

去。没想到老师偏点我回答。"

我当时听了很感动，犹豫了一阵子，对那位学生说："这样吧，我们做一个约定，以后每次上课你都积极举手。如果不知道答案，你就举右手；如果知道答案，你就举起左手。你一旦举左手，我就点你起来回答问题。"

在接下来的几天里，学生M果然开始每节课都举手。同学们最初都觉得有些奇怪。时间长了，同学们开始渐渐相信M是学习高手了。

有一段时间我做过统计，M举左手的次数为25次，举右手的次数为10次。后来，他举右手的次数越来越少。

M在日记中写道："考上大学后老师来送我，他只对我说了一句话：别让自卑打倒你的自信，接着高举你的自信。我终于明白了老师的良苦用心：他让我多举左手少举右手只是为了让我超越自己，高举自己的自信，赢自己一把啊！人生的道路上免不了遇到对手和困难……如果不能举左手，那么我们做的第一件事就是举起自己的右手……"

在这则案例中，老师的"约定"就像一个善意的谎言，"欺骗"了同学，却培养了"问题学生"的"自信"。渐渐地，问题学生成了"学习的高手"。可以说，"约定"就是研究设计，融入在整个教学过程之中。

再如，香港课堂学习研究，以变异学习理论为指导，采用测量、访谈等方法，寻找学习内容的关键特征。通过变异图式，发挥对照、概括、分离、融合等功能，让学生能更清晰地辨析学习内容的关键特征。该研究为教师的专业提升，改变教师专业化形象，做出了很大贡献。教师以课堂和学生为研究对象，积极参与教与学的研究，提升教学效果，促进自身专业的发展，不断地建构专业学习社群，成为将研究设计融入教学实践过程的典型案例，参见下图[1]。

---

[1]李树英，高宝玉. 课堂学习研究的国际展望. 全球教育展望[J]. 2007，（1）.

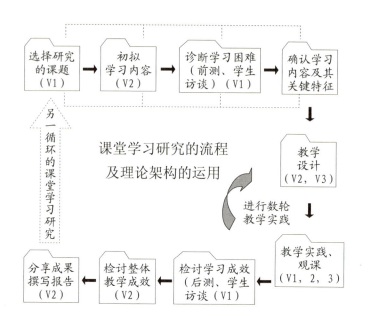

针对一堂课的教学内容，进行集体备课、教学观摩、协同工作和系统反思，达到有效的教与学的发展目的，使学生更有效地学习。这是行动研究的一种形式，教师既是研究者又是教学者，通过行动进行反思，通过反思促进更有效地教学。[1]有兴趣的老师可以进一步参阅香港课堂学习研究的文献，结合自身教学内容中的问题，展开适合自身的探究性教学实践。

（二）利用研究工具，系统收集资料

探究性教学实践强调"探究性"，探索需要对变革过程进行详细的记录，对变革结果做出深入的分析。在研究实施的过程中，要注意研究资料的收集，以便清楚地了解研究的事实情况，并对结果进行客观的分析和评价。研究资料是反映研究过程的各类文字、图片和音像等资料。包括阶段研究计划、小结、与课题有关的教案、与课题有关的师生资料、与课题研究相关的教师培训资料、会议记录、实验随笔、学习体

---

[1]李树英，高宝玉. 课堂学习研究的国际展望. 全球教育展望[J]. 2007，（1）.

会、问卷调查测试卷、统计分析资料、个案研究资料、实验对象的反馈材料和相关的图片音像制品等也在这个范围。在研究资料的收集过程中要注意资料的真实性、准确性和完整性。

案例3-4 引导学生"感悟生命意义"的叙事研究——以《触摸春天》教学为个案[1]

4月14日

研究者布置家庭作业，预习《触摸春天》。请同学们回家后，用布蒙住眼睛，做三件日常小事，并把感受记在积累本上。

4月20日

下午，一名学生带来了听诊器。于是，研究者利用一节课的时间，逐一请每位学生听听自己的心跳，把听到自己心跳时想到的东西写下来。在学生听自己的心跳时，他们是那么的专注，眼神里有惊讶，有好奇，还有沉重。有的学生说："我想到了妈妈，是她给了我生命，没有她，我就听不到自己的心跳了。"有的学生说："我觉得我的心跳声像是水开时沸腾的声音，听了好激动，这么有活力，我得珍惜。"有的孩子说："老师，刚听到自己的心跳时，觉得好害怕，担心自己没有心跳，后来，真是大舒了一口气。"

Z同学刚拿到听诊器时有点胆怯，神情有些紧张，听到心跳后脸上挂起了笑容。他说："心跳很好玩，我要感谢爸爸妈妈给了我生命。"然后，很认真地写下自己的感受。

4月21日

语文课上，一名同学从《读者》上找到一篇与生命主题相关的小文章，利用上课前的五分钟与大家分享。学生们听得很认真，教室里没有一点声音。文章读完了，学生们使劲鼓掌，这真是好的开始。研究者对此大加鼓励。学生对这篇小文章进行了简单的讲述。

下午，几个女同学抱着一个超市里装雨伞用的长袋子跑到研究者

---

[1]蔡明慧，李臣之. 引导学生"感悟生命意义"的叙事研究——以《触摸春天》教学为个案，天津教科院学报[J]. 2007，（3）.

面前，Z同学紧紧跟在后面。袋子里装了100多只小蜗牛，还有一些植物叶子和小石头，袋口系了一个死结。几个学生七嘴八舌地说："老师，他要把蜗牛闷死。"Z同学急忙解释："不是，我就是把它们抓来，没想把它们闷死，真的。"说完，拼命咬手指。研究者没有批评Z同学，告诉他袋子不透气，会把蜗牛闷死。然后，Z同学和其他几个同学一起去学校的植物园，把蜗牛放了。

4月30日

自从21号开始，每天都有学生读《读者》上的小文章，这些文章都与"生命意义"的主题相关，有写亲情的，有写友情的，有写思考生命意义的，有写昆虫家族的独特生活的……有时一节课有两三篇，只好一篇篇排队了。今天有两名同学差点因为先读谁的文章发生矛盾，不过她们都很聪明，商量后决定选择先读短的，因为今天老师还有别的事情要讲。

5月9日

今天，又有学生投诉说，看到Z同学逮了一只刚出生的小猫回家。Z同学马上站起来大声说："蔡老师，不是，那只小猫受伤了，我带它回去治伤了。之后，我又把它送回去了，不信你去问我舅舅。"马上有个女同学站起来说："老师，是真的，我知道这件事。"全班同学都为Z同学鼓掌。

5月11日

语文课前，Z同学神秘地带给研究者一本书，上面有一篇他找到的关于生命的小文章。课上，研究者请他站起来朗读，他站起来身子摇了几下，几乎是哼着说："蔡老师，你帮我读吧。"于是，研究者帮他读了整篇文章，文章比较长，写的是猎狗救主人的故事。故事读完后，全班同学以热烈的掌声向他表示感谢。他很不好意思地笑了。

"热爱生命"是小学语文（人教版）四年级下册第五单元的主题，教材内容围绕"生命"这一专题展开，收录的作品都从不同角度反映出对生命的思考，抒写了对人生的感悟。其中，《触摸春天》描写了这样一个故事：在春暖花开的日子里，一个盲女穿梭在花丛中。她在一株月季花前停下来，慢慢伸出双手，悄然拢住了一只逗留在花间的蝴蝶。蝴蝶在她的手指间扑腾，女孩的脸上充满了惊讶。许久，她张开手掌，蝴蝶扑闪着翅膀飞走了。小女孩又仰起头来张望。女孩的故事告诉学生：谁都有热爱生活的权利，谁都可以创造一个属于自己的缤纷世界。研究者在教学结束时，发现学生对女孩的理解依然停留在她的"勇敢、坚强"层面上。虽然学生阅读得很流利，甚至很美，但"为什么眼睛正常的人很难捉到蝴蝶，而盲人却能不费力气捉到"这个问题依然在学生心中萦绕。由于缺少对"生命"的深刻理解，没有对女孩珍爱生命的理解，这个问题始终没有办法解决。一节课下来，"引导学生通过读书感受生命的美好，激发对生命的思考，从而更加珍惜生命、热爱生命；学习体会课文中含义深刻的词句，发现并总结体会句子含义的方法，培养语言理解的能力，并引导学生不断积累语言，增强语感"的教学目标均未达到。如何解决这一问题？案例3-4是研究者利用日记的方式，收集了"引导学生感悟生命意义"的研究过程。这些资料既反映出教师解决问题的过程，又体现出作为研究者策略地解决问题的过程。

四、系统反思性教学评价

教育研究是一个循环往复的过程，一轮研究的结束意味着下一轮研究的开始。反思研究历程，反思研究策略和研究结果，为下一步研究打下良好的基础。反思也不是一次性的，它是一个连续不断的过程。

（一）效果反思

对教育研究进行效果反思，是指研究者对问题的初始值和阶段值进行比较，对问题是否解决或多大程度上解决进行分析与判断。主要反思哪些方面，达到什么预期效果？哪些方面没有达到预期效果？有没有引出新的问题？为什么产生这些问题？反思行动对策有没有形成新看法？有没有其他方面的收获？比如，对"作文题材生活化"的表现指标效果的反思，可以说，研究者采取的措施在改善问题方面取得了成效。

表3-2 教育行动研究效果的反思[1]

题材生活化的表现指标	行动前	行动后
喜欢写生活中的人和事	22%	76%
能够从生活中选择题材	19%	82%
作文编、造、套现象	39%	14%

（二）改进反思

改进反思是指教师在考察整个研究过程后，对遗留问题进行深入思考，提出解决方案。在效果反思基础上将采取什么行动？这些行动在哪些方面会改善现状？最后，将研究反思得到的启示、体会、对策转化成为后续研究的具体措施。

案例3-5 通过评价，他进步了[2]

一、发现问题

小亮，小学一年级，年龄在班中最小，个头却在班里最高。父母对他很关心，每天放学后都要问他在校一天的表现，并和我交流他在家的情况。对于这个孩子，我真是又爱又恨。他的行为习惯很不好，上课坐不住，手老是放在书桌里玩，下课就招惹同学。常常是我一到学校，就有人告他的状。最多的一天，同学们告了他几十次。开学没过多久，班里的同学就开始孤立他，课上不愿意和他分到一组讨论问题，课下不和他一起玩。我多次提醒别的同学，但他老是出状况，常常因为管不住自己而让值周生给我们班扣分。同学们跟我说："不喜欢他。"我无法批评他们，他们有自己的观点，有自己的好恶。如何

---

[1]汪利兵.教育行动研究：意义、制度与方法[M].杭州：浙江大学出版社，2003，（8）.

[2]韩健.浅谈教师如何做行动研究[J].当代教育科学，2007，（2）.（引用时将表格转化为文本）

有针对性地对他进行教育呢？

二、计划与行动

第一天：尽量不把手放在前面，坚持两节课，将得到一颗表示纪律好的星星。早晨到校后给予提醒，提出希望，但没有做到。课程是数学课，我没有和数学老师交流这件事，老师没有特别监督他，所以他在数学课上又玩尺子了。

第二天：语文课上不要把手放在前面，由坐在他旁边的同学和我监督。课上多次叫他回答问题，给予关注，及时表扬。虽然语文课做到了，但其他课还有玩的现象。我想："孩子的任何行为都有一个过程，必须给孩子时间和机会。"

第三天：语文课上举手次数不得少于10次。尽量在他举手时叫他或向他点头，表示教师的关注，及时发给他表示纪律好的星星。因为课上踊跃举手回答问题，所以很少再玩了。通过提问，可以淡化他上课玩手这事，转移他的注意力，取得了不错的效果。

第四天：没有对他提出更高的要求，方法类似于前一天。他的表现比较出色，虽然有违反纪律的情况，但不再玩手。课后没有老师时，还是管不住自己。三天来，他的情绪一直处于高度兴奋的状态，给予持续的关注应该能够改掉分散注意力的坏习惯。

第五天：希望他得到其他老师的赞赏。我和美术老师进行了沟通，在美术课上给予他关注，当天晚上给他家打电话，向他表示祝贺。课后他跟我说："觉得老师都喜欢我，想做一个好孩子。"如果只是我对他进行关注，效果可能还不明显，其他老师给他带来更大的自信，他的进步很大！

第六天：给他打电话，要求他周一早上到校后为集体做一件好事。周一早晨，他拿出几个小镜框跟我说："咱们班谁表现好，我就把谁的照片展览在像框里。"我及时表扬了他，并号召全部同学向他学习。又一次得到老师的表扬，他很高兴，有同学参观了他的小镜框，同学们也开始喜欢他了。早晨的事对他影响不小，这一天他都没有违反纪律，而且和同学们相处得不错，愉快的情绪使他乐于上学，开始培养做好学生的自制力。

第七天：没有对他提出更高的要求。今天，他又做了一件好事，就是拿来20个装文件的小口袋，他说："老师发的小卷子装在里面就不会丢了。"他一定是记住头一天我批评个别同学把老师发的小试卷扔乱的事，想帮助我解决这件事。我又一次表扬了他，希望同学们能像他一样热爱集体。我想，他已经成了一个有心人，能主动为集体做贡献，虽然他的动机还可能仅仅是为了获得老师的表扬，但至少他和同学的关系改善了，我真的很高兴。

第八天：没有对他提出要求。早晨到校后，我第一个叫他，让他帮我做值日。课上，他出现玩手的现象时，就表扬他身边的同学做得好，以此来提醒他，避免直接批评他。课后，让他擦黑板，避免他出现违反纪律的情况。效果不错，他表现很积极。我想适当地转移他的注意力，也许会对他有益。

第九天：没有对他提出要求。没有过多地关注。这一天，他的表现不错。我觉得，只要他养成习惯，遵守纪律不是难事。

第十天：告诉他今天要评班里的好学生，希望他争取。这一天对他的表扬非常多，只要他做得不错，就及时在全班表扬。果然，在评比中他获得"好学生"称号。这十天的关注似乎取得了效果，不知道他能不能坚持下去。

三、结果

虽然只记录两周的时间，但我明白，对于一些学生的教育需要持之以恒。目前，小亮虽有很大的进步，但还是时不时地犯一些小毛病。通过两周的观察教育，取得的成效是明显的。他的妈妈很高兴，见到我经常说："孩子有进步，在家也不让家长太费心，觉得自己的孩子虽然上学时间不长，但真的长大了不少。"

四、反思和讨论

教育学生需要给予他成功的体验。对于一年级的小学生来说，太多的大道理他们不明白，太多的说教他们不会接受。我想："真心地爱他们，给予他们每个人成功的体验，关注他们，就能够走进他们的世界，成为他们的朋友，大人与小孩离得并不远。老师可以利用他们希望得到老师表扬的心理，通过恰当的方法，矫正他们的一些不良习惯。最重要的是千万不能放弃他们，毕竟他们的学校生活才刚刚开始。老师与学生贴得近，有教育的责任感才能有成功的教育。"

上述案例显示出老师对个别学生的连续性关注，在教学实施过程中，不断地反思效果，分析原因，提出改进措施。如：及时表扬、尽量在他举手时叫他或向他点头、向他表现祝贺、号召同学们向他学习、让他帮忙做值日、及时在全班表扬，等等，这些做法都收到良好的效果。

（三）探究性反思

在效果反思和改进反思的基础上，可以展开探究性反思，即系统回味研究性教学的全过程，探讨"所做的实践"对"问题的解决"有哪些"作用和意义"？体现了哪些"道理"及其"对理论研究的贡献"，等等。

案例3-6 研究发现与反思[1]

1．在"热爱生命"为主题的单元教学中，通过一系列的体验活动，如蒙上眼睛体会社会、用听诊器听自己的心跳等活动；一系列的情境感悟活动，如通过做"张望"的动作体会女孩的内心活动；通过互相握手感受手的力量，想象飞蛾在手中挣扎的情境等，可以帮助学生真实地感受生命的存在、生命的平等、生命的可贵。

2．学生自发、有目的性地开展课外阅读，在老师的鼓励下成为全班的共同行为，有助于学生加深对单元主题的理解。同时，学生的阅读面扩展了，对学生语文学习能力的培养也有很好的促进作用。

3．将学生的某些行为与本组课文学习的主题相联系。比如在处理Z同学踩蜗牛事件时，紧紧联系本组课文的学习主题进行恰当地处

---

[1]蔡明慧，李臣之．引导学生"感悟生命意义"的叙事研究——以《触摸春天》教学为个案，天津教科院学报[J]．2007，（3）．

理，加深学生对学习主题的理解，有助于学生行为习惯的转变。

4．在教学中，重视单元学习的整体性，学习活动的设计与安排紧密联系学生的生活经验，紧扣学习的主题，课上和课下都与学习主题环环相扣，相辅相成，有助于学生对学习主题的深刻理解。

从上述案例可以再一次看出，教师做科研与一般的教学研究活动、日常的备课活动有明显的不同，日常教学研究和备课活动的确也注意到教学中的问题，也注重解决策略的设计，但教师在科研活动中，更注重"事中之理"，强调"为什么"这些追问和探询，注重"道理"的发现。

第四章 结题：成果升华

　　课题完成后，需要及时结题。研究者通过各种方式，在规定期限内完成既定的研究任务。同时，结题也为研究者提供了听取同行意见、反思自己研究过程和研究行为的机会，有利于发现研究中存在的问题，为更深入地研究开辟了道路。

　　结题，意味着研究全过程的回望与升华，也意味着课题研究的新的开端。

一、结题的意义与目标达成

　　结题报告是一种专门用于科研课题结题验收的实用性报告类文体。它是研究者在课题研究结束后，对科研课题的研究过程和研究成果进行客观、全面、实事求是地描述。不仅要详细地叙述研究工作的经过，更要引出研究和思考的观点。结题报告是课题研究所有材料中最主要的材料，也是科研课题验收的主要依据。

（一）结题的意义

　　教育科研课题的结题报告是课题研究的最后环节，是课题研究工作全过程的缩影，是实验研究结果的文字记载，是针对某种教育现象或教育理论进行调查研究、实验、论证后得出的新的教育观点、教育思想、教育方法、教育理论。撰写课题研究结题报告的目的是科学地总结自己的研究工作，用书面形式反映实验研究的成果，向教育界和社会提供教育研究信息，以丰富教育理论推动教育实践工作，促进素质教育的贯彻落实，显示其实用价值。因而，撰写课题研究的结题报告，不仅反映科研成果，而且深化和发展科研成果。有利于学术交流，互相借鉴，推动整个教育事业的发展。

（二）结题的目标

一般而言，鉴定课题成果主要看研究成果是否具有创新性，是否实用，是否在理论方面有所建树。《全国教育科学规划课题成果鉴定评估参照指标（试行）》提出了具体的评估内容、评估标准和等级。评估内容包括科学性、创新性、规范性、难易程度、应用价值等。其中各评估内容的A级评估标准[①]如下：

科学性：课题有意义和价值，研究问题真实，研究前提可靠，研究方法适当，论证分析严密充分，结论合理可信。

创新性：研究取得突破性进展，提出了新的教育理论，丰富和发展了某种重要的教育理论或学说，引领学术发展；成功运用新的研究方法或技术；获得大量的第一手资料和事实；形成了新的教育成果。

规范性：研究体系完整、系统；研究设计与实施规范、严格；论述全面，概念明确，逻辑严密；资料可靠、系统，引证规范。

难易程度：研究的问题复杂，工作难度很大；调查或实验工作量很大；资料的搜集与处理工作量很大。

应用价值：成果有明显的前沿性和开创性，对学科发展有重要的奠基和引领作用；成果对解决重大的教育决策问题有重要作用；对解决教育实践问题有创新性的指导意义，有广泛的应用与开发前景。

这些标准清晰明了，对教师完成结题目标有参考价值。随着教师科研水平的逐步提高，我国不少学校的老师开始承担教育部的课题，那么结题目标自然需要瞄准教育部结题的评估标准。又由于大量教师的科研是在教学研究基础上进行的，与通常专家做科研的要求有一定差异。

---

① 《全国教育科学规划课题成果鉴定评估参照指标（试行）》。

教师的科研结题更应当注意理论与实践的融合，体现教师做科研的特殊性。

1. 创新性

课题研究的目的就是对研究问题有所突破、创新。结题报告应该突出研究成果的"独、特、新"[1]之处。由于存在教育实践的复杂性和情境性，每一节课、每一个学生都是不可复制的。

2. 实用性

一线教师做科研，最重要的目的应该是能够通过科研解决教学实践中的棘手问题，寻求专业提升。还需要通过结题报告强调研究成果对研究者本身的价值，对教育界有什么指导价值和推广意义，研究的成果是否实用。

3. 理论性

一个课题有实用性，就说明这个研究有"理"。这个"理"，需要我们用敏锐的理论眼光把它观察、提取、总结出来。在结题报告中，课题研究总结出的观点、理论反映什么水平，是否发展了当代教育科学的最新成果，是否探求出教育现象发生、发展、变化的规律，能否用来指导新的实践，都应一目了然。

（三）科研目标的达成

结题的过程其实也是对教师做科研的评价过程。由于教师做科研与理论工作者的科研活动有一定区别，教师的研究成果也应与通常意义上的理论研究成果有所差异。有学者认为，教师研究的成果具体表现为几种状况的转换：理想状况转化为现实状况、文本状态转化为实践状态、公共知识转化为个人知识，或者相反转化。

一是实实在在地发生某种状态的转换。既不是从文本到文本，进行

---

[1] 易志勇. 教育科学省级规划课题的结题鉴定与具体操作[J]. 长沙民政教育学院学报，2008，（3）.

纯文本的复制，也不是从实践到实践，无反思、无理论介入地模仿；既不是从公共知识到公共知识，充当某种不变知识的传声筒，也不是从个人知识到个人知识的沉默不语，不能进入公共评价领域。

二是始终伴随着新的体验与发现，新的理念、方法、艺术不断生成，绝非无生命活力、缺乏灵性的机械描写。[1]因此教师做科研的结题不能仅仅展示通常意义上的成果，如公开发表的论文、著作等，也应关注教育随笔、教育叙事等非常规意义的成果形态。从具体的表达形式来看，教师展现自己的课题研究成果可以是文本形态的，也可以是实践形态的。实践形态的成果，如教师的好课，这些课例是教师教育理论的探寻和教育艺术修炼的结晶，非一般论文所能替代。就文本形态的成果来说，也绝不能局限于所谓的论文，应更多地表现为教育叙事、教育案例、反思笔记、教育建模等形式。

二、结题报告的撰写

课题研究结题报告的撰写过程是一个严密的思维过程，不仅需要撰写者有一定的分析、综合、抽象概括的能力，还要具有准确运用语言文字的能力和技巧。所以撰写课题结题报告，有助于培养和提高研究者的思维能力和表达能力，以便有效完成科研活动。

（一）结题报告的结构

课题结题报告要描述和解释获得研究结果的方法，并对获得的合理性做出说明。结题报告因课题研究的对象和采用的方法各异，其结构和表述形式以及侧重点也有所不同，但其总体要求是一致的：（1）反映全貌。要求撰写者把握从立项到结题的"全程"轨迹，综合课题预定目标、探索重心和研究成果，重视研究者、评价者乃至实践者的"全员"意见。（2）突出重点。既需要突出研究成果的创新特色，更需要突出实

---

[1]柳夕浪. 教师研究的意蕴[M]. 北京：教育科学出版社，2007：221-222.

践中对已有效果的评述和未来效果的预测。

结题报告可分为前置（含标题、署名、内容摘要、关键词）、正文、引文注释与参考文献几部分。其中正文是主体，主要包含以下内容：

1. 课题提出

包括研究问题的概述、研究的假设与研究的目标、研究的目的与意义、文献综述等。要求讲清楚课题研究的理论意义和实践价值，交代清楚为什么要研究这一问题，即课题研究提出的原因和研究的意义；要研究什么，即课题研究的假设、研究目标及关键概念的界定；课题研究的时代背景，即目前国内外该课题的研究情况，包括前人研究成果与观点、研究现状（存在的问题以及发展趋势）等。总之，选用恰当的措词，开门见山地把课题研究的有关问题交代清楚，会使研究报告具有较强的针对性。

2. 研究过程

要求充分反映课题研究的全过程。（1）交代研究方法。主要指研究对象、研究工具与材料、测量方法与程序等。要求交代清楚研究的操作定义；研究采用的特殊工具、设备和方法；研究对象的确定（总体、样本、抽样方法等）；调查的方法与项目；实验因素的操作和无关因素的控制；资料的收集和处理等。研究方法的交代要具体，条理要清楚。有些材料可以用附件形式附在报告后面。（2）分析研究成果。主要概述研究发现与结果，对假设、目标的结果进行描述，统计检验的结果等。要求将收集到的原始资料与数据进行数量统计，做出定量分析；对非数量化的资料，要进行整理、分析、比较、归纳，加入逻辑推理和定性分析。数据可用直方图、曲线图、折线图等图表形象地表示出来。研究结果最好把一般与典型、数据与事例相结合来表述。（3）讨论相关问题。主要诠释研究结果，探寻本身的局限性和意义，对未来有何启示等。讨论课题研究结果的可靠性，对研究结果做理论上的分析，提出自己的看法和意见，包括质疑；与他人研究结果进行比较、论证和分析。还要讨论课题研究方法的科学性、可行性，以便为同行进行同类研究提供参考和建设性意见。

3. 研究结论

包括对结果的概括和推论，针对问题提出建议与措施等。要求简明地归纳出研究成果的基本要点，即研究了什么问题，有什么结果，说明了什么问题。同时要根据研究情况得出下一步应深入研究的问题。要求客观真实，简洁明确，鲜明集中，能让人们从中获得有用的信息。课题形式的多样性决定了其研究报告撰写的灵活性，可根据需要或个人喜好产生一些变式。[1]

（二）结题报告的类型

全国教育科学规划办公室要求课题结题时，提交工作报告和研究总报告。工作报告包括研究的主要过程和活动；研究计划执行情况；研究变更情况（课题负责人、课题名称、研究内容、成果形式、管理单位、完成时间等）；成果的出版、发表情况，转载、采用、引用情况；成果的代表作等。研究总报告包括研究的主要结论与观点；研究方法的主要特色与创新；研究的突破性进展；学术价值的自我评价；成果的社会影响；研究中存在的问题；今后的研究设想等。研究总报告是结题的重点，就其类型[2]而言，主要有以下几种，可以选择相应的类型尝试训练。

1. 理论型研究报告

理论型研究课题结题报告，要在收集、整理相关教育教学理论的基础上，拟出报告提纲。这类报告的结构要严密合理，突出理性的思考，展现理论的严密性。列出提纲后完成报告初稿，初稿要保证引用的理论依据绝对正确，对报告中提出的观点要做出正确的界定，课题运用的教育理论应该重点突出。完成初稿后，还需要花一定的时间去修改，修改

---

[1] 李战平，徐朝辉. 教育科研课题结题与研究报告的生成[J]. 教学与管理，2007，（12）.

[2] 冯永熙. 如何做好课题研究及撰写结题报告[J]. 中学教育，2003，（7）.

的内容包括结构、语言和材料，反复推敲后才能正式形成课题报告。

2. 实证型研究报告

这类报告的内容一定要经过研究问题的提出，实验项目或对象的确定，实验方案和步骤简述，问卷设计与调查的过程，实验中采集到的数据处理（统计、分析和检验）这些过程，最后形成实验研究结论。实证型研究报告最关键的是对实验中无关因子的控制和对实验结论的评价，这是实证型课题研究的难点，也是实验报告的价值所在。

3. 经验型研究报告

经验型研究报告是建立在对教育教学的全面调查和了解的基础上，通过对经验的筛选、提炼，总结出教育经验的基本思想、基本原则、操作步骤和教育策略体系。经验型研究报告重在对长期形成的教育教学经验进行理性分析和归纳，提炼具有典型性和示范性的教育规律。对于中小学教师而言，常用的就是经验型研究报告。

4. 个案型课题报告

个案型课题研究报告基于对个案全面、长期的观察记录。因此报告必须有研究对象的基本情况介绍，各个阶段的观察描述记录，包括谈话记录、观察记录、行为记录等。研究报告能全程反映影响个案的各种主客观条件因素，跟踪个案的各阶段活动后，必须及时进行反思评价，调整研究方向和策略。

三、如何结题

准备好结题报告，就可以进行结题。研究者可以根据实际情况采取不同的结题方式。

（一）结题的准备

教育科研课题的结题，需做以下准备工作：

1. 介绍成果

教师一定要创造条件推广他的研究成果，这不仅是提高自身研究水平的必经之路，也是把"个体理论"升华为"共同理论"的必要条件。斯腾豪斯认为："私下的研究在我们看来称不上研究。部分原因在于未公开发表的研究得不到公众批评的滋养，部分原因在于我们将研究视为一种共同体活动，而未发表的研究对他人几乎没有用处。"[1]把课程理论研究成果推向全国、走向世界，需要我们把研究成果有目的地转化并正确、清晰地表述出来。教师做研究的过程中需注意以下三个问题：

第一，要主动利用网络，使研究成果能被批评、共享。有研究表明，现代人的阅读主要在网络上完成，通过网络实现关于某一问题的讨论已不鲜见，而且它比实物交流更加简单、方便和快捷，可以得到迅速回复。我们应该大胆地让别人分享自己的研究成果，只有接受他人意见，才能取得进步，继续改进。

第二，遵守学术规范。我国的学术研究成果要走向国际，必须遵守国际学术研究成果的基本规范。姚云、顾明远认为目前国内的研究成果一般存在的主要问题有：论文的英文摘要编写质量不过关、缺乏交代必要的研究现状、引用的参考文献书写不规范等。[2]所以我们需要详细参考高质量的英文摘要，对比中英文论文摘要的不同。不但研究者本身要了解该研究的现状，也应在研究报告里交代该领域取得的成果，引用客观、求实的参考文献。

第三，提高论文翻译质量。英语是世界通用语，世界上大部分学术期刊都是用英语表述的，我们的研究成果最终要走向世界，也需要翻译成英语。如果研究者的英语水平不够，选择英语水平相对较高的人士合作撰写英语论文也不失为一个好办法。总之，我们的目标是使"个体理论"走向世界，使之与"共同理论"形成循环交流、相互创造的可观局面。

[1]Stenhouse, L. What Counts as Research? [J]. British Journal of Educational Studies. 1981, (6).

[2]姚云，顾明远. 中国教育研究成果国际化的几个问题[J]. 中国教育学刊，2007，(3).

2. 准备材料

需要准备的教育科研结题报告材料[1]包括：（1）填写《课题结题鉴定申请书》；（2）撰写《课题研究报告》；（3）撰写《成果公报》；（4）搜集已发表的论文、公开出版的著作及课题产生社会影响和效果的证明材料；（5）将课题研究的有关材料装订成册。结题鉴定材料要求做到"齐、定、实、美"。"齐"就是文本齐全。"定"就是全部文本都要定稿。"实"就是文本陈述与实际研究水平匹配。"美"就是文本设计、印刷、装订精美。

课题的结题一般分通讯结题与会议结题两种。无论哪种结题方式，完备的结题资料是第一要务。几年的研究工作，专家不可能全程参与研究的全过程，唯一能说明问题的就是把原始的研究资料规范地呈现出来，用一份高质量的研究报告来高度概括相关的研究工作和取得的研究成果。因此结题中必须准备如下档案资料：

（1）课题立项文件性材料，包括《课题申请书》《立项通知书》预期研究成果形式：准备阶段有情报资料汇编、现状调查报告和经验总结汇编；实施阶段有研究资料和内容汇编、研究过程的经验总结；总结阶段有研究课题的结题报告及一些附带的研究成果；最终成果形式有工作总结报告、本课题的结题报告（附活页，一式三份）。

（2）课题研究过程性材料，包括课题实施方案、开题报告、课题研究计划、课题研究学习活动记录等。

（3）阶段性研究报告，包括前后期调查分析、教案内容调研分析、问卷调查分析、学生作品分析等。

（4）课题研究成果性材料有两方面内容：

一是显性成果。包括相关工作报告；典型的教学设计案例（多媒体课件、教具、图表、音像资料、学生作品等）、讲课材料、评课材料；有关课题研究的获奖证书和学生考试成绩；调查报告、观察报告、个案分析等。

---

[1]易志勇. 教育科学省级规划课题的结题鉴定[J]. 当代教育论坛，2008，（9）.

二是隐性成果。包括教师教学理念、行为方式的转变，学生学习兴趣的提高等。

3. 申请鉴定

准备好结题材料之后，课题研究者便可以申请结题鉴定。课题主持人要做好以下工作[1]：

（1）与课题主管理部门联系，送交结题鉴定文档、课题管理部门审查文档，核实材料是否齐全、是否完成课题的全部研究任务。

（2）与课题主管部门联系，领取省级规划课题成果鉴定书，详细咨询撰写方法。

（3）与课题主管部门协商结题的鉴定方式，一般是由课题主持人提出，经课题主管部门同意即可。重点资助课题一般要求采取会议鉴定的形式，充分发挥会议鉴定对课题研究的作用。

（4）与课题主管部门协商组成专家鉴定组。《管理办法》对鉴定组的组成有明确规定，如湖南省规定，课题成果鉴定组成员一般为5至7人，不少于3人。课题组成员（包括顾问）不能担任本课题的鉴定专家，所在单位及其上级主管部门参与鉴定的专家不得超过三分之一。

（5）与鉴定组专家联系，双方商讨鉴定时间、方式。此阶段，课题主持人要开展许多联系、沟通的工作，应留有较宽裕的时间。

（二）结题的方式

根据实际情况的不同，可以采取不同的结题方式。从形式上说，结题一般有以下几种类型：

1. 会议结题鉴定

会议结题鉴定是省级规划课题结题鉴定的主要形式，特别是重点课题必须进行会议结题鉴定。这种形式一般召开同行专家会议进行评议，课题主持人先陈述研究过程，同行专家再对课题的成果进行鉴定，也可

---

[1]易志勇. 教育科学省级规划课题的结题鉴定[J]. 当代教育论坛，2008，（9）.

以对课题提出咨询指导意见。这种会议鉴定形式的优点是同行专家可以针对课题研究中的问题和研究报告的修改，与课题研究人员开展面对面的交流。课题研究人员能汲取专家对课题设计、研究方法、研究过程、研究成果等方面的指导意见，有利于进一步提升研究成果的理论与实践价值。但会议结题鉴定的组织难度较其他形式繁杂、成本较高。一些省市对重点课题成果的结题鉴定有具体的量化指标。

会议结题鉴定的具体程序[1]是：（1）课题组主持人向专家鉴定组汇报课题研究报告和研究工作总结；（2）课题组研究人员对鉴定组专家提出的问题进行答辩；（3）必要时进行现场考察或召开相关座谈会；（4）专家发表个人鉴定意见；（5）休会，召开专家组会议并形成鉴定组的集体意见；（6）鉴定组组长发表总结性意见，并宣读专家鉴定组的鉴定意见；（7）鉴定组全体成员在《课题成果鉴定书》上签字。

会议结题鉴定课题主持人需要陈述的基本内容包括[2]：（1）课题主要希望解决什么问题，为什么要研究这个问题。包括提出问题、研究综述、研究意义等。需提出研究的问题，介绍研究的背景，表述前人研究的成果，说明研究的意义。这个部分的陈述不求面面俱到，但要扣住主题，简单扼要，讲清问题。（2）课题是怎么研究出来的。包括理论依据、研究目标、研究内容、研究思路和方法、研究的具体步骤和主要措施等。这个部分的陈述要求思路清晰，研究目标合理、有效，研究内容具体实在，研究步骤科学规范，研究的具体措施有效，研究方法得当。特别是通过这个问题的陈述，能使人明白究竟是怎么解决这个问题的，有哪些重要的研究经验可以借鉴。（3）研究的主要成果（结果、结论）及成果分析（包括理论成果和实践成果）。这个部分是陈述的重点，不仅要具体陈述课题研究有什么具体成果，如公开发表的论文、出版的专著等，还要提炼重要的观点，进行深刻的理性分析，用数据说话，以事实证明。（4）研究成果的影响，包括成果带来的社会影响和实际的效果。这个部分的陈述要"有血有肉"，生动具体，有数据、有典型案

[1]谈秀菁. 怎样做课题的结题工作[J]. 南京特教院学报，2007，（10）.

[2]易志勇. 教育科学省级规划课题的结题鉴定[J]. 当代教育论坛，2008，（9）.

例。（5）值得讨论和继续深入研究的问题。如由于其他原因未进行的问题、受条件限制未取得结果的问题、与本课题有关但未列入本课题研究重点的问题、值得与同行商榷的有关问题等。

2. 通讯结题鉴定

通讯结题鉴定是省级规划课题结题鉴定的主要形式，一般课题（包括自筹经费课题）应用得比较多。通讯结题鉴定相对会议鉴定而言，成本较低，但课题负责人没有与同行专家面对面交流的机会。专家对课题研究的了解不一定充分，对课题所做的鉴定可能存在偏差，不利于课题组成员进一步总结和提升研究成果，提高自己的研究水平。

通讯结题鉴定基本程序[1]是：

（1）课题组将审批的结题材料分送结题鉴定专家，每位专家都要写出书面的鉴定意见。

（2）专家组长综合其他专家的意见，写出课题成果最终鉴定意见并签字。

（3）课题鉴定结题后，课题组将修改的研究报告、成果公报、佐证材料等报送课题主管部门存档备案。

（4）省教育科学规划办颁发课题结题证书和课题成果鉴定书。

3. 免于鉴定

各省市教育科学省级规划课题免于鉴定的要求不同。如湖南省教育科学主管部门规定凡具备下列条件之一，可申请免于鉴定[2]：（1）获国家级奖、省部级评奖二等奖以上的。奖项包括国家科学技术奖、国家教学成果奖、全国教育科学优秀成果奖及省级社会哲学奖、省级科学技术进步奖、省级教学成果奖等。（2）主要成果主体部分被省级以上教育行政部门明确采纳的。（3）课题最终成果主体内容在《中国社会科学》《新华文摘》《教育研究》上发表或转载，或有2项以上在人大《复印报刊资料》上转载的。

---

[1]易志勇. 教育科学省级规划课题的结题鉴定[J]. 当代教育论坛，2008，（9）.
[2]同上.

（三）结题的注意事项

很多课题研究者不重视结题工作，导致出现诸多漏洞与不足。我们认为教育课题的结题工作需要注意以下事项：

1. 将研究报告与课题研究实施方案互相对照

作为课题研究实施方案验证和总结的研究报告，有以下内容需要配合对照[1]：（1）研究内容。研究内容总结出哪些教学策略，形成了哪些教学模式，提出怎样的解决方法。（2）研究方法。如在研究实施方案中设计了调查问卷，对应的研究报告就要对调查问卷分析后，形成相应的结论。如在研究实施方案中设计了行动研究法，则要陈述针对什么问题进行了研究，做了哪些工作，对原设计做了哪些修改，结果怎样，产生了什么新问题。如设计了实验研究法，就要明确实验假设、实验设计、实验控制、实验效果、主要发现这些因素，对教育教学的指导意义。（3）研究成果。课题实施方案中预设的成果要与研究报告保持对应。

2. 依据研究材料来提炼研究成果

课题结题时要全面掌握和充分利用有关材料。重新熟悉课题研究领域内的相关情况，如他人研究的理论观点、成果、动态和方法，以及应用于实践的问题和建议等。多参阅立项时所引的支撑理论和近年来国内外相关的新信息。也不可受其束缚，被其左右，照搬他人研究的观点，人云亦云。对照课题实施方案，尽量搜集各阶段的探索、研究资料，并注意材料的检验和筛选，对具体材料做中肯的理论分析。要结合课题研究实际，为我所用。提炼就是要把感性材料反复分析，进行筛选和改造，透过现象抓住本质，透过局部看见整体，从中找到规律性的东西，得出有普遍意义的结论。在提炼中经常会遭遇资料庞杂、茫无头绪的困扰，可以像旅行者收拾自己的箱子那样，采取如下办法加以解决：（1）重新安排其中的物品；（2）找一个更大的箱子；（3）把不必要的东西挑出来。第一和第二个办法能促使我们考虑自己的归类标准，是否可以

---

[1]李哉平，徐朝辉. 教育科研课题结题与研究报告的生成[J]. 教学与管理，2007，（12）.

找到一个更好的"包装"方式或更合适的容器。第三个办法启示我们：研究是一个不断聚焦的过程，而聚焦就必须舍弃一些东西。[1]要提炼本课题研究的创新之处，即在原有基础上有何发展，有没有新的发现，研究过程中质疑和完善的地方还有哪些。阐述成果与教育教学实践之间的关系，有何特点，怎样操作，效果怎样。成果要精要、利于推广。有的教师在研究报告中只交代研究的背景和理论依据、方法程序和结果，缺少理性思考和对结论的陈述，缺乏操作性的概括和提炼，没有形成自己的认识。如果只罗列材料，对研究过程做镜面式的实录；只简述论点，把大量的材料堆积在附件里等现象。

3. 紧扣研究问题，形成自己的观点

体现过程性的一般课题都以要研究的问题为切入点，在课题实施方案中围绕研究主题确定研究内容和子课题。因此在研究报告中首先要明确研究内容是否落实，与子课题相对应的研究成果是什么。如《××策略研究》，首先要陈述通过课题研究探索形成了哪些策略，这些策略怎样界定，如何操作，有没有理论支撑，运用这些策略需要怎样的教育教学观念，需要怎样的教育教学环境，需要提供哪些保障，运用的效果如何。陈述完这些内容，实际上就抓住了问题，阐述了观点。事例是实，议论是虚，唯有因实生虚，虚实相应，文章才能生辉。课题研究形成自己的观点，必须立足于教育教学实践，在研究的过程中体验、发现，在依据的事实基础上，以教育理论为指导，进行理性思考，提炼自己的观点。因此研究报告要以实践为基础，体现过程。如果缺少引文及附件，看不出通过研究得出的创新理论和支撑实验研究的理论有什么区别或联系；把学校的常规教学活动作为课题的实验研究成果；把课题立项之前的成果当做课题立项后的实验研究成果等，都会使研究的实效性大打折扣。

4. 定量分析与定性分析相结合

进行定量分析是求实精神的具体表现。数据本身具有很强的确定

---

[1]李战平，徐朝辉．教育科研课题结题与研究报告的生成[J]．教学与管理，2007，(12)．

性，是对事物的高度概括和抽象，它比语言描述更客观、准确，要有说服力。在科学研究目的中，描述和解释是基础，预测和控制才是科学研究的最高目标。实现这个目标必须用数理统计等进行量化分析，甚至可以结合计算机量化模型，建立数据发展的数学模型。量化是教育科研深化的一个重要方面，如果缺乏量的分析，只有质的描述，这样的研究是不完善的。只有收集数据资料，做出初步处理，经过分析、推理和判断，最后才能归纳得出结论。因此撰写研究报告只有将定量分析与定性分析相结合，才能提高研究报告的实证性。有些课题明为实验研究，且设计了对照班，但在具体的成果分析时，运用较多的模糊语言，没能根据事实材料和数据提出结论，印证成果，就会严重削弱课题研究的可信度。

5. 结论分析要实事求是

在文章结尾，可以对自己的研究结果做一个比较中肯的总结，指出研究的局限性，对尚未澄清的问题、有待于进一步探讨的问题以及今后继续研究的方面有一个初步的打算。课题研究不一定都能达到预期的效果，在研究报告中要做实事求是的分析，切忌一味地唱赞歌。预期没有达到的效果，即便发现了新问题也是成果。中小学教师从事教育科研，重在体验研究的过程，掌握科学的研究方法，解决教育实践中的具体问题。一定程度上，教师在研究过程中获取的隐性成果比显性成果更多、更有价值。因此，结论分析上要尊重事实，对于效果不明显的处理方法，不妨讨论一下原因，明确下一步研究的问题。结论是正文内容的归纳和深化，如仅对正文的主要内容做简单重复，或谈几点体会、喊几句口号，只会使结论空泛笼统，成果缺乏说服力。不要对前人的工作随意否定，轻易断言"此问题前人尚无研究"；也不可闭门造车，忽视前提和条件，任意夸大成绩、缩小问题、以偏概全，把局部经验说成是普遍规律，以免影响课题研究。

6. 附件是报告的补充材料

附件包括：（1）概括性成果的具体展示，如专著、系列论文等材料；（2）依靠的方法与工具，如研究工具（问卷等）、原始数据与统计过程、观察记录等；（3）研究效果证明，如实验学校教师总结、典型案例等。凡撰写者认为必须向读者提供的一些原始记录、工作表格、可供借鉴的资料等，都可作为附件内容，可按内容分成若干条目陈述。[1]

7. 研究方法与研究结果介绍为重点

研究报告的价值是以方法的科学性和结果的可靠性作为条件的，这两者有内在的联系，因为只有研究方法是科学的，才能保证研究结果是可靠的。人们阅读或审查科研报告，主要关心的内容是如何开展研究的，在研究中发现了什么问题，这些问题解决了没有，是如何解决的，研究结果在现阶段达到什么程度，还有什么问题需要继续解决等。因此，写科研报告，主要精力应花在方法和结果上，把研究方法交代清楚，使人觉得该项研究在内容阐释上无懈可击，不得不承认结果的可靠性。

8. 理论观点的阐述要与材料相结合

怎样使自己的论点清晰有力地得到论证，这是应关注的核心问题。正如前文所述，证明论点除了必须依靠逻辑的力量外，还需要依靠科学事实的支撑，做到论点与事实相结合。科研报告一定要有具体材料，从事实中列出观点。在论述过程中，首先要处理好论点与事实的关系，要求研究者选好事例。除了要注意事实的典型性、科学性以外，还要善于用正反两方面的事实来说明问题，揭示出普遍规律。其次要恰当地用事实来论证，主要是帮助审读专家理解论点，但并非所有的论点都要用大量的事实来论证。

9. 要实事求是

分析讨论既要不夸大，也不缩小；敢于坚持真理，不为权威或舆论所左右；下结论时要注意前提和条件，不要绝对化，更不要以偏概全，把局部经验说成是普遍规律。

10. 将研究结论"返回"到文献中进行对比，提出研究创新点以及研究展望

---

[1]李哉平，徐朝辉. 教育科研课题结题与研究报告的生成[J]. 教学与管理，2007，（12）。

第二部分

教师做科研的基本方法

教师做科研需要掌握系统的方法。为了收集足够的第一手资料，需要掌握调查研究的方法；为了变革教学实践，解决教育问题，需要进行行动研究与实验研究；为了发现自身及他人教学过程中的优劣，阐释其中蕴涵的道理，需要开展教育叙事研究；为了系统深入地表达自己的研究所得，使之成为"公共知识"，实现研究、批评和交流，需要掌握研究文本的创作方法。

第五章 教育调查研究

调查研究是教师做科研的基本环节，具体来说，涉及"访谈"、"观察"和"问卷"这三种方法，它们是收集材料时的具体方法。在实际科研过程中，可以根据研究目标灵活使用。

一、访谈法

访谈，顾名思义，就是研究者和被研究者进行"交谈"和"询问"的一种活动。[1]访谈法是以口头形式，根据被访问者的答复搜集客观的、不带偏见的事实材料，准确地说明样本所能代表的总体的一种方式。[2]在质性研究中，访谈通常是两个人（有时包括更多人）之间有目的的谈话，由其中一个人（研究者）引导，搜集对方（研究对象）的语言资料，以此了解研究对象是如何解释他们的世界的。[3]一言以蔽之，访谈法是一种面对面地倾听被访者的心声，了解被访者对问题的看法，从与被访者的交谈中收集与研究相关资料的有目的的研究性活动。

（一）访谈法的优势与局限

与其他的调查方法相比，访谈法有自身独特的优势。其一，灵活多样，适应性强。访谈者可以根据需要，针对不同类型的人选择不同的访

[1]陈向明. 质的研究方法与社会科学研究[M]. 北京：教育科学出版社，2000：165.

[2]裴娣娜. 教育研究方法导论[M]. 合肥：安徽教育出版社，1994：180.

[3]袁振国. 教育研究方法[M]. 北京：高等教育出版社，2000：176.

谈方式，这甚至也适宜文化程度低的人群。可以灵活控制访谈的节奏，提问有很大的弹性，可依据具体的情况进行调整。其二，深入探询。访谈可以提供适当的解说、引导和追问的机会，可以探讨较为复杂的问题，获取深层次信息，还可以与观察法密切地配合使用，以便收集被访者非言语行为的信息，鉴别回答内容的真伪，推测其心理状态。其三，真实可靠。访谈能直接获得真实、可靠、及时的信息或资料。

但是访谈的时间、规模也受客观条件的限制。比如，访谈者只能调查较小比例的样本；访谈过程及访谈资料处理的主观性、技术性很强，调查者不可避免地带有个人倾向性；面对面访谈不能匿名进行，不能消除被访者的心理顾虑，可能会影响信息的客观性。如果采用网络、电话的形式访谈，虽然被访谈者的心理顾虑可以消除，但难以观察到被访谈者的行为方式及表情。所以，研究者应根据研究目的和研究者的实际能力选择适当的研究方法。

（二）访谈的类型

社会调查研究中运用访谈的方式多种多样，可以从不同角度划分不同的类型。根据对访谈过程的控制程度，可以分为结构式访谈、半结构式访谈和无结构式访谈。根据一次被访谈的人数，可以分为个别访谈和集体座谈。根据访谈者与被访谈者之间的交流方式，可以分为直接访谈和间接访谈。直接访谈，就是访谈者和被访谈者直接进行面对面地交谈。间接访谈，就是访谈者通过电话或书面问卷等形式对调查对象进行交流。

1. 结构式访谈，又称为标准化访谈或控制式访谈

这是一种高度控制的访谈，要按照事先设计好的结构进行问卷式的访谈，统一规定选择访谈的标准和方法、提出的问题、提问的方式和顺序、被访谈者回答的记录方式。访谈问卷是结构式访谈的主要工具。

半结构式访谈，即部分访谈问题有结构。访谈者可以根据访谈过程中的实际情况，灵活改变和追加问题。对于访谈者的回答方式没有一定

要求，也允许被访谈者提出问题。

无结构式访谈，又称非标准化访谈。它与结构式访谈相反，事先不制定表格、问卷和访谈程序，只需要拟定一个粗线条的访谈提纲，由访谈者给出某些问题，与调查对象自由交谈。被访谈者可以随意表述自己的意见。在访谈过程中，又可能形成一些新的问题与见解，会拓展、深化访谈者对问题的了解。与结构式访谈相比，无结构式访谈的最大优点是弹性大，有利于发挥双方的主动性和创造性，有利于适应千变万化的客观情况，可以了解到原设计方案中没有考虑到的新情况、新问题，获得结构式访谈无法获得的丰富资料，以便拓展和深化对问题的研究。

2. 直接访谈即面对面的访谈，而间接访谈需要借助一定的工具媒介进行，如电话、网络访谈

电话访谈速度快，成本低，隐蔽性高，可减少面对面访谈时表情、着装、手势等对被访者的暗示和影响，具有很好的区域分散性。对学校教师来说，通过电话访谈比个体访谈更容易成功[1]，要求访谈者具有依靠听觉分辨事实的能力。

网上访谈是指访谈者与被访者通过文字而非语言交流的调查方法，可以节约时间、人力和费用。同时，网上访谈是用书面语言进行，便于资料的收集和分析。但无法控制环境和被访者的非语言行为等，并对被访谈者是否有电脑配备、通讯工具等物质条件有一定要求，也在一定程度上限制了访谈对象。

3. 个别访谈，是以个体作为对象的访谈

这种访谈的优点在于能够根据访谈对象的特殊性区别对待。比如可以根据被访谈者的职业、教育程度、性别、年龄、民族等不同因素来掌握访谈的技巧。

集体座谈，是将许多调查对象集中在一起同时进行访谈，也就是通常所说的"开调查会"。这是一种比个别访谈层次更高、难度更大的调

---

[1]郑金洲等. 学校教育科研方法[M]. 北京：教育科学出版社，2003：172.

查方法。用这种方法获取的信息比较广泛和迅速，获得的资料也更完整和准确。但与个别访谈相比，这种访谈的深度不够。所以个别与集体访谈方式各有利弊，在搜集研究资料时，应结合实际情况交互使用。

（三）访谈的程序

访谈法一般可以分为以下几个步骤：访谈准备、现场访谈、访谈收尾与访谈结果处理。

1. 访谈准备

访谈前的准备工作会在极大程度上影响访谈效果，包括明确目的、编制提纲、确定访谈对象以及确定时间、地点等。

第一，明确访谈目的。研究性访谈需要在访谈开始之前明确调查研究目的，通过访谈验证、访谈假设的环节。并考虑访谈计划能否实施，访谈对象是否会接受访谈，访谈者是否具备访谈的知识、经验、技巧，这些因素均会影响到访谈效果。

第二，编制访谈提纲。访谈者要事先拟定访谈提纲，以便依照提纲有步骤地提问，得到的信息也比较系统。访谈提纲最好一页，一目了然。如果访谈者只能对某个访谈对象进行一次访谈，那么访谈计划一定要十分周详。访谈者还要事先设计访谈过程中的一些问题，尤其是比较敏感的问题，如果事先设计好，既可以得到所需要的信息，又不至于刺激访谈对象，使其感到难堪。访谈提纲的制定还包括访谈的相关资料，如访谈时间、地点、主题设计等。设计访谈提纲要以文献分析为基础，与研究伙伴不断地修改提纲，使设计全面深入。

第三，确定访谈对象。应以有利于获得所需要的真实信息为原则，访谈者可以直接依据研究对象和目的来确定访谈对象的选择范围。例如，希望了解小学女教师对于素质教育的看法，就只能在"小学教师、女性"的范围内进行选择。研究对象也不完全等于访谈对象。例如访谈者希望了解农村儿童失学的原因，访谈对象不仅可以是失学儿童，还可以是失学儿童的老师、同学、父母、邻居等多个群体。访谈范围确定后，需要采用相应的抽样方式确定访谈个体，如采用"典型抽样"法，从各方面的研究对象中选出少量样本进行访谈，揭示所处群体的某些经验或特征。如对一个教学班学生中的运动成绩，想做体质状况处于最佳最差两头的少数学生的访谈，这有助于客观了解全班学生的体育运动情况。还可以用"代表性抽样"法，选择处于"平均水平"、具有一定代表性的少数对象作为调查样本，通过访谈调查以了解研究对象的一般情况。

第四，确定时间、地点。访谈是两个人或多个人之间的互动，需要事先确定访谈的时间，包括确定访谈的次数、每次访谈的日期、每次访谈的开始时间及持续时间。确定访谈时间要遵循两条原则，一是以能够满足调查需要为度，以保证有足够的信息量。二是要以访谈对象方便为原则，以保证交谈活动的顺利有效开展。访谈地点的确定，主要应以使访谈对象能畅所欲言为宜。如果是公共场所，需要事先"踩点"，以确定该地点是否适宜进行访谈。

此外，做深度访谈时，应该了解被访者的基本情况，如性格、爱好、社会背景等。访谈前还应与被访者联系，向被访者说明访谈的目的和内容，并就访谈次数、时间长短及保密原则达成一致。应以不影响受访者的正常生活和工作为原则，还需要准备好访谈的工具，录音笔（充电）、笔记本、笔、馈赠的礼品，经访谈对象允许还可以带摄像机等。

2. 现场访谈

包括开场白、提问、倾听、记录等若干环节。

第一，开场白非常重要。需简明扼要，意图明确，重点突出。必要时出示自己的身份证件或推荐信，陈述访谈目的、意义与主要内容。一般不能马上入题，最好是结合当时的具体情况，自然地开始谈话。如研究者可以先同受访者聊聊天，使气氛变得轻松一些，其目的是调动被访谈者回答问题的兴趣，建立起轻松、融洽的访谈气氛。

第二，提问。访谈提问有几种方法，包括提纲法、追尾法、延伸法、对比法。提纲法是按照访谈之前拟订的提纲进行访谈的，访谈者可以从容地按照既定问题一个接一个地提问，特别适合于访谈经验不足的人使用。但有时会显得十分生硬，不利于访谈者与访谈对象之间的互动。追尾法是对访谈对象刚刚陈述中的疑点或未能充分阐明的内容继续提问。此种方式可以使访谈顺着访谈对象的思路展开，使访谈者充分了解访谈对象的观点。延伸法是对访谈对象没有陈述的内容进行提问。例如：访谈对象谈到在某种情况下会如何行动，访谈者可询问他在相反的情况下会如何行动。此种方式可以拓宽访谈的范围，避免访谈的片面性，但需要访谈者随时发现访谈对象没有涉及的领域，有一定的难度。对比法是比较访谈对象在不同段落（常常针对不同提问的回答）中的陈述，发现疑点，提出疑问。此种方式可以比较深入地了解访谈对象，但实施起来的难度较大，需要访谈者反应敏锐，且对整个访谈的进程有总体的把握。

第三，倾听。提问是研究者的有形工作，倾听则是无形的工作，有时"听"比"问"更加重要。访谈者应耐心、礼貌地听取受访者的陈述，注意适当重复或追问，给被访者一定的思考空间。在访谈过程中，访谈者不要轻易打断对方的谈话，因为他在说话的时候通常有自己的动机和逻辑，虽然表达内容已经偏离了访谈目的，但这些看似"跑题"的表达却充分自由地表达出被访谈者内心的真实想法。

第四，记录。访谈的记录方式包括手工记录和机器记录（录音记录、录像记录等）。手工记录所需要的经费较少（省去了购置记录仪器、设备的经费），但记录的信息量较少。在访谈对象语速较快时，访谈者往往连语言信息都无法完整记录，更不用说记录非语言信息了。还需要记录被访谈者的非言语行为描述，如被访者的神情、行为、反应等，自己的感受体会也需要及时记录。机器记录的内容比较完整，有利于访谈者对于访谈对象进行全方位观察，以便集中精力进行提问。记录的具体方法有：速记，采用缩略符号进行速记；详记，全面详尽地记录；简记，将自己感兴趣的内容记录下来；补记，事后进行回忆，将遗漏的部分进行补充。补记法的优点是既不会影响访谈者与受访者之间的互动，又能较好地消除被访者的心理压力和紧张感；其缺点是所追记的资料往往很不全面，遗漏之处很多，记录的内容也不确切。

3. 访谈收尾及访谈结果处理

访谈应在良好的氛围中，轻松、自然地结束。不同的访谈方式，被访者保证注意力集中的时间也不相同，一般电话访谈20分钟左右，结构式访谈45分钟左右，团体访谈和无结构访谈不超过2小时。访谈者应根据实际情况灵活控制，当访谈时间超过预定时间、被访者面露疲倦、访谈节奏变得拖沓、访谈环境正往不利的方向转变时，访谈者应立即结束访谈。如需要多次访谈，可以约好下次见面的时间和地点，向所有被访谈者表示最真诚的感谢。感谢他们为此付出的时间和精力，感谢对自己的信任。

访谈结束后，要及时整理资料，因为此时整理还可以回想起访谈时的情境，特别是研究者当时的感受和体会。人的记忆会随着时间急剧衰减，所以整理访谈记录是访谈之后最急迫的事情。整理访谈录音，可按时间顺序，严格按照访谈时的原话进行整理，不能任意省略。整理访谈录音记录时，对于访谈双方同时表达的语句，对于访谈对象的语气、节奏、动作、表情等，均应以括号或其他形式加以标注。

访谈资料有两种比较常用的分析方式。第一，类属分析。在资料中寻找反复出现的现象以及可以解释这些现象的重要概念。[1]如，新课程背景下教师的教学观念访谈资料用类属分析方法，可以得出"冲击、变革"两个类属，在"冲击"这个类属下又可以划分出"茫然、碰撞中认同、积极改变、寻找与扬弃"等子类属；在"变革"这个类属下可以划分出"学生是教学的主体、师生民主平等、预设与生成并不矛盾"等子类属。第二，情境分析。是将资料放置在现象所处的自然情境中，按照时间发生的顺序对有关事件和人物进行描述性分析。[2]需要结合研究目的以及资料本身的特点，选择适当的资料分析方式。

---

[1]田学红. 教育科学研究方法指导[M]. 杭州：浙江大学出版社，2006：63.

[2]田学红. 教育科学研究方法指导[M]. 杭州：浙江大学出版社，2006：64.

（四）实施访谈要注意的关键问题

访谈是人与人之间的交流活动，是社会互动的一种形式。访谈的关键在于访谈者的技巧，否则难以获取足够的资料。

1. 积极应对沉默

无话可说、不好意思、有意拒绝回答问题、思想开小差、下意识性地思考问题等等，都是造成沉默的因素。若难以确定被访者是否在思考问题，可尝试地询问："请问您在想什么？"若对方沉默是因为害怕或害羞，则应立即采取措施使对方轻松起来，可以讲笑话、闲聊等。沉默出现时，往往使访谈者把责任归咎于自己身上，好像自己是不称职的研究员，容易立即发话，打破僵局，缓解内心的焦虑。结果容易打断被访者的思路，不仅失去了研究所需的资料，而且剥夺了对方深入探索内心的机会。因此访谈者应学会应对沉默，先判断沉默的原因，再依据具体情况做出回应。

2. 访谈中的提问要清晰、明确，语气委婉、从容

要使被访者一听就明白提问的内容，尽量使用对方熟悉的语气提问，不要咄咄逼人。如"你有没有听懂我的意思"、"你是不是没有认真准备教学内容"、"你的想法已经过时了"等，如此提问不利于访谈顺利进行，也使访谈对象感觉尴尬。在交谈中应不断鼓励对方，以保持访谈对象的积极性。如不时地使用"嗯"、"是"、"明白了"、"这个问题值得思考"、"这种现象我也遇到过"、"你给我很大启发"等非指导性的话语，或用点头、目光、手势等非言语信息鼓励被访者继续说下去。访谈者要保持客观中立的态度，不要把自己的意见传达给被调查者，否则会影响资料的真实性。尤其涉及不同观点或有争议的问题时，无论被访问者回答正确与否都不给予正面肯定或否定，鼓励被访者将自己的观点表述完整。

3. 访谈者记录重点的选择

对被访者讲述的事件、列举的实例，特别是事件的时间、地点、

人物、状况、性质等等，都要尽量完整地记录。对被访者就某一问题表示的观点、所持态度、主要见解等等，也要准确记录，最好记下原话，不要自己概括或归纳。对被访者的一些过渡性语言、承接性语言、口头语等等，可以不做记录。对不同的事件、不同的方面、不同的内容的回答，都要分开记，各成一部分，不要不分层次、不分段落、不留空隙地从头记到尾。

4. 访谈快结束时，可给对方一些言语和行为暗示，表示访谈可以结束了，促使对方把想说而没说完的话说完，不要唐突地结束访谈

比如，访谈者可以问对方："您还有什么想说的吗？""您对今天的访谈有什么看法？""您今天还有什么活动吗？"如有必要，访谈者还可做出准备结束的姿态，做出开始收拾录音机和笔记本等动作。如被访者此时对研究还存有疑虑，访谈者要再一次许诺自愿和保密的原则。

二、观察法

观察法是有目的、有计划地通过感官和辅助仪器，对处于自然状态下的客观事物进行系统考察，获取经验的一种科学研究方法。观察法进入教育研究领域，并作为一种研究方法，有漫长的历史。由于其简便易行，成为教育教学以及研究过程中的重要辅助工具。对于教师做科研而言，掌握观察研究的基础知识和基本技巧是必备的一把"钥匙"。

（一）观察法的特点与类型

1. 观察法的特点

与日常观察相比，应用于教育研究领域的观察有以下五个特点。

（1）目的性。研究基于一定目的和特定的观察对象，无论观察对象、观察内容还是观察策略的选择都是围绕研究目的而进行的。

（2）计划性。为了得到有效的观察资料或使某一教学问题得到合理解决，研究者进入观察之前应做好观察计划，对观察对象、程序、方

法、选用工具等提前精心组织和设计。

（3）理论性。观察方法本身必须依据一定的方法，不同的理论基础框定了研究的方向和程序。因此，观察者对观察的基本知识、观察方法、观察策略等要有一定的了解。

（4）主观性。在观察中，观察者（研究者）以及观察的对象（研究对象）都是有主观意识的人，所以肯定存在主观性，而且一般观察者在进行观察时，往往带有个人的感情色彩，所以观察的可信性和有效性不易检测。

（5）反复性。为了避免观察的表面化和片面化，观察者对观察对象需要进行反复多次的详细观察，只有这样才能分辨观察到的资料是否是偶然的、表面的现象，反复观察的次数越多，观察得到资料的客观性越强。

2. 观察的类型

依据不同的分类标准，观察法可分为以下类型。

（1）按观察情境和对象是否能被人为控制，观察法可以分为自然观察和实验观察。自然观察是在自然情境中，在观察环境和观察对象不加改变和控制的状态下进行的观察。实验观察要有明确的观察目的和设计好的观察计划，通过控制、调节某些变量，对观察对象进行精确的观察。

（2）按观察是否借助仪器，观察法可以分为直接观察和间接观察。直接观察就是只凭借观察者自身的眼睛、耳朵等感觉器官，而不借助仪器直接进行观察活动的方法。间接观察是观察者借助于摄像机、录音笔等工具观察研究对象的方法。

（3）按观察者是否暴露观察身份可以分为显性观察和隐性观察。显性观察就是观察者直接进入观察现场，收集观察资料的方法。这种方法可能会对收集资料的真实性有所影响，因为，当被观察者知道自己的一举一动已经被观察的时候，难免会有紧张的心理或掩饰的行为，会对观察的结论有所影响。按观察者是否参与观察对象的活动，显性观察又可以分为参与观察与非参与观察，参与观察是指观察者参加到被观察者的活动中，对观察对象的活动及其心理活动有更深入地体验和了解。非参与观察是指观察者以局外人的身份不介入观察对象的活动，仅仅在旁边进行观察的方法。隐性观察是指观察者不暴露自己的观察身份或借助他人的帮助，使用录音笔、录像设备记录观察资料，对被观察者进行观察的方法。

（4）按观察阶段可分为全面观察和焦点观察。观察者一般要对观察对象进行反复多次的观察才能确保观察到的现象不是偶然发生的。一般在观察初期，观察者不会找到观察的焦点，一般会不自觉地采用全面观察法，即观察者全面观察被观察对象的活动，详细记录观察的各方面情形。焦点观察一般是观察者进行了一次或多次观察之后，逐渐找到了需要的观察资料、特别有价值的观察焦点、特别感兴趣的观察焦点，从而对相关活动进行深入观察。

（5）按观察结构化、组织化程度分为结构式观察和非结构式观察。结构式观察是指观察者根据观察目的，事先设计好详细的观察计划、观察步骤、观察内容，制订明确的观察指标体系，选择合适的观察工具和记录方法，有步骤地进行观察的方法。非结构式观察是指先有总的观察目的和大致的观察内容、观察范围，没有事先设计好观察计划、观察步骤等工作，会根据观察的具体情况灵活观察的一种方法。

（6）按照观察资料的收集方式可以分为定量观察和定性观察。定量观察是指以事先制定好的一套定量的、结构化的记录方式收集观察资料，并以数字化的方式呈现观察资料的方法。定性观察是指观察者详细记录观察对象的行为，记录、分析观察到的有阶段性变化的资料，最后以非数字化的形式呈现观察结果的方法。

（二）观察的设计

为确保观察的顺利进行，观察之前必须对观察活动做必要的设计。观察的设计一般包括以下五方面内容。

1. 确定观察的目的及内容

观察目的是根据科研任务和观察对象的特点而确定的。确定观察目的既要包括宏观的总体目的，又要包括细化的具体目标，唯有如此，观察才能撇开那些无关的内容和过程，使主要的研究对象得以充分暴露。具体体现在研究者事先确定的细化的项目上，比如：课堂提问、师生言语互动、教学效果等诸方面。[1]观察目的是观察的核心部分，观察进行的各个环节都围绕此中心进行，根据观察目的确定观察的大致内容和方向，对后续观察的可行性和价值进行必要的预测。对观察目的和观察内容进一步确定观察焦点，当然也可以在观察的现场根据研究者的个人兴趣、被研究者的建议，理论兴趣、社会需要等逐渐找到焦点。观察有明确的目的，意味着观察有一定的选择性，能把注意力集中和保持在特定观察对象的特定行为上，尽力排除无关因素的影响，确保得到需要的观察资料。

2. 选择观察对象

观察对象包括所要观察的人及其行为，这里的行为并非观察对象的所有行为，而是与观察目的有关、可以观察到的行为。确定观察研究的问题之后，观察对象的总体范围也就确定了。究竟选择哪些个体作为具体的观察对象，要根据研究课题的性质确定。取样方法通常有两种：一是随机确定观察对象，二是筛选出某些特定的观察对象。比如，研究"三年级小学生课堂注意力的坚持水平"，一般会采取随机取样，确定一定数量的观察对象，如200名三年级小学生；如果用整班取样，选定班级也应该随机；如果用个别取样，观察对象可能只涉及三年级某些班级当中的部分小学生，班级的确定以及班级中哪些人被确定为观察对象，还应该是随机的。如果研究"小学生交往障碍的背景"，考虑到一所学校或一个地区中有交往障碍的小学生，其分布并不是平均的和随机的，因此，通常要先经过筛选或排查才能确定需要观察的对象。[2]

3. 确定观察方法

确定观察方法可以根据观察的目的以及设计好的观察问题。如果教

---

[1]李庆奎，杨骞. 观察法及其在数学教育研究中的应用[J]. 中学数学教学参考，2000，（9）.

[2]王铁军. 中小学教育科学研究与应用[M]. 南京：南京师范大学出版社，2002：54-55.

师要进行严谨地研究，可以选择有明确的目标，有详尽的计划、步骤和方法的结构性观察法；如果教师想随时发现一些新问题补充探索性的研究资料，又对观察对象无明确的要求，可以选择无结构观察法；如果想得到观察结果相对客观、较少有观察者个人色彩的观察资料，可以选择将观察者作为"局外人"进行非参与性观察；如果还想获得"局外人"无法获得的观察资料则可选择参与性观察等。教师可以根据自己的观察目的选择合适的观察方法，只有这样才能收集到需要的有价值的信息。

4. 准备观察工具

为了尽量减少观察的误差，观察者还须根据观察目的选择合适的观察工具。必要时，要充分利用科学仪器，发挥仪器和工具的放大、保存、重现、统计等功能，确保观察结果的相对客观性、准确性。有时为了观察的方便还可以运用录像的形式。为了便于观察，及时记录有关信息，可以准备相应的观察量表。观察量表主要分为：数字等级量表和图表等级量表。数字等级量表是用数字表示行为的类别水平。图表等级量表是用图表表示行为的类别水平，而不只是用数字表示，如观察幼儿的合作行为。合作性的主要指标为：（1）喜欢与别人一起玩；（2）在集体活动中，会承担任务并能与他人配合；（3）乐于帮助其他儿童。对每项指标，按照总是、经常、有时、偶尔、从不等标准从高到低做标记。另一种图表等级量表两头是性质相反的行为，中间可分为若干等级，如下表所示：[1]

表5-1 图表等级量表

	1	2	3	4	5	6	7	
合作								不合作
主动								被动
清洁								不清洁

[1]阴国恩. 心理与教育科学研究方法[M].天津：南开大学出版社，1996：114.

5. 制定观察计划

观察前，除设计好以上几点，还要有一个具体可行的计划，即何时（观察时间）、何人（观察者）、采用何种方式（观察方法）、何地（观察地方）、如何（观察工具、程序）、对何人（观察对象）进行观察，以及采用何种方式记录观察结果的具体规划。根据观察目的和相关的理论假设，草拟出观察提纲，编制观察记录表。列出观察的领域和主题，缩小搜集资料的范围，也可能在观察中继续修订。观察提纲可以放在观察计划中，作为其中一部分，也可以单独分离出来。观察设计做得越具体、越充分，就越能有针对性地获取详尽的观察资料。

（三）观察的实施

观察法的实施是指观察者根据预先设计好的观察计划、观察提纲，进入观察现场，通过与观察对象接触，获取观察资料、呈现观察结果的方法。

1. 进入观察场地，选择最佳位置

观察者与相关部门的人员取得联系，获准进入观察现场。或者（观察者）直接进入研究现场，选择最佳的观察位置与观察对象接触，建立和谐的关系。之所以要选择最佳观察位置有两方面的原因：一方面，选择一个可以进行观察的最佳视野，可以避免遗漏些宝贵资料；另一方面，不会影响被观察者的行为，以使其保持常态。

2. 实地观察，记录资料

同被观察者建立和谐的关系后，观察者要按照原定计划，运用观察方法和工具对观察对象进行观察，需要做好观察记录。观察资料的记录是较为困难的环节，有些观察资料稍纵即逝，一旦没有记录下来会影响观察资料的完整性。课堂观察的记录方式可分为定性的记录方式和定量的记录方式两种。定量的记录方式主要有等级量表和分类体系的记录方式。定性的记录方式是以非数字的形式呈现观察的内容。观察者一般可以采用以下三种记录方法。

（1）利用科学仪器。如使用摄像、摄录一体机、录音笔等工具，对观察对象进行记录。

（2）做笔记。根据具体情况来做笔记，可以先做草记，把一些关键字、发生时间、重要的短语、记忆的线索以及当时的感觉分门别类、条理清楚地记录下来。需要说明的是，要把自己观察的资料与联想、推断、分析出的主观感受区分开，以免影响观察的客观性。如果事先编制好了记录表，可以把观察的资料如实、有序地填写在记录表里。

（3）直接用自己的感官进行记录。为了避免被观察者觉察，影响观察的真实性；或者观察者不被观察对象接受、信任，这个时候可以直接用自己的感官重点关注与自己观察目的一致的观察现象。但这种方式很可能会遗漏很多有价值的观察资料。

（四）观察资料的整理与分析

观察活动结束后，要及时地整理、分析观察资料。如果发现有遗漏或不准确的地方，就要想办法及时补充和修改。在整理和分析观察资料时，要注意以下两个问题：

1. 把所有观察资料进行检查、分类，以免事后记忆模糊而对观察资料的认识产生偏差。并且要保存多份，以防丢失。统计数据时，对于一些简单的、目的单一的观察量表所收集的数据，可以从记录中推算出一些能说明问题的百分比、频数或排序，将之呈现在相应的观察量表上；对于那些较为复杂的数据，可以通过计算频率和百分比，绘制出可以说明问题的图表。也可以利用计算机软件进行数据分析，根据需要绘制出不同的图表。对记录的文字材料进行整理，按观察者的原设计意图逐条核对文字，或补充，或删减，或合并，力求真实地还原当时的课堂情境。

2. 考证观察资料的获得是否遵循了科学的程序；是否有一定的理论依据；是否采用多种观察方法进行比较；是否进行了多次观察，确保观察现象不是偶尔发生，而是有规律的现象。反思观察资料是否掺杂了个人的主观因素，确保观察资料的客观性、科学性、全面性、准确性。

观察者对观察资料进行整理和分析后，基本上就已经解决了自己事先提出的观察问题，得出了观察结论。这时候观察者需要对自己的观察活动做一个系统的观察总结，以便发现规律，形成自己对某一问题的新认识，从而解决教学问题、改善教学实践、收获研究成果。

为了便于对观察资料进行整理和分析，我们也可以借助信息技术手段，采用课堂教学录像分析模式和相应的工具软件，把信息技术的应用与日常的教育教学有效地结合起来，从而促进教师教学方式和学生学习方式的改变。

三、问卷调查

访谈法和观察法都是研究者直接与研究对象进行交流，获得一手资料的方法。但受到研究者主观条件的限制，访谈和观察只能针对有限的研究对象。也受样本数量的限制，如果得到的结论无法推广到其他样本，就很难确定其普遍意义。如果研究需要针对较大范围的研究对象，并希望能得到有一定推广意义的普遍性结论，就需要通过问卷进行调查。

问卷是科研资料收集的重要手段，因其快速、高效、客观、调查面广等特有优势，在国内外的科学研究中广被采用。英国著名社会学家莫泽（C. A. Moser）曾经指出："社会调查十有八九是采用问卷方法进行的。"[1]在国内，随着电脑的普及和教师信息技术素养的提高，问卷调查也必将会受到越来越多的一线教师的青睐。但很多教师对问卷调查的具体程序、编制、统计与分析等诸多方面仍然存在很多困惑，如果使用不当，有可能得出片面甚至不科学、不合理的结论，使研究质量大打折扣，无助于发现和解决问题。

---

[1]Earl Babbie. The Practice of Social Research[M]. Belmont, CA: Wadsworth, 2003: 254.

（一）问卷调查的优势与局限

作为资料收集的一种方式，问卷调查与其他方式相比，有其独特的优势，也有其难以克服的缺点。其优点主要表现在高效、经济、客观等方面。其一，通过问卷调查，可以在短时间内收集到大量的信息，是一种高效、经济的调查方式。其二，问卷的内容和格式统一，基本上是标准化的。调查者与被调查者保持一定的距离，没有深度的接触，在一定程度上制约了调查者的主观随意性。其三，问卷采取匿名方式，被调查者无需担心身份被暴露，能比较真实地回答问题，在一定程度上保证了资料的客观性。

但问卷调查也存有自身的缺点。首先表现在缺乏互动性。调查者不能和被调查者进行充分深入地交流和沟通，因此被调查者只能回答给定的问题，少有发挥的空间和余地；研究者也难以发现自己预设问题之外的信息。虽然某些新的想法、观点和态度对研究者可能有很大的启发作用，却难以把握住。其次，真实性得不到保证。问卷调查基本上是一种单项交流，研究者无法走进被试的内心世界，引导其说出实际情况和真实感受。即便可以在问卷中设计一些测谎题，它的作用仍然有限。此外，问卷的回收难以得到保证。受研究氛围、工作和学习压力、即时情境和感受等各方面条件的制约，使很多人并不愿意填写问卷和回寄，这不但会影响问卷的数量和质量，还会影响样本的随机性和代表性，从而影响研究的质量。

（二）问卷的类型

出于不同的研究目的，研究者会匹配不同的内容和结构以便制作问卷。因此，问卷的类型也多种多样。按照不同的分类方式，会有不同的问卷类型。按照问卷结构来分，有结构式问卷、半结构式问卷和无结构式问卷；按照问卷的载体，可分为纸质问卷和电子问卷；按照问卷发放和回收方式，可分为发送问卷、网上问卷、邮寄问卷和报刊问卷等。目前广为采纳的一种分类是结构型问卷、半结构型问卷和无结构型问卷。

结构型问卷，又称封闭式问卷或客观型问卷。其典型特点是全部题目都是封闭式的客观题，题目严格按照一定的顺序和方式排列，每道题目的选项数目也基本上趋于一致。被调查者只能按照题目的要求做答，没有自由发挥的空间。无结构型问卷，又称开放式问卷或主观型问卷，其典型特点是题目的设置和排列没有严格的结构化形式，仅仅围绕研究主题设计一些开放性的问题，相当于一个访谈提纲。被调查者有很大的发挥空间，可以深度描述自己的看法、观点和感受，可以详细描述实际情况，还可以提出自己感兴趣的其他相关问题，发表看法。半结构型问卷介于两者之间，一般以封闭性问题为主，在问卷的后面增加少量的开放性问题。

三种不同类型的问卷各有其优缺点，结构型问卷因其信息量大、填答方便、便于统计等优点，成为一种最常采用的问卷类型。其缺点是被调查对象自由发挥的空间很小，难以获得深入详细的资料。无结构型问卷则克服了结构型问卷的这一缺点，自由发挥的空间很大，有利于收集到相关问题的详细信息，但统计难度大，只适合于小范围的取样和调查。半结构型问卷在一定程度上结合了两者的优势。教师在做研究时，可以根据自己的研究目的和研究需要选择合适的问卷类型。

（三）问卷的编制

要编制一份好的问卷，并非易事，尤其是量表型问卷。编制一份成熟的量表往往需要很多人，甚至是几代人的努力。初学者可以先借用其他研究者已经编制的问卷或量表，在不断学习和反复实践的基础上，立足研究目的，熟悉问卷的基本结构，领会问卷的基本原则。逐渐掌握问卷设计的各种技巧，编制出有效性相对较高的问卷。

1. 明确研究目的

毫无疑问，做研究首要的事情便是明确研究目的。教师在文献阅读、反思教育教学实践、于学术交往中发现了研究问题的时候，便可以逐渐理清自己的思想，界定想要研究的问题，明确研究的目的。譬如，新课改已经进行了近10年，其实际效果如何？很有必要对其进行调查、分析与总结。因此，可以选择"综合实践活动课程实施"作为切入点，以此窥探新课标实施的基本情况，将研究题目确定为"综合实践活动课程实施现状及其影响因素"。

2. 问卷的基本结构

一般讲，问卷包括标题、卷首语、导语、基本信息、问题、问题编码和结束语七部分。不同类型的问卷因目的、作用不同，在问卷各个组成部分也有不同的侧重。有的问卷出于自身特点，可以省略某些部分，有的研究对调查对象的基本信息不感兴趣，所以没有这部分内容。网上问卷可以不包含问卷编码，因为可以在后台解决编码问题。量表型问卷包含的问题都是封闭式问题，一般不包括结束语。研究者可以根据自己研究的实际情况，设计合适的内容结构。对于多数用于教育研究领域内的调查问卷来说，有必要涵盖各个组成部分。下面以"综合实践活动课程实施调查"问卷为例，简单介绍问卷的各个组成部分。

标题。标题对一份问卷的重要性不言而喻，标题应该做到简洁明了、中心突出，尽量避免使用太专业化的词汇。

卷首语。卷首语一般要简明扼要地说明调查的目的、意义和内容，说明研究者身份，解释问卷作答采用匿名的方式，打消调查对象的顾虑。也可以在卷首语中简单说明问卷的填答要求。如：

尊敬的老师：

您好！

这是一份有关教师对综合实践活动课程实施的调查问卷。您的合作将有利于深圳市综合实践活动课程教学的改进，请您按照题目要求，根据实际情况进行回答。答案没有正确与错误之分，请不要漏题。本调查不记名，不外传，请不必有任何顾虑。谢谢您的合作！

指导语。指导语是为了向调查对象说明问卷的填写方式，便于后续的统计工作顺利进行。有的问卷内容比较多，有一定的层次性，指导语也随之分为总体指导语和分类指导语。在问卷的开头部分给出一个总体指导语，如果后面还有需要进一步解释和说明的地方，再具体给出分类指导语。例如，这份问卷的卷首语给出了一些总体指导语：

以下由1到7的数字分别代表由"极为反对"到"极为赞同"之间七种不同程度的态度。请根据自己的情况，从中选出符合您的一项填入本问卷第二部分后面的括号中。

1.极为反对　2.反对　3.略微反对　4.中立　5.略微赞同

6.赞同　7.极为赞同

基本信息。基本信息是研究者希望收集到的、对研究有主要影响的一些相关特征和背景的信息。从广义上来讲，也是问题的一种。根据研究需要，附录1中问卷的基本信息涵盖了以下七个方面。

1．您的性别：（1）男　　（2）女

2．您的教龄：（1）0-5年　（2）6-10年　（3）11-20年（4）20年以上

3．您的职称：（1）三级　　（2）二级　　（3）一级（4）高级

4．任教科目：（1）文科　　（2）理科　　（3）其他（音、体、美、信息技术等）

5．您的学历：（1）大专　　（2）本科　　（3）研究生

6．任教学校：（1）初中　　（2）高中

7．是否任教综合实践活动课程：（1）是　　（2）否

问题和问题编码结合在一起，形成问卷的主体。

结束语的目的主要是告知调查对象问卷填答结束，并向被试致谢。比如，"再次感谢您的合作！"

3. 问卷编制的原则

第一，科学性原则。首先，要明确所要调查的问题，围绕问题设计题项。题目设计要有理论来源和实践基础，不能随意想设计什么题目就设计什么题目。其次，要向专家、同行请教，保证题目设计的科学性。再请个别被调查者先做一遍问卷，看有什么需要改进的地方。此外，还要进行预先调查，初次设计出来的问卷题项可以稍微多一些，可根据初步分析结果，对问卷进行适当调整，考虑删除一些不太合适的题项。

第二，简洁性原则。对于整份问卷，首先，题项数目不宜太多，一般在40题以内为好，做答时间控制在20分钟以内，根据我们的经验，10分钟左右最佳。如果超过20分钟，很多人就不愿意认真做答了。题目太多，容易产生拒绝和抵抗心理。其次，题目表达要简洁，符合调查对象的话语习惯，切忌在一条题目里包含两层意思。

第三，可接受性原则。首先，语言措辞要礼貌真诚，能取得调查对象的信任与合作，有些表述要直接，而有些表达要委婉。其次，要尊重调查对象的付出，对他人的合作要表示谢意，可以送一些小礼品，还可以提供自己的联系方式，以便继续合作，相互支持。不要给别人一种"被剥削"的感觉。

第四，匿名性原则。问卷调查一般以匿名方式进行，以减少对方的顾虑和担心，亦能帮助研究者获得更为真实的数据和信息。

第五，美观性原则。整份问卷要整洁美观，排版、字体、字号、空格都要非常留心。一般每5题空一格，有利于调查对象做答和研究者录入数据。

4. 问卷编制的步骤

问卷编制一般要经过确定调查总目的、界定概念、确立问卷维度、编制问卷初稿、先导研究、修订与定稿六个阶段。

（1）确定调查总目的。先要确定自己所想要调查的目的和对象，思考一些相关的问题，如：调查对象的基本特征有哪些？问卷的发放与回收可能会遇到什么困难？问卷采用什么样的类型和格式？用什么工具和方法统计问卷结果？在我们的调查中，基本目的很明确，就是要了解综合实践活动课程的实施现状及其影响因素。调查对象为深圳市中学教师，拟利用中学教师参加继续教育的机会，通过网上发放和回收问卷的方式来进行。所以，要跟负责继续教育网络课程和开设网络课程的老师进行充分地沟通，希望得到他们的支持和协作。在教师集中参加在线讨论时发放问卷，采用封闭式题目，便于教师回答以及后续的统计工作。调查数据拟采用SPSS标准进行统计和分析。

（2）界定概念。给概念确定出具体的定义，概念的操作化是指为教育调查中比较笼统和抽象的概念给出明确、具体的界定。实际上是指给抽象概念下一个具体的定义，明确概念的边界，观测变量和指标。一般的调查中，没有很抽象的概念，实施现状和影响因素都比较好理解。

（3）确立问卷维度。对于教师来说，探索方式主要有以下几种：一是来自对教育教学实践的反思和总结；二是来自和学生、同事、教育专家、家长等其他人士的交流；三是对拟调查对象的访谈；四是同行观课；五是文献阅读。通过实践、交流和阅读，研究者会获得有关研究问题的丰富信息，把这些信息随手写在笔记本中，为题目编制做好充分准备。通过以上各种途径的探索，因变量被确定为"综合实践课程的实施现状"的问卷只有一个维度，而自变量"影响因素"则被确立为综合实践活动课程的自身特征、校内支持、校外支持、教师的关心事项等几个方面。

（4）编制问卷初稿。在调查问卷的编制过程中，一般有自上而下的图框法和自下而上的卡片法。图框法遵循"整体—部分—问题"的顺序。首先根据研究需要和概念维度的关系，设计出问卷内容的各个组成部分及其关系图；其次，设计出各个组成部分的题干和选项；其三，根据问卷整体结构调整题项，并加上标题、卷首语、指导语、结束语等问卷的其他部分。卡片法则与之相反，遵循"问题—部分—整体"的顺序。首先尽可能多地设计出与调查目的相关的题干和选项，把它们写在卡片上，每卡一题；其次，分析各张卡片题目之间的逻辑关系，按一定的逻辑关系对所有题目进行分类，把同一类的题目归在一起组成一个维度，用一个合适的词语给这个维度命名，再理清各个维度之间的逻辑关系，组成整份问卷的概念框架；其三，适当调整题项，并加上标题、卷首语、指导语、结束语等问卷的其他部分。其实，在问卷编制的实际操作中，这两种方法是交替使用的，一般用图框法设计研究框架，用卡片法收集问题。教师可以按照自己的思维习惯和个人喜好选用其中一种方法，或二者并用。通过文献阅读、访谈，初步设计出问卷的维度，把看到、听到的一些话语写成一条条题目，再仔细推敲这些题目，调整问卷的维度，适时进行动态调整。

（5）先导研究。问卷初稿编制好之后，可以先行试用，称为先导研究，以便在正式投入使用之前发现问卷中存在的一些缺陷，及时予以更正，避免不必要的麻烦和损失。问卷试用的方法主要有专家评价法和预先调查法等两种。一般，问卷设计好之后，可以请专家对自己的问卷进行评价，对问卷的总体结构、各个维度的逻辑关系、问题设计、词语表达、编辑排版等各个方面提出改进意见。专家可以是来自相同研究领域的同行，也可以是调查对象的代表。另外一个有效的途径就是进行小范围的预先调查，听取调查对象的建议，对预先调查的结果进行统计和分析，及时改进问卷。

（6）修订与定稿。根据专家建议和先导研究中发现的问题，对问卷做进一步的修订。定稿之前要考虑以下问题：概念表达是否清晰易懂，符合调查对象的表达习惯？问卷的整体结构是否合理？各维度之间的关系是否合乎逻辑？问卷各组成部分是否完整？措辞是否准确礼貌？题目设计是否合理？测试内容和调查对象的需要是否吻合？实测时间和地点是否合适？当然，问卷修订的核心工作应该放在概念、维度和题项设计，即问卷的内容上面。

（四）问卷发放与回收

问卷的发放主要有当面发放、网络发放、邮寄发放、报刊发放、专门发放等方式。当面发放是将调查对象集中在一起，由研究者说明研究的目的和问卷填答要求，最后当面回收，并当面致谢的问卷方式。它的优点是回收率比较高，调查对象和研究者还可以有一定的交流，问卷填答的质量更有保障，是广为采用的一种问卷发放方式。但由于条件所限，调查对象不易集中，如果取样大，单靠研究者当面发放问卷恐怕就不再适宜了。可以采用网络发放、邮寄发放、报刊发放、专门发放等方式，或以多种发放方式同时配合进行。此外，随着电脑的普及和人们信息技术素养的提高，通过电子邮件，甚至QQ软件来发放问卷也渐渐引起研究者的关注。无论采用何种发放方式，研究者都有必要制作并填写问卷发放与回收基本情况一览表（见表5-2），以便于后续的统计与分析工作，格式和内容可以根据研究需要自行设计。

表5-2 问卷发放与回收基本情况一览表

	时间	地点	份数	有效问卷	负责人
发放					
回收					
合计	发放： 份；	回收： 份；	有效： 份；	回收率： ；	有效回收率：

（五）问卷统计分析

问卷回收之后，要及时对问卷进行整理，剔除无效问卷，对有效问卷进行编码。然后，在电脑上输入数据，进行统计分析。统计分析的软件种类繁多，根据教师做科研的特点、实际需要以及教师的整体水平，选择SPSS比较合适。本书后面章节会具体介绍如何运用SPSS做数据分析，介绍几种常用的统计分析方法，希望可以起到一个抛砖引玉的作用。研究者要对结果认真分析，合理组织，完成调查报告。

附录5-1 综合实践活动课程实施调查问卷[①]

尊敬的老师：

您好！

这是一份有关教师对综合实践活动课程实施的调查问卷，您的

——————————
①该问卷为本书作者2009年自行设计。

合作将有利于深圳市综合实践活动课程教学的改进。请您按照题目的要求，根据实际情况进行回答。答案没有正确与错误之分，请不要漏题。本调查不记名，不外传，请不必有任何顾虑。谢谢您的合作！

[基本信息]

1．您的性别：（1）男　　（2）女

2．您的教龄：（1）0-5年（2）6-10年　（3）11-20年
　　　　　　　（4）20年以上

3．您的职称：（1）三级　（2）二级　（3）一级　（4）高级

4．任教科目：（1）文科　（2）理科　（3）其他（音、体、美、信息技术等）

5．您的学历：（1）大专　（2）本科　（3）研究生

6．任教学校：（1）初中　（2）高中

7．是否任教综合实践活动课程：（1）是　（2）否

以下由1到7的七个数字分别代表由"极为反对"到"极为赞同"七种不同态度。请根据自己的情况，从中选出符合您的一项填入本问卷第二部分后面的括号中。

①极为反对　②反对　③略微反对　④中立　⑤略微赞同
⑥赞同　⑦极为赞同

1.我校学生经常参加研究性学习。（　　　）

2.我校学生经常参加社区的各种公益活动。（　　　）

3.综合实践活动主题很容易开发。（　　　）

4.《综合实践活动指导纲要》对开展综合实践活动有很多指导意义。（　　　）

5.开展综合实践活动能增强我对教学的满足感。（　　　）

6.实施综合实践活动对学科教学设计很有帮助。（　　　）

7.校长应该经常在学校会议上强调开展综合实践活动的重要性。（　　　）

8.学校中经常举行如何开展综合实践活动的培训。（　　　）

9. 区教育局提供足够的支持，帮助我校教师开展综合实践活动。
（　　　）

10. 深圳市师资培训机构提供了充分的支持，帮助我校教师开展综合实践活动。（　　　）

11. 开展综合实践活动不会威胁学生的安全。（　　　）

12. 现有班级规模不会阻碍综合实践活动的开展。（　　　）

13. 我校学生经常参加社会实践活动。（　　　）

14. 学校为学生参加研究性学习安排了足够的课时。（　　　）

15. 综合实践活动实施需要专门的教材。（　　　）

16. 开展综合实践活动是有价值的。（　　　）

17. 开展综合实践活动有助于提高教师组织教学的能力。（　　　）

18. 开展综合实践活动能更好地照顾学生的个别差异。（　　　）

19. 校领导鼓励我参与综合实践活动的相关培训。（　　　）

20. 关于开展综合实践活动，我的一些意见与建议受到学校的重视。（　　　）

21. 区教研室提供了足够的支持来帮助我校教师开展综合实践活动。（　　　）

22. 出版机构提供的教辅资源能够帮助我校教师有效开展综合实践活动。（　　　）

23. 我校有足够的教师专门任教综合实践活动。（　　　）

24. 综合实践活动的开展不会增大纪律管理的难度。（　　　）

25. 学校为学生参加社区服务安排了足够的时间。（　　　）

26. 学校为学生参加社会实践活动安排了足够的时间。（　　　）

27. 学校为学生参加综合实践活动提供了足够的指导。（　　　）

28. 综合实践活动的理念很先进。（　　　）

29. 综合实践活动容易操作。（　　　）

30. 综合实践活动课程的实施很有成效。（　　　）

31. 开展综合实践活动有助于培养学生的社会责任感。（　　　）

32. 开展综合实践活动有助于学生形成一般的劳动技能。（　　　）

33.当我开展综合实践活动碰到问题时，总能向更有经验的老师请教。（　　　）

34.学校中大部分教师都支持开展综合实践活动。（　　　）

35.学校提供了足够的设备资源，支持教师开展综合实践活动。（　　　）

36.教育部提供了足够的政策支持，帮助我校教师开展综合实践活动。（　　　）

37.学校所在的社区提供了足够的支持，帮助我校教师开展综合实践活动。（　　　）

38.学生家长提供了足够的支持，帮助我校教师开展综合实践活动。（　　　）

39.考试制度不会影响综合实践活动实施。（　　　）

40.综合实践活动的开展不会减少学科知识的教学时间。（　　　）

41.开展综合实践活动，有助于培养学生解决实际问题的能力。（　　　）

42.开展综合实践活动，有利于新课程改革的进一步落实与推进。（　　　）

43.开展综合实践活动不会使学生学习成绩下降。（　　　）

44.综合实践活动里建议的学生评价方式能够实现。（　　　）

再次感谢您的合作！

第六章 教育变革研究

　　教师做科研的旨趣与专门的学术研究有一定差异，教师做研究不是"为学术而研究学术"，不是"为学术而研究实践"，恐怕也难谈得上是"为实践而研究学术"，应当定位为"为实践而研究实践"。它可能会带来有学术价值的成果，或者为教育科学的发展积累有益的材料，但其出发点和归宿都不应当定位于做学问，即从事专业学术知识的生产。[1]因此，教师做科研必须指向教学，是教师不断思考教学设计、提高课堂管理水平、丰富个人教育观念、寻求教育意义的过程。这也决定了教师做科研的重要特点是针对教学实践的行动和变革。教师针对教学实践问题，在进行广泛的调查研究，形成解决有关问题的思路之后，还需要将这些解决办法付诸实践，以便检验这些想法、思考是否正确，及时做出改进。教师解决教学实践问题，有步骤地进行教学变革主要有两种途径：一是教育实验研究，二是教育行动研究。

一、教育实验研究

　　教育实验研究是指研究者按照研究目的，合理地控制或创设一定的条件，人为变革研究对象，验证、假设、探讨教育现象因果关系的一种研究方法。[2]在实验过程中，研究者通过引入(或操纵)一个变量(即自变量)，观察和分析它对另一个变量(即因变量)所产生的效果。实验研究

---

[1]柳夕浪. 教师研究的意蕴[M]. 北京：教育科学出版社，2007：19.

[2]裴娣娜. 教育研究方法导论[M]. 合肥：安徽教育出版社，1995：244.

在教育研究中有悠久的历史，19世纪以来，现代自然科学在征服自然的过程中取得了重大胜利。从后半叶开始，对人类行为的科学研究首次出现。冯特、桑代克等心理学家借鉴自然科学的方法，进行了大量的行为主义实验，试图应用于教学实践中，对教育实践产生了巨大而深刻的影响。我国教育实验研究的发展可以追溯到20世纪20～30年代，中国现代教育史上一批颇有影响的教改实验项目诞生，20世纪80年代掀起了中国现代教育史上第二次教改实验的浪潮。教师的教改实验在教育的转型期发挥了重要作用，专家教师的教改实验推动了教育的改革与发展。可以说，教师要做好科研离不开教育实验。

（一）教育实验研究的要素

教育实验研究是变革教学实践、发现教学影响因素的常用方法。如果教师在教育实践过程中，发现原有经验无法解决出现的新问题，就会尝试其他教学方法，通过对比前后效果的差异甄别新的教学方法是否有效。这就是最简单的教学实验，只是没有经过严格的前后测试、变量控制，有效性在一定程度上会受到影响。

为了提高实验研究的科学性，需要有意识地设计一个能够反映研究对象本质特征的情境，使研究对象尽量不受实验变量以外的因素的干扰，然后观察研究对象某种特性的变化，检验实验处理与研究该种对象特性之间因果关系的假说。[1]实验研究借鉴了自然科学的研究方法，强调验证假设、变量之间的因果关系等核心要素，因此，从事教育实验研究时，必须首先思考以下要素：

1. 变 量

变量相对的是"常量"，指某一个概念或因素的取值有一定的变化范围，不是持续不变的。例如学生的学习成绩可以是"90"分，也可以是"80"分；新教材、旧教材的变化也使"教材"成为变量。教育实验中的变量根据其变化的因果关系分为自变量、因变量。自变量就是实验

---

[1]张红霞. 教师科学研究方法[M]. 北京：教育科学出版社，2009：106.

者主动使它发生变化的变量，因变量则是因自变量的变化而发生变化的变量。如上述的学生成绩、教材两个变量，如果将他们联系在一起会组成一个判断：教材能影响学生的学习成绩。其中，教材就是自变量，通过人为控制使其发生变化，学生学习成绩就是因变量，它的变化受到教材的影响。

由于做教育实验，不能和自然科学的实验室一样，剔除全部无关影响。因变量的变化还会受到其他因素（变量）的干扰。例如，在使用新教材的过程中，教师的教学方法可能发生了变化，学生的学习环境可能也有不同。要提高教育实验的精确性，就需要控制其他因素（变量）尽量不发生变化。由于教育情境具有复杂性，其他因变量有的是可以控制的，有的则是无法控制。我们把可以控制的变量称为控制变量，无法控制的变量称为无关变量。上述例子中的"教材"作为自变量，"学生的学习成绩"作为因变量，"学生的学习风格"、"教学方法"等也影响因变量（学习成绩），而学生的学习风格无法控制，就是无关变量；教师的教学方法是可以控制的，可称之为控制变量。

2. 实验假说

实验假说是一对变量之间的因果关系的假定。"它是实验者根据有关理论、自己的教学经验和日常观察，从发现的问题中转化构建出来，对所要研究的教学活动提出规律性联系的某种设想。"[1]通过实验假说建立了变量之间的因果关系，并试图通过教育实验来验证假设。

案例6-1 赫洛克实验研究——"评价方式对学生学习的影响"[2]

研究的问题是不同的评价方式对学生的学习会产生什么影响。研究中运用心理学和教育学的相关理论，先提出假设：表扬和鼓励比批评和指责更能激发学生的学习动机。为了验证这个假设，研究者

---

[1]王策三. 教学实验论[M]. 北京：人民教育出版社，2000：226.

[2]贾霞萍. 中小学教师怎样进行课题研究（四）——教育科研方法之教育实验研究[J]. 教育理论与实践，2008，（4）.

选取了106名四、五年级的学生作为研究对象，先进行一次测验。然后以测验成绩为基础，将学生分成四个组，让四个组在四种不同的情境下进行难度相等的加法练习，每天15分钟，共进行5天。这四种情境是：第一组为受表扬组，每天练习后老师予以表扬和鼓励，当众宣布受表扬同学的姓名。第二组为受训斥组，每次练习后，老师总是点名批评和训斥而不管实际做得如何。第三组为静听组，既不受表扬也不受训斥，单方面听他人受表扬或训斥。以上三个组都在一个屋子里进行练习。第四组另外单独练习，既不受表扬和批评，也听不到别人受表扬和批评。收集四个组每次练习的平均成绩，汇总整理，制成曲线图。实验结果表明，受表扬组成绩最好，受训斥组次之，静听组第三，而控制组(单独练习组)最差。这就验证了前面的假设：有批评比无批评效果要好，表扬比批评效果要好。

以上实验将教师的评价方式作为自变量，学生的学习动机作为因变量，建立了"表扬和鼓励能激发学生的学习热情"的假设。

研究假设的提出是实验研究的难点。一般而言，研究假设的构建主要有两个途径：一是来源于理论，二是来源于经验。来源于理论的研究假设往往采用演绎的方法，从一般性的理论出发，自己研究的领域进行推论，并结合教育现实，试图借助理论解决现实问题。比较典型的是卢仲衡等老师进行的"中学数学自学辅导教学实验"，其假说就是根据程序教学的理论演绎而成的。研究假设也可以来自经验，顾泠沅老师的"青浦实验"就是从筛选经验入手，对经验进行理论提升，其研究假说的形成模式值得研究者参考。

3. 前测与后测

实验研究的重点是变量能否发生预想的改变。为了证明研究者的假设，就必须采取适当的途径对原有水平和实验后的水平分别进行测试。

案例6-2 合作训练对幼儿合作水平影响的实验研究[1]

前测干预实验的前测采用自然观察法。根据早期研究合作行为的"卡车竞赛"法，布置一个活动室，利用玩具材料按线路布置成仿真赛车现场。事先准备了两辆大小和形状相同、颜色不同的玩具汽车，若干沙包充当货物。小朋友两人一组做开车运货(沙包)游戏。一人开红车，一人开绿车。红车走红色的弯路，绿车走绿色的弯路，不管是红车还是绿车都可以走中间那条共用的直路(黄色的路)，每条路只能让一辆车通过，每个人都能控制一扇能走直路的门。幼儿在参加比赛时，两人一组以相对方向同时运货。

记分方法：由于两人走直路合作运货需要密切地配合，因此能够成功合作的记3分；一人走直路一人走弯路记2分，因为他们考虑了对方的活动要求，一方做出让步；两人都走弯路记1分；相互对抗不能完成任务，说明没有出现合作行为，记0分。

后测方法同前测。为了减轻练习效应，测试使用的玩具材料在颜色和种类上有所变化。干预实验3个月后，即在第一学期末进行。

前测与后测如果出现了显著差异，说明变量之间的因果关系可能成立。

4. 实验组和对照组（控制组）

在实验过程中，影响因变量变化的因素往往不只是自变量，但实验的目的是只关注自变量的效应，排除其因变量的影响。为了尽量降低无关变量的影响，在实验中可以将调查对象分成条件相同的两组，实验组是实验过程中施加实验变量的一组，而对照组或控制组不施加实验变量。实验结束后比较两组的差异，得出研究结论。

（二）教育实验研究的设计

教育实验研究需要按照严格的程序，以保证实验的效果。教育实验

---

[1]鲁忠义. 合作训练对幼儿合作水平影响的实验研究[J]. 教育研究，2004，(11)：52.

研究一般包括选定课题、提出假设、制订实验方案、实施实验方案、总结评价等环节，其中实验方案是关键。

1. 教育实验研究的主要环节

（1）实验课题的选定。问题是教育实验的起点，它源于教育理想与教育现实之间的差距，源于教育理论与教育现实之间的矛盾。教育实验研究不仅需要考虑是否可以通过教育实验进行研究，而且需要考虑个人的实际能力以及现实客观条件是否能够开展假设的教育实验。

（2）提出一个因果关系的假设。教育实验的研究假设是通过逻辑推理得出的关于解决研究课题的设想，构建教育教学某种措施与效果之间的因果对应关系。整个实验过程其实就是围绕检验与发展的假设展开的，实验假设需以一定的事实材料和科学理论为依据，能够解释已有事实。实验假设必须是可检验的、简明的，涉及的变量是可以操作的，切忌笼统、含糊不清。

（3）实验方案的设计。方案设计是对整个实验进行全面规划。实验方案主要包括以下几部分：明确实验目的，确定指导实验的理论框架；确定实验自变量的操作原则、方法与实施程序；规定实验对象的选择原则、分组方法和实施程序；提出阶段性实验目标的评价标准和方法，以及终级目标的评价标准和方法；进行因变量观测设计；选择实验设计类型，制订无关变量控制的目标、原则、方法与程序。

（4）实验方案的实施。按照实验设计进行教育实践，观察产生的效应，记录获得的资料、数据等。

（5）教育实验的总结评价。这是实验的收获阶段，主要是对实验结果进行定量与定性的分析，揭示规律，形成理论，撰写出实验报告，以便对实验进行客观、实事求是的评价。

2. 教育实验最基本的设计类型

根据实验过程中是否存在对照组或实验过程中的前后测数据运用情况，可以组合多种实验设计模式。如：单组后测模式、单组前后测模式、单组纵贯时间系列模式；等组后测模式、等组前后测模式；所罗门四等组模式；不相等控制组模式；循环实验模式。

下面介绍几种易于操作的实验设计：

（1）单组实验设计

单组实验设计一般用单一实验组作为研究对象，且没有对照组。单组实验的基本思路是先选择某一个实验组，施加实验变量，经过一个周期后，再对实验组的情况进行横向或纵向的比较，据此判断实验效果。

O_1　　　X　　　O_2

（X：表示研究者操纵的实验变量；O：表示观察分数或测量分数；R：表示随机选择。下同）

例如，教师为了判断自己在教学实践中尝试的新教学方法是否有效，可以对自己任教的班级首先进行一个前测，得到前测数据。然后对该班教学方法尝试进行干预，在干预结束后再对他们进行后测，得出后测数据。可以对前后测数据进行比较，判断教学方法是否有效。

虽然这样的实验设计从科学性看，还不够严谨，对实验的控制也不够，容易产生较大的误差。但对于一线教师来说，实用性很强。因为教师身处教学第一线，非常熟悉教学及学生的情况，对教学实验的效果有一种直观的判断，而且这种判断是即时的，有利于教师对实验形成评价[1]。

为了增强单组实验的严谨性，可以对该组进行一系列周期性的测量，还要引入实验变量，比较出现实验变量前后的一系列测量是否有显著差异。

例如，为了研究某种记忆方法对学生学习单词的影响，从9月开始对学生每周进行一次测试，记录他们掌握单词的数量。又从12月开始使用新的记忆方法，接着记录从1月到6月掌握单词的数量，比较前后两次的数量差异。在统计分析中，除了比较平均数以外，还可以采用趋向分析的方法。

（2）不相等控制组设计

与单组实验相比，本设计引入了控制组，但对控制组、实验组的相

---

[1]王策三. 教学实验论[M]. 北京：人民教育出版社，2000：252.

等性不做要求，有利于教师在课堂教学中进行。

O_1　　X　　O_2（实验组）

O_3　　X　　O_4（控制组）

一般操作步骤是：

①以班级为单位，随机分派为实验组和控制组。

②对两组进行前测。

③实验组接受实验变量，而控制组则相反。

④实验处理后，两组进行后测。

对以上实验而言，为了提高实验的效果，需要在单组实验设计的基础上，增加一个组。这个组的学生仍然沿用原有的教学方法，也要与使用新的教学方法的组同时进行前测、后测。如果考虑教师的个人素质因素，两组可以采用同一位教师。新增加的组称为"对照组"或"控制组"。原有的组称为"实验组"。这样不但可以消除原有教学方法的影响，而且使教师素质、测量工具等因素的影响得到控制。这种设计方法与单组设计相比，实验误差大大减小。

例如，教师本人不知道他的补充教材是否对学生的解题能力有帮助，可以在任教的班级中进行实验。随机分派班级，一组为实验组，其他为控制组。首先对这些班级进行前测，然后在实验班级使用补充教材，控制组则沿用原有教材。一个学期后，两组再接受测试，通过数据分析，观察实验组有无显著差异。

由于这种设计简便易行，对无关因素也有较好的控制，因此在教育研究中的应用较为普遍。

（3）等组实验（控制组实验）设计

用两个或两个以上条件相同的组参与实验，施加不同程度的实验变量，然后对产生的效果进行测量和比较。

这种设计的基本模式是：

R　　O_1　　X　　O_2（实验组）

R　　O_3　　X　　O_4（控制组）

这个设计的主要步骤：

①随机选择实验对象，分为实验组和控制组。

②实验处理前，两组都接受前测。

③实验组接受实验处理，控制组则相反。

④实验处理后，两组都接受后测。

⑤比较两组实验结果。

这种实验设计的内在效果较高。由于采用了相等的控制组，而且两组都有前后测，所以从前测到后测期间许多无关变量都基本一致。它是一种严格控制的实验设计，在教育实验中也常常被采用。

在实际操作中，为了实现等组实验的条件，可以采用两种方法来分组。一种是随机抽样。即从总体中抽取两组数目相同的样本分别作为实验组和控制组。通过随机抽样，可以使干扰变量均等地分布于实验组和控制组中，如性别、学生家庭条件、智力水平等因素；另一种是测量配对法。在进行实验前，先对实验对象进行一次测试，按照测试分数的高低排序，然后按照一定的规则把对象分成两个组。通过这样的分组，不会使某一组有明显的优势，可以减小因组间差异而造成的不利影响。

随着教学经验的积累，教师可以尝试设计更为复杂、控制更为精确的设计方法，如循环实验设计、所罗门四组实验设计、多因素实验设计等。

案例6-3 中小学心理教育实验研究[1]

实验设计

(一)实验对象与周期

本实验在中小学学段分别进行，分别设在3个实验学校。实验的起始年级确定为小学三年级、初中一年级、高中一年级，实验周期三年。

(二)实验假设

体现素质教育的精神和心理教育的理念，从教师培训、学生群体心理教育活动和个体心理辅导入手，带动整个学校的心理教育工作。

---

[1]刘如平等. 中小学心理教育实验研究[J]. 教育研究与实验，2008，(1)：68.

使学生在教师帮助、同学互助、个人自助的过程中，实现心理适应、心理优化、潜能发挥，并能使研究者总结出开展学校心理教育的经验。

(三)变量设计

1. 自变量

学校心理教育早已不是以往"运动式"、"经验式"的教学方法，我们的目标是形成常规化、规范化的工作体系，所以确定了三个自变量作为切入点和主攻点。

教师培训。采用专家培训、校本培训、自我培训相结合的培训方式，保证教师能不断得到心理教育理论和方法技术的辅助。

群体心理教育活动。开展面向全体学生，侧重预防性、发展性的心理教育活动。综合考虑学生的年龄特征、心理需求、发展重点、心理前测中反映出的普遍性问题和突发事件，设计出有内在联系的系列活动，使学生在学业、智能、情感、交往、才艺等方面得到持续不断地培养和锻炼。

个别心理辅导。针对个别学生和小群体内出现的心理问题，提供具有矫正性、治疗性的心理帮助。主要根据心理前测和平日观察到的弱项提出辅导建议，制订工作方案，促使学生自知、自觉、自助，尽早摆脱认知困扰和行为偏差。

2. 因变量

学生的心理状态表现出健康性和自主性，实现心理适应、心理优化、潜能发挥方面的进步。实验学校总结开展心理教育的内容体系和运作模式。

（三）教育实验研究的控制

实验控制是影响实验质量的关键。例如教师评价（表扬或批评）学习成绩不同的学生时，学生自然会有不同的反应。他们会受到其他因素的影响：学生的情绪状况、年龄、性别、性格等。在实验的过程中，可能同样的刺激会对一些学生起作用，而对另一些学生不起作用。这些都是实验的干扰因素，实验控制就是将实验的干扰因素排除在外。要正确地解释实验结果，就需要设法控制无关变量。主要的控制方法有：

1. 随机控制

随机控制就是采取随机分派的方式，将实验对象分为不同的实验组。从理论上讲，随机法是控制无关变量的最佳方法，因为各组具备的各种条件机会均等。主要包括随机抽样、随机分派两种，随机抽样就是运用随机的方法，如抽签、编号等，选取实验群体，它可以保证测试群体的水平相当。随机分派指按照抽签决定哪个组别接受实验变量的处理。

教师在做科研的过程中，往往会受到学校条件的限制，难以采用随机取样的方法，只能通过其他的方式来控制无关变量。

2. 排除控制

排除法即是在设计实验时，将可能影响结果的变量预先排除于实验之外，使自变量简化。如使用实验发现式教学方法时，只要有研究表明智力因素会影响结果，那么只可以选择高智商的学生作为实验对象，将智力因素的影响减至最小。

虽然排除法能有效控制无关变量，但也会使研究结果缺乏普遍的推论性。

3. 纳入控制

为了弥补排除法的缺点，要在实验设计时主动将某些因素纳入实验的自变量中，形成多因子设计。这样不但可以控制，还可以进一步了解变量之间的交互作用。

如以上的实验排除了智力因素，我们在实验设计时也可以将智力因素引入到设计中，分为高、中、低三个等级，与原有的两种教学法形成二因子实验设计。只是这种实验的数据处理、分析的难度较大。

实际操作中还有配对控制法、测量选择控制法、设计控制法等。

控制无关变量是实验研究中一项非常重要的工作，但控制只是相对的，而非绝对的。由于教育研究有复杂、不确定的教育情境，不可能像物理实验那样受到绝对控制。因此在教育实验中既要采取必要的控制措施，也要合乎教育情理。[1]如教师个人的某些影响因素，如果采用自然科学实验中的那种消除性控制，就不合乎教学情理。因为教学在情理上要求考虑教师个人因素的投入和影响应该纳入实验因子的控制，不应完全消除。

二、教育行动研究

相比教育实验研究，教育行动研究有更适合教师教育教学的优势。行动研究"是一种以教育实践工作者为主体进行的研究，它以研究自己实践中的问题、改进教学实践为本质"[2]。行动研究倡导合作性科研，通过观察和反思，运用相关教学理论和研究方法分析教育教学实践中的问题，提出问题解决策略，提高教学效果，最终达到改进课堂教学、促进教师发展的目的。教育行动研究不仅能促进课堂互动，增加师生的相互了解，还能给教师带来其他的变化：提高教师的专业技能，增强自信心，提高反思意识，改变教学理念，使课堂教学方法和教学手段日益更新。行动研究倡导教师成为研究者，因此，教育行动研究成为很多教师做研究的重要选择。

（一）行动研究的特点

教育行动研究通常是在教学实践和教学研究中先发现问题，再提出改进措施，应用于教学实践，根据实际效果修订方案，是一个不断循环的过程。它针对特定的情境、地域文化，与其他研究的区别是：行动研究是由参与者自己操作和承担的自省性探究过程。[3]教育行动研究是在

---

[1]王策三. 教学实验论[M]. 北京： 人民教育出版社，2000：195.

[2]陈向明. 在行动中做质的研究[M]. 北京：教育科学出版社，2003：13.

[3]丁后银. "问题为本的学习"与"行动研究"的整合[J]. 外语与外语教学，2009，（3）.

行动与反思之间建立联系，对有意识或潜意识的行为进行反思，目的是为了进一步行动，并通过反思的行动重新认识和发展原有事物。行动研究的目的、过程、主体与通常意义上的研究有一定差异。

1. 以解决问题、改进实践为目的

行动研究关注实际教学中存在的真实问题，一般指特定学校、特定班级里的特定学生身上表现出的特有问题，它不需要大的样本。追求对特定问题的解决，注重改进实践，只求在研究范围内有效，不需刻意追求推广，这与行动研究解决实际问题的导向相一致。所以，行动研究过程是解决问题的过程，也是实践改进的过程。研究的结果也就是问题的初步解决。

案例6-4 张老师的课题研究[1]

2002年9月，张老师承担了初三年级两个班的物理教学，在对学生物理基础学习情况的调研过程中，发现了两个突出问题：一是学生之间的学习水平差距大；二是很多学生认为物理难学，没有兴趣学。张老师对一些物理成绩差的学生进行调查分析后，从学生学习的角度和教师教学的角度做了认真的思考，并学习了相关理论。后来，张老师将对学生的评价作为改善学生学习物理动机的突破口，有了三个具体"动作"。在不断精致这些"动作"的过程中，学生的物理学习成绩有了很大的提高，张老师自己也有很大的成就感。

从上述实例可以看出，用心的张老师发现了教学中的问题，在对问题本身做调查和分析的基础上，主动学习，积极探究，改进教学方法，提高了教学质量。如果问"什么是教师的行动研究"？毫无疑问，张老师所做的教学，就是教师的行动研究。从这里也可以看出教师行动研究的第一个特点：研究的问题来源于教师的教学实践，研究的目的是为了改进教学实务。

---

[1]清新益风. 教师的行动研究之特点[EB/OL]. (2008-11-06)[2010-06-23]. http://blog. sina. com. cn/s/blog_5d0558510100bd6o. html.

2. "行动"与"研究"相结合

常常有人将"行动"与"研究"视为不同的范畴，前者指研究人员的学术性探索活动，后者指实际工作者的实践性活动。但行动研究却能将两者有机结合，研究进行的过程同时也是行动解决问题的过程。

案例6-5 不断"有办法"的刘老师[1]

作为一名有十几年教龄的语文教师，刘老师在兢兢业业地工作中，也有很多困惑，尤其是作文教学。一个偶然的机会，刘老师开始了《通过写作档案袋的收集和评估提高中学生语文学习的自我效能》的研究。刘老师自定的目标是：以写作档案袋的形式，充实学生的写作内容，激发学生写作兴趣。

刘老师先上网查阅了一些相关资料，又结合自身的经验，向学生介绍了什么是档案袋、档案袋搜集的方法等等。尽管刘老师准备了很久，也似乎摆足了"噱头"，但学生的反应并不强烈。有经验的刘老师没有灰心，让一部分学生先动手实践。三个多星期后，全班学生就都动起来了。在刘老师正准备松口气的时候，问题又来了，学生对持续一个多月的档案袋写作没兴趣了，又该怎么办？经过调查、引导，跟一部分学生现身说法，渐渐地每个学生的档案袋又丰富了。

如果再问，教师的行动研究是什么？我们可以简单地回答，教师的行动研究从根本上说就是一种行动，是教师的"行动之旅"。在这样的"旅途"中，教师需要根据目的，不断地检讨、调整、修正自己的行动，并形成新的行动。教师行动研究的过程就是教师不断行动的过程。

3. 循环递进

勒温曾用"步子"（steps）、"圆环"（circle）、"螺旋循环"

---

[1]清新益风. 教师的行动研究之特点[EB/OL]. (2008-11-06)[2010-06-23]. http: // blog. sina. com. cn/s/blog_5d0558510100bd6o. html.

（spiral of cycles）等隐喻设计了行动研究的一般过程。[1]后来凯米斯将勒温的"螺旋循环"稍做改造，形成"计划—行动—观察—反思—再计划……"的模式，成为行动研究文献中的经典表述。从此以后，尽管埃利奥特提出"阶梯"式的行动研究流程图，麦克尼芙提出"生成性行动研究"（generative action research）[2]，均与凯米斯的"螺旋循环"大致相同。可以说，"螺旋循环"是行动研究的重要标志，行动研究是一个伴随实践改进的螺旋式递进的发展过程，其中每一个循环都包含计划、行动、考察和反思，每一阶段行动的结束，都标志着下一阶段行动的开始，是一个连续不断的历程。在这个过程中，"理论与实践"互动，教育教学问题逐步得到解决，形成了"实践中的理论"或"行动的理论"（theory of action），教师理论素养不断提高，师生共同成长。

4. 开放性

行动研究过程不同于自然科学研究，不能简单、集中地表现出计划与结果之间必然的线性关系，人们对问题的认识起初往往是局部的、表面的，如同"盲人摸象"。行动研究注重不断进行观察和反思，重视教育实践变革中出现的每个新问题。根据发展中的实际情况，借鉴相关经验及理论，研究者既可以部分修改实施计划，也可以总体修改实施计划，甚至还可以更改研究课题。

5. 教师是研究主体

在行动研究中，教师是研究者，是研究的主体。这一点同实验研究有明显不同，实验研究主要由外来专家控制，实验设计、研究假设、研究资料的内容分析、结论形成也多依靠他们。从"教师成为研究者"[3]

---

[1]Lewin, K. (1952)Group Decision and Social Change, In Swanson G. Newcomb, T. & Hartley, E. (eds) Readings in Social Psychology, Holt, New York.

[2]McNiff, J. (1988) Action Research: Principles and Practice, Macmillan Education Ltd. p. 45.

[3]Wann, K. (1952)Teachers as Researchers, Educational Leadership, 9, May.

到"研究成为教学的基础"（Research as a basis for teaching）[1]，以及"没有教师的发展就不会有课程的开发"[2]等教育口号，都标志了教师在研究中的主体地位。因此，无论从哪个角度来理解"研究"，都很难否认教师拥有大量的研究机会。应该承认，每一个课堂都是一个实验室，每一位教师都是教育科学研究的成员。[3]

（二）教育行动研究的程序

"计划—行动—观察—反思"作为行动研究经典性程序，经过适当删减或增补之后，可以运用于不同研究者的行动研究中。但也有研究者基本不考虑这一经典程序，坚持采用一般教育研究的程序，如博格等人将行动研究的过程设定为7个步骤：（1）确定问题；（2）选择方案；（3）确定研究的参与者；（4）收集资料；（5）分析资料；（6）解释和应用结论；（7）报告研究结果。[4]一般而言，教育行动研究的程序包括：教师发现自己教学中的问题；设想出解决这个问题的办法；在教学中实施这个办法；对实施效果进行评估，并在评估的基础上发现新问题，设想如何解决新问题；最后撰写教育行动研究报告。具体研究步骤如图6-1所示，下面择要叙述。

---

[1]Rudduck, J. & Hopkins, D. (eds)(1985) Research as a Basis for Teaching: Reading from the work of Lawrence Stenhouse, Heinemann Educational Books Ltd. p. 113.

[2]Elliott, J. (1991) Action Research for Educational Change, Open University Press, p. 16.

[3]Stenhouse, (1981) What Counts as Research? British of Journal of Educational Studies 29, 2, June; Also See Rudduck, J. & Hopkins, D. (eds) (1985) Research as a Basis for Teaching: Reading from the work of Lawrence Stenhouse, Heinemann Educational Books Ltd. p. 15.

[4]Gall, J. Gall, M. Borg, W. (1999) Applying Educational Research: A Practical Guide, Longman, 4th ed, pp. 472-474.

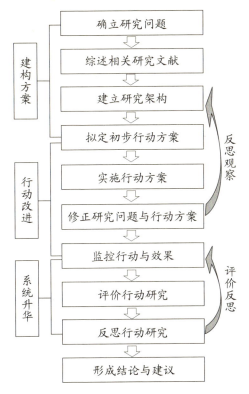

图6-1 行动研究的程序

1. 确定研究问题

教育行动研究的问题与学术研究问题略有不同，行动研究的问题直接来自实践，并且是研究者自己的实践，是要在行动中面对和解决的问题。在本书第一部分第三章，我们已经对分析问题的方法进行过介绍。行动研究要求研究的问题更具体，更具有操作性，尤其注重学校的研究条件以及研究主体对问题本身的兴趣。

2. 制订研究方案

待问题做出界定和分析之后，就所要考虑的教学问题提出一个具体的实施方案。实施计划一般包括预期目标、研究合作的伙伴、试图改变的因素、提供的理论指导、行动的步骤与时间安排、人的因素等。

3. 实施研究行动

实施阶段包括行动和观察分析，可以把这一过程具体化，分为发现问题、提出假设、调查研究、重新确认问题、制定行动措施、根据实际情况调整计划、观察收集数据、反思与评价效果、撰写阶段性研究文本等步骤。

4. 反思行动研究

要在开展课堂行动研究和改善教学过程的操作规范或指导的基础上，对照计划的教学目标，检查教学改进的成效与不足，总结课堂行动研究的得失。

5. 撰写研究报告

在教育行动研究按计划进展到一定阶段后，需要实践者以短篇报告的形式对工作开展的情况进行文字性描述。实践者需要在报告中简要描述行动计划的完成情况，要有详尽的数据资料说明行动研究计划实施的结果，可以引用其他行动研究者实践的措施和观点。通过以上行动研究的过程和步骤，研究者（教师）对自己的教学现象进行实地考察和研究，设计解决问题的方案，运用科学的方法和理论，采取切实可行的措施。同时，也能提高自我决策、自我评价、自我完善的能力，有利于理论和实践的结合，使教师教学水平不断改进，教育持续发展的能力和动力不断增强。

（三）教育行动研究中的关键问题

教师做行动研究容易出现"有两头缺中间"的状况，即有开头和结尾，没有研究过程。这主要是因为教师没有系统使用研究方法，没有系统收集资料，没有形成研究的主体地位，没有持续地进行教育探索。

1. 系统使用研究方法

行动研究必须使用系统的研究方法，否则，会让研究停留在经验层面，呈现零碎的、片断的思考。具体运用什么方法进行研究？埃里奥特列举的方法包括：观察、访谈、日记、问卷、备忘录分析、照片记录、音像记录、档案、文献、暗中观察、项目对照清单、三角分析、个案研究、轶事分析。需要强调的是，日记作为个人文献，包含了个人对事情的见解、评论，融入了丰富的个人情感和喜好。撰写研究日记的意义在于：可以记录很多方面的资料，包括通过参与观察、访谈、对话等方式收集到的资料；可以随手记下灵感和偶发事件，作为反省每天的研究结果，对原始资料作解释性评论；可以对研究者使用的方法进行反思，增加对自己的了解；可以发展为理论架构，进一步收集资料和分析资料。[1] 坚持写日记，是系统收集资料的重要方法之一。

2. 系统收集研究资料

系统地整理与分析资料是得出可靠结论的基础，是行动研究区别于一般性经验总结的依据，需要以系统收集研究资料为前提。因此，教师在行动研究过程中，切不可随意、零散地收集资料，不能仅仅满足于课题申请表、结题表的填写，而忽视教学过程中研究资料的收集，养成收集研究资料的习惯。教师在研究过程中，还需要阶段性地整理资料，理清资料的脉络，有助于理论框架的搭建。随着现代信息技术的发展，行动研究资料收集与整理的形式非常灵活，可以借助多种平台进行，如Email、BBS、ICQ、QICQ、Blog等，"我们发现运用博客网络日志开展教师教育行动研究交流，是目前最好不过的平台"[2]。教师可以通过各种方式将教学日志、教学反思、教学设计、师生交流等资料保存下来。

3. 强化教师主体参与

行动研究的关键是"教师成为研究者""教师成为反思性实践者"，二者均需要教师作为研究主体"参与"（involvement）整个研究过程，在"计划—行动—观察—反思"的每一个阶段都有教师的声音。

---

[1]陈向明. 质的研究方法与社会科学研究[M]. 北京：教育科学出版社，2000：457.
[2]钱爱萍，吴恒祥，赵晨音. 教师怎样做课题研究[M]. 北京：中国轻工业出版社，2007：5：90.

从课程行动研究的类型[1]看，有独立型，即教师一人独立进行研究；同事合作型，即一组教师共同合作进行研究；专家合作型，即专家（或传统意义上的"研究者"）与教师一起合作，共同进行研究。尽管如此，行动研究理想的方式是基于教师个体独立研究的，本质上是"合作性行动研究"。在合作研究过程中，教师作为研究者的主体地位需要得到保证。

4. 循环递进的教育探索

在一线教师的开题报告中，行动研究是普遍采用的研究方法。但缺乏如何使用行动研究的具体描述，也没有具体的研究设计，即使少数开题报告具备行动研究设计，也没有"循环递进"的设计思路。没有循环就难以改进教学，因而没有递进变革的可能。可以说，循环递进是行动研究设计与实施的关键点。

---

[1]Cohen, L. (1985). Research Methods in Education. London: Croom Helm, P. 218.

第七章 教育叙事研究

　　20世纪80年代，加拿大几位课程研究学者开始倡导教育叙事研究。他们认为教师从事实践性研究的最好方法，就是不断说出一个个"真实的故事"[1]。教育叙事研究给教师提供了"发出声音"的机会。[2]目前，这种研究方法已引起国内教育界的关注，逐渐运用于教师的教育教学研究中，同时，也出现了教育叙事研究本土化的现象，对教师成长具有突出意义。叙事研究开辟了一个独特的视角，真正让"教育问题的学术研究回归到鲜活的现实中，使理论研究回归到思想的故里，使教育研究融入实践的滋养"[3]。本章主要介绍教育叙事研究的内涵、特点和操作步骤，重点探讨了教育叙事研究的步骤。

一、教育叙事研究的内涵

　　目前"教育叙事研究"还没有统一的概念，内涵也不尽相同。但"叙事"是教育叙事研究的核心概念，已经得到学者们的共识。首先了解什么是"叙事"和"叙事研究"，能使我们更好地把握教育叙事研究的内涵。

---

[1]康纳利，克莱丁宁. 叙事探究[J]. 丁钢，译. 全球教育展望，2003，（4）.

[2]Conle, C. Narrative Inquiry: Research Tool and Medium for Professional Development[J]. European Journal of Teacher Education, 2000, 23（1）.

[3]王枬. 关于教师的叙事研究[J]. 全球教育展望，2003，（4）.

（一）叙事

《韦伯在线辞典》（Merriam-Webster Online Dictionary）认为，"叙事"就是"讲故事，或类似讲故事之类的事件或行为，用来描述前后连续发生的系列性事件。"美国学者阿波特（AbbotH. P.）给"叙事"下了个简单的定义，"简单说，叙事就是讲述一个事件或一系列事件。这里的'事件'（有学者习惯用'行为'）是一个关键词。没有'事件'，即使有描述、诠释或评论等，都不能称作是叙事。例如，'我的狗身上有跳蚤'只是一个对我的狗的描述，但它不是叙事，因为没有事件的发生。而'我的狗被跳蚤咬了'就是叙事，因为它讲述了一个事件。虽然讲述的这个事件很小，但足以构成一个叙事。"[1] 由此可见，叙事包含两个部分："事件"和"讲述"。"事件"具有人物、背景以及其他构成叙事内容的成分。"讲述"是指告诉、表达、呈现或叙述事件。

也有学者认为，叙事是为了"告诉某人发生什么事"的一系列口头的、符号的、行为的序列"[2]。根据这个定义，这些动作为了达到"告诉其他人发生了一些事情"的目的，被有序地组织起来。因此，在理解叙事过程中，与叙事相关的社会情境、叙事者讲述的背景、阅读者的特征等都是要了解的重要因素。

（二）叙事研究

叙事研究，亦称叙事探究（Narrative Inquiry），源于文学领域的叙事学。叙事学属于以小说为主的叙事文学的理论，因此被"科学的研究方法"排斥在外。但是，后现代主义给予了"叙事学"新的解释和强调。利奥塔分析了科学知识与叙事知识之间的关系，认为科学知识仅仅指有关事实或真理的限定与选择，叙事知识则具有人文学科的多种价值

---

[1]H. Porter Abbott. The Cambridge Introduction to Narrative[M]. Beijing: Peking University, 2007: 12.

[2]施铁如. 后现代思潮与叙事心理学[J]. 南京师范大学学报（社会科学版），2003，（2）.

关怀，因而，不能以科学知识为基础，判断叙事知识的成立及其效能。[1]

莱布里奇（lemlech）等人认为，"叙事研究指运用或分析叙事材料的研究，叙事材料可以是一些故事，如一次谈话中听到的或阅读文献著作了解的生活故事；也可以是其他方式收集到的材料，如人类学工作者进行田野研究时的观察记录或个人信件。叙事材料既可以作为研究对象或研究其他问题的媒介，也可以用来比较不同的群体，在某一社会现象或一段历史时期，探索个人发展史"[2]。

克莱丁宁（ClandininD. J.）和康纳利（ConnellF. M.）在《叙事探究：质的研究中的经验和故事》一书中，认为"叙事探究是理解经验的一种方式"[3]。由此看来，叙事研究属于质的研究（Qualitative Research）范畴；作为一种质的研究，叙事研究基于对经验和故事的认识和理解。

有学者认为，"相对于通常所讲的强调研究概念和规则的科学研究来讲，叙事研究强调与人类经验的联系，以叙事的形式描述人们的经验、行为以及作为群体和个人的生活方式。通过与经验相关的故事、现场观察、访谈、对话、日记、传记、档案、书信的描述，接近经验和实践本身，探究经验的意义"[4]。

"叙事主义者相信，人类经验基本上是故事经验；人类不仅依赖故事而生，而且是故事的组织者。进而，他们认为，研究人的最佳方式是抓住人类经验的故事性特征，在记录有关教育经验故事的同时，撰写有关教育经验的其他阐述性故事。"[5]可见，叙事研究在分析教师经验和生活故事方面引进了有益的视角，教育叙事研究也应运而生。

---

[1]王枬. 关于教师的叙事研究[J]. 全球教育展望，2003，（4）.

[2]卜玉华. 教师职业"叙事研究"素描[J]. 教育理论与实践，2003，（6）.

[3]D. Jean Clandinin, F. Michael Connelly: Narrative inquiry: experience and story in qualitative research[M]. San Francisco, Jossey-Bass Inc. 2000: 20.

[4]周国韬. 教师叙事研究：挖掘和发展教师实践性知识的有效途径[J]. 中小学教师培训，2007，（10）.

[5]丁钢. 教育经验的理论方式[J]. 教育研究，2003，（2）.

（三）教育叙事研究

教育叙事研究最初于20世纪80年代在西方教育研究领域内率先兴起，以康纳利和克莱丁宁为代表的西方教育学者将叙事研究引入了研究领域，一是基于研究范式转换的意义，二是将其作为教师专业发展的媒介。[1]他们认为，应鼓励教师主动参与叙事研究，探究自身教育经验的意义，通过讲自己的故事提高观察日常教育生活的能力，帮助洞悉个人的实践知识，提高反思探究能力，促进自身专业的发展。90年代末，教育叙事研究进入我国，很快引起了教育研究人员和中小学教师的关注。从我国目前的现状看，根据研究的主体可以将教育叙事研究分为两类："一种是教师自身同时充当叙说者和记述者，当叙述的内容属于自己的教育实践或能解决某些教育问题时，教师的叙事研究就成为'教师叙事的行动研究'。这种方式主要由教师自己实施，也可以在教育研究者的指导下进行。它追求以叙事的方式反思并改进教师的日常生活。另一种是教师只作为叙说者，由教育研究者记述。它以教师为观察和访谈的对象，包括以教师的'想法'（内隐的和外显的）、提供的文本（如工作日志）等为'解释'的对象。"[2]

国内学者对教育叙事研究的界定各有不同，主要观点如下：

1. 教育研究中的叙事研究，是将技术与理性的东西隐藏到背后，通过一个个故事的描述，追寻参与者的足迹，倾听参与者的声音；通过个体的、群体的叙述研究他们的过去、现在和未来。叙述不仅仅是为了解释，还要寻找故事背后的意义。[3]

2. 教育叙事研究，是指在教育背景中对包含任何类型的叙事素材进行分析研究。它借影片、传记、图片、对话等刺激，触发当事人进行故事叙说，并以当事人的叙说内容为文本数据进行分析，以期反映出故事

---

[1]Conle, C. Narrative Inquiry: Research Tool and Medium for Professional Development[J]. European Journal of Teacher Education, 2000, 23（1）.

[2]刘良华. 教育叙事研究：是什么与怎么做[J]. 教育研究, 2007, （7）.

[3]陈德云. 教师的实践性反思与叙事研究[J]. 全球教育展望, 2002, （11）.

叙说者本身的重要生活经历及生命主题。[1]

3. 教育叙事研究有广义和狭义之分。广义的教育叙事研究是指通过对有意义的教学事件、教师生活和教育教学实践经验进行描述分析，发掘或揭示内隐于日常事件、生活和行为背后的意义、思想、理念。狭义的教育叙事就是指教师"叙说"自己在教育活动中含有"问题解决"和"经验事实"的个人教育事件，并在反思的基础上转变自己的教学观念和行为。教育叙事研究关注的不仅是客观规律，更有参与者的生活的体验、心理情感、内在生成等。[2]

4. 教育叙事研究指研究者以叙事的方式研究教育问题，表达对教育的理解和解释。教育叙事研究考察的对象是教育经验，描述人们在自然情境下的教育经验、教育行为、个体化的实践性知识（personal practical knowledge），促进人们对于教育及其意义有更深的理解。[3]

从以上学者的观点可以看出，教育叙事研究不是单纯的"讲故事"，它需要叙事研究者深入教育实践，搜集有意义的教育事件。同时还要具备足够的理论视角，能对其进行描述和分析，发掘或揭示出内隐于这些事件背后的教育意义。教育叙事研究是以鲜活的个人体验为基础，以个人反思为要旨，能跃升到理论层面的一种研究方法。

二、教育叙事研究的特点

教育叙事研究属于质的方法的研究范畴。所谓质的研究，"是以研究者本人作为研究工具，在自然情境下采用多种资料收集方法对社会现象进行整体性探究，使用归纳法分析资料、形成理论。通过与研究对象互动、对其行为和意义建构，获得解释性理解的一种活动"[4]。因而，

---

[1]张希希. 教育叙事研究是什么[J]. 教育研究，2006，（2）.

[2]刘万海. 近二十年来国内外教育叙事研究回溯[J]. 中国教育学刊，2005，（3）.

[3]周国韬. 教师叙事研究：挖掘和发展教师实践性知识的有效途径[J]. 中小学教师培训，2007，（10）.

[4]陈向明. 教师如何做质的研究[M]. 北京：教育科学出版社，2000：12.

教育叙事研究除了具有质的研究方法本身的自然情境性、工具性、解释性和建构性等基本特征外，还存在自身的特点。

（一）真实性

教育叙事研究所叙之事涉及教师的课堂教学、教育实践、日常生活等活动中曾经发生或正在发生的事件，这些事件是具体的、真实的、情境性的，而非教育者的主观想象。另外，这些客观存在、真实发生的"故事"，不仅有第一手研究资料的价值，还因为它们饱含丰富的内心体验，蕴藏细腻的情感变化，所以更具有实录心灵轨迹的意义。"教育叙事研究感兴趣的不是所谓'客观现实'的'真实性'本身，而是研究者看到、体验到的真实。它关注教育现场，强调对故事细节进行整体性、情境化、动态的描述，原汁原味地呈现教育现象。在教育事件的呈现过程中，通过归纳而不是演绎的方式进行意义建构。"[1]我国教育学者丁钢认为，"经验叙事强调的不是形式、规律，而是经验意义。其尊重每个个体的生活意义，主要是通过有关经验的故事、口述、现场观察、日记、访谈、自传或传记，甚至书信、文献分析等，贴近经验和实践本身"[2]，教育叙事研究尊崇面向事实本身。面向事实本身就是针对现象进行深描，揭示社会行为的实际发生过程以及事物中各种因素之间的复杂关系。描述越具体、越原汁原味，就越能显示现象的本质。教育叙事研究鼓励研究者从亲身经历的教育生活中寻找自己的教育故事，因此对于教师来说，就是从自身教育实践、自然的教育情境、教育事实出发进行研究。这种研究的显著特征在于"真实"，它是教师在教育活动中对实事、实情、实境所做的记录、观察和探究，从而获得对事实或事件意义的诠释。

---

[1]王枬. 教育叙事研究的兴起、推广及争辩[J]. 教育研究，2006，（10）.

[2]丁钢. 教育经验的理论方式[J]. 教育研究，2003，（3）.

（二）诠释性

"任何不包含意义挖掘和生成的活动都不能称之为'研究'。"[1]
叙事研究也不例外，"叙事研究最初涉足的文学艺术领域，并不是以讲
故事的姿态出现的，而是针对叙事文本，深入挖掘文本意义的一种研究
方法"[2]。"教育叙事研究的目的是在叙述中达至'视域的融合'。叙
事是一种意义的诠释，诠释的目标是分享和理解，从而达到叙述者与读
者的'视域融合'。"[3]教育叙事研究需要研究者对叙述者个人经验进
行深描，挖掘蕴藏于教育事件背后的意义。一方面，叙事本身就携带有
意义，叙事的过程就是意义诠释的过程。就像一个"剥笋"的过程，
"叙事研究先不期待剥开之后会见到'核心'，它认为竹笋的本质保存
在竹笋的整体中而不只是竹笋的核心。为了这一整体，可以在不剥开竹
笋的情境中观察、解释、理解竹笋，也可以在剥开竹笋的过程中来进
行。无论采用任何方式，都必须观察并记录整个过程，因为竹笋的本质
就在这个过程中"[4]。叙述者在叙事过程中，对自身经验的回顾决定了
叙事的内容、情节以及个体生活的意义，叙事过程也就是对自身职业与
教育意义的诠释过程。另一方面，研究者要对叙述者的个人经验和意义
建构进行再诠释。研究者置身于教育的自然情境中，尽量搁置自己的主
观偏见。在倾听叙述者的叙述故事的同时，要不断思考对方是如何看待
自身经历的，并将叙述者的故事放在特定的背景下理解。这就需要研究
者有敏锐的理论触角，以一定叙事结构重新述说故事。更要深入挖掘故
事背后的理论意义，以便吸引更多读者的参与和分享。

（三）反思性

教育叙事研究重视反思，它是对"教育过程中发生的一系列富有价
值的教育事件和具有意义的教育活动进行的描述和揭示。此种描述不是

---

[1]牛利华. 教育叙事研究：科学反思与方法论革命[J]. 当代教育科学，2005，（16）.

[2]同上.

[3]王枬. 教育叙事研究的兴起、推广及争辩[J]. 教育研究，2006，（10）.

[4]刘良华. 校本教学研究[M]. 成都：四川教育出版社，2003：204.

一般意义上的描述，而是在描述中不断反思，重新关注研究对象的'局部丰富性''重新恢复'理性智慧的过程。可以说它的根本特征就在于反思。"[1]教育叙事研究的过程就是研究者和叙述者不断反思的过程。一方面，叙述者在叙事过程中，对自己的日常教育实践进行反思，通过回顾经历、总结经验和质疑问题，达到对问题的醒悟、理解和深化。反思立足于经验，又超越经验。叙述者通过个性化的表达，从经验的反思中提炼出个人实践性知识，凝结成个人实践智慧。个人实践性知识和教育智慧体现在日常教育实践中，是教育者教育行为的改进。另一方面，研究者以叙述者的表达为载体，从多个视角反思教育理论与实践，诠释教育经验及其意义。教师进行教育叙事研究时，"教师在叙事中反思，在反思中深化对问题或事件的认识。在反思中提升原有经验，在反思中修正行动计划，在反思中探寻事件或行为背后隐含的意义、理念和思想。离开了反思，叙事研究就会变成为叙事而叙事，就会失去它的目的和意义"[2]。

（四）开放性

教育叙事研究的目的不在于寻求普遍性的教育规律，而是注重具体教育问题的解决、教育经验的意义重构和教育主体的发展，期望激发共鸣，使倾听者与阅读者获得启示。因此叙事研究具有开放性的特征。首先体现在对叙事者开放，"对叙事者不带偏见地、细致入微地描写和讲述叙事者的故事"[3]。其次是对读者开放，"为读者谦逊地、建议性地提供事件、故事或案例，而不是以确定的方式向读者提供证据、概念和结论。它常常把结论留给读者自己去理解或重构，把理解的权力还给读者"[4]。这也决定了叙事研究的结果是个体性、情境性、带有主观价

---

[1]李明汉. 教师校本科研与教育叙事研究[J]. 中国教育学刊，2003，（12）.

[2]同上.

[3]段晓明，陈荟. 走向生活体验——教育研究中的叙事研究法[J]. 教育研究与实验，2004，（4）.

[4]同上.

值取向的知识，而不是普遍性、客观化的知识。"教育叙事研究通常选取的研究样本数量很少。它关注的不是'群'的一般性，而是'个'的独特性，不是从'群'中寻找'共性'，而是分析、解释甚至体验每一'个'存在的现实性、可能性或必然性；它重视叙事者的处境和地位，尤其肯定叙事者的个人生活史和个人生活实践的重要意义。"[1]由此可见，教育叙事研究弱化了找寻普遍规律，追求个别性，倡导教育研究要关注具体现象和具体个人。具体的事例或事件虽不一定具有普遍的推广意义，但它能够让有类似经历的人通过认同而达到推广。另外，叙事研究强调开放式的研究设计，由于没有固定的预设，研究者可以识别一些事先预料不到的现象和影响因素，使研究保持一种开放性。

三、教育叙事研究的步骤

学者们对教育叙事研究的过程有不同的看法，目前主要存在两种观点：一种观点认为，教育叙事研究过程可分为三个阶段[2]。第一阶段为现场工作。主要是进入现场，体验经验；第二阶段为生成现场文本。由研究者与参与者共同完成相关主题的叙事信息的记录和收集；第三阶段将现场文本转换为研究文本。首先要确保转换前后研究主题和思路的统一性，其次要恰当地处理研究者的主观立场和写作风格，既要反映现场经验，又要便于与读者对话。另一种观点认为整个过程包括六个阶段[3]，即确定研究问题、选择研究对象、进入研究现场、进行观察访谈、整理分析资料和撰写研究报告。

虽然学者们对研究过程有不同的看法，研究步骤也需要展现一种反复探索的过程，不见得完全遵循固定的顺序，但教育叙事研究仍然有章可循。对于一线教师来说，教育叙事研究主要围绕五个步骤展开（如图

[1]王枬. 教育叙事研究的兴起、推广及争辩[J]. 教育研究，2006，（10）.
[2]Clandinin, D. Jean; Connelly, F. Michael. Narrative and Story in Practice and Research[J]. Eric, 1989. （ED30968）.
[3]王枬. 关于教师的叙事研究[J]. 全球教育展望，2003，（4）.

7-1所示），即确定研究问题、选择研究对象、收集资料、整理分析资料、创作叙事文本。这些步骤虽然可以区分开，并有先后顺序，但在进行实际研究时，各步骤之间却可能还有回路的循环关系，并非总按直线向前推进。研究的过程包括很多重要的方面，需要我们进行认真细致的思考和安排。同时它又是不断变化的，需要我们保持开放的心态和灵活的思维方式。

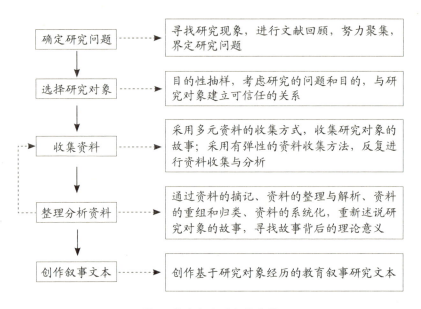

图7-1 教育叙事研究的步骤

（一）确定研究问题

在开始进行教育叙事研究时，研究者必须确定什么是要探讨的研究问题。尽管教育叙事研究感兴趣的现象是"故事"，但故事本身必须包含某一需要关注和探究的问题。研究者必须靠清楚的方向与清晰的焦点加以依循，才能系统地搜集资料，回答问题。否则，只可能搜集到一堆无关紧要的资料。因此，聚焦一个值得探究的教育问题是教育叙事研究的出发点。

案例7-1 我的经历[1]

1999年，哈勃尔的论文《作为希望之家的故事：专业知识视野下的自我超越》就是用教育叙事研究的方式完成的。该文聚焦的故事内隐了一个值得探究的问题——哈勃尔和实习教师肖恩在课堂教学过程中遇到难以应对儿童不同需要的问题，包括儿童排斥同伴、彼此语言伤害、坚持用愤怒和攻击去解决问题等。探究诸如此类的问题时，研究者试图认知与理解：（1）单一个体在教育情境中的个人性或社会性经历；（2）几个个体在教育情境中的个人性或社会性经历。

什么是值得探究的教育问题呢？值得探究的问题势必是有一定意义的，它应具有两重含义，"一是研究者对该问题确实不了解，希望通过此项研究对其进行认真的探讨；二是该问题所涉及的地点、时间、人物和事件在现实生活中确实存在，对被研究者来说具有实际意义，是他们真正关心的问题"[2]。

如何发现值得探究的教育问题呢？这就要求研究者必须有问题意识。"在一切研究的阶段，一个重要的方面就是必须时刻留心人们有创见的问题并密切关注生活体验。这些生活体验使我们有可能首先提出'它是什么样子'这样的问题。"[3]对于一线教师来说，教育叙事研究要围绕自己实际工作中存在的问题展开，自己的教学疑难、同事们的教学困惑、课堂教学中的意外发现等都是问题的来源。因此，首先应从日常教育现象中发现问题。研究者必须深入地思考这些问题：我的研究兴趣是什么？为什么会对此感兴趣？前人都进行了哪些研究？（需要进行文献回顾）我又期望能发现些什么？只有弄清了这些问题，才能投入到研究的现象中。其次是聚焦问题。研究者确定要研究的现象以后，就要从一个比较宽泛的视野逐步缩小关注的范围，不断聚焦，最后集中到一

[1]张希希. 教育叙事研究是什么[J]. 教育研究，2006，（2）.

[2]陈向明. 质的研究方法与社会科学研究[M]. 北京：教育科学出版社，2000: 78.

[3]马克思·范梅南. 生活体验研究——人文科学视野中的教育学[M]. 宋广文，等，译. 北京：教育科学出版社，2003: 54.

个或几个问题上。

> **案例7-2 我的研究**[1]
>
> 在《一堂物理公开课的教育叙事研究》中，该研究的问题来源：一是社会对公开课存在种种质疑。"公开课成了表演作秀的舞台，专设的备课组对参赛教师的每一个细节都细细雕琢，进行全方位的精心打造。""如此花哨的包装，虽是教师精品之作，但学生有如走马观花，惊叹之余望尘莫及，能吸收的养分微乎其微。""将'公开课'彻底埋葬。"二是研究者也有困惑。"对几十节获得好评的物理公开课进行录像分析，发现经过精雕细琢，凝聚了执教教师和同行心血的物理公开课具有丰富的文化内涵，可以弥补物理教材在文化上的种种缺陷，学生也能从中吸收不少养分。"然而"曾目睹有做假嫌疑的物理公开课"，"对于物理公开课，即使本身非常优秀，都会心存疑虑。"最终研究者聚焦了几个问题：物理公开课是否一定严重脱离教学生活？文化内涵丰富的物理公开课付出的代价是什么？学生是否成为道具或受害者？研究者试图探讨文化意蕴浓郁的物理公开课的生成机制，探索文化内涵丰富的物理公开课回归课堂生活的可能性与可行性。

虽然如此，并不表示进行教育叙事研究时，问题从头到尾都是固定不变的。事实上，教育叙事研究充满了弹性，随着研究的不断深入，也需要研究者随机应变，及时调整研究问题。

（二）选择研究对象

"研究对象不仅包括人，即被研究者，而且包括被研究的时间、地点、事件等。因此，在研究开始之前，我们就应该问自己：'我希望到什么地方、在什么时间、向什么人收集这方面的资料？我为什么要选择

---

[1]张恩德，程朝霞. 一堂物理公开课的教育叙事研究[J]. 上海教育科研，2009，（9）.

这个地方、这个时间和这些人？这些对象可以为我提供什么信息？这些信息可以如何回答我的研究问题？'"[1]教育叙事研究一般都采用"目的性抽样"，即按照研究的目的抽取能为研究问题提供最大信息量的研究对象，这也是质的研究最常用的抽样方法。同时抽样的过程还应考虑到研究的问题、目的、范围、时间、地点、经费等相关因素。

案例7-3 确定研究对象[2]

如果研究的问题是"村小代课音乐女教师培训需求"，重点要了解那些没有接受过正规师范教育、工作以后从来没有接受过培训、目前在乡村小学代课的女教师的职业发展需求。那么，我们除了挑选在村小代课音乐的女教师以外，可能还需要考虑其他一些抽样标准，如受教育程度和类型、年龄、工作年限。

值得注意的是，在确定研究对象后，应与研究对象进行充分的交流，把自己的研究问题、目的、思路和方法，以及对他们的期望等信息详细地告知他们。只有事先征得研究对象的同意和配合，建立一种轻松的、相互信任的关系，才能获取充分的信息资料。同时，研究对象在积极参与研究的过程中也能有所收益。

（三）收集研究资料

克莱丁宁和康纳利认为可以通过以下途径收集资料：请研究参与者用日记的方式记录其故事；观察研究参与者，记录田野笔记；收集研究参与者写给他人的信件；从其家人处收集研究参与者的故事；收集研究参与者的备忘录和业务函件；收集照片、纪念品和其他个人、家庭或社会物品；记录研究参与者的生活经历。[3]可见，教育叙事研究通常采用

---

[1]陈向明. 教师如何做质的研究[M]. 北京：教育科学出版社，2001：41.
[2]陈向明. 教师如何做质的研究[M]. 北京：教育科学出版社，2001：42.
[3]Clandinin, D. Jean; Connelly, F. Michael. Narrative and Story in Practice and Research[J]. Eric, 1989. （ED30968）.

多元方法收集资料，资料来源广泛时，还可以互相印证，较少有一己之偏，有较高的可靠性。最常见的收集资料的方法有访谈、观察和实物收集。

1. 访谈

访谈可细分为开放性访谈与半开放性访谈。开放性访谈通常没有固定的访谈问题，受访者可以畅所欲言。例如，课外时间对一些老师、学生和家长就一些问题进行随意地交谈。"这类访谈目的是了解受访者自己认为重要的问题、他们看待问题的角度以及对问题所做的解释。"[1]在半开放性访谈中，研究者会准备一份访谈提纲，根据访谈提纲的内容展开谈话，获取自己想要的信息。

2. 观察

观察是叙事研究者最常用的收集资料法，一般分为参与观察与非参与观察两种。在参与观察中，研究者会置身于被观察者的活动场所中，可能与被观察者进行互动。例如，研究者融入研究对象的生活世界，一起学习、交流对某个问题的看法等等。在非参与观察中，观察者是一位旁观者，通常以不介入的方式进行观察。例如，采用非参与性观察的方式进行课堂观察。初步观察前，依据研究问题制定课堂观察指南。实地观察时，研究者一般都坐在不起眼的地方，以免打扰常态课堂。

3. 实物收集

"实物"包括所有与研究问题有关的文字、图片、音像、物品等。这些资料可以是历史文献（如传记、史记），也可以是现实的记录（如信件、作息时间表、学生作业）；可以是文字资料（如文件、教科书、学生成绩单、课表、日记），也可以是影像资料（如照片、录像、电影、广告）；可以是平面的资料（如书面材料），也可以是立体作品（如教具、陶器、植物、路标）[2]。此外，也可以在被研究者同意的情

---

[1]陈向明. 教师如何做质的研究[M]. 北京：教育科学出版社，2001：69.
[2]陈向明. 教师如何做质的研究[M]. 北京：教育科学出版社，2001：149.

况下，浏览其个人博客，阅读私人信件或日记。

由于这三种方法各有优缺点（如表7-1所示），所以同时采用各种方法是相当重要的，可以取长补短，产生综合效果。

表7-1 三种收集资料方法的优缺点比较

研究方法	优　点	缺　点
访谈	目的清晰 有针对性 能呼应研究主题 可以获得有深度的解释	重要文件不容易取得 不完整时会有偏颇 可能反映原作者的某些偏见 被访谈者的回忆有偏误或故意迎合访谈者
观察	可以看到直接、即时的事件 能查看事件发生的情境 对人际行为与动机有深刻的了解	费时费力 选择的情境可能有偏颇 介入的影响
实物收集	可以重复检视 不介入活动 明确的资料与清楚的细节 范围广泛	问题不佳时会产生偏误 使用权会受到限制

另外，现场笔记（field note）也扮演了相当关键的角色。现场笔记记录了研究时发生的种种事项，让研究者可以据此进行深刻的反思。研究者需要思考的是：什么是令人印象深刻的事件？事件为什么会发生？从这些事件中，研究者能学到什么？此事件与其他经历过的事件有何不同？有何独特之处？通过这些思考，能开阔自己的视野，随时调整资料收集的广度与深度。事实上，在教育叙事研究中，资料收集与分析常常是重叠在一起，而非彼此孤立的。在此过程当中，研究者需要保持敏锐的理论触角。必要时，也可以增加新的问题、采取新的收集方法，处理逐渐浮现的问题。

（四）整理分析资料

资料的分析是教育叙事研究的核心，也是最难说清楚的部分。如何从厚厚的资料中，抽丝剥茧，获得有创意的结论，的确不是一件简单的事。简单说，教育叙事研究的资料整理分析包括以下的步骤（如图7-2所示）：

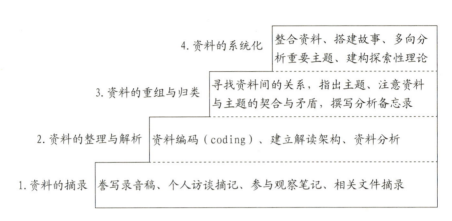

图7-2 教育叙事研究资料整理分析的步骤

1. 资料的摘录

主要指访谈、观察笔记等资料的誊写与摘记。研究者应在每次访谈之后，马上把访谈录音逐字逐句地整理成文字稿。对于观察到的资料，除了有现场发生的事情的记录，还包括随后发生事件的记录，包括当时的体验、感受、理解等。对于收集来的文本材料，也应先浏览，再做相应的标记，以便以后做详细的分析。

2. 资料的整理与解析

在整理资料之前，要先为每一份资料进行编号，然后在此基础上建立一个编号系统。"编号系统通常包括如下几个方面的信息：资料的类型（如访谈、观察、实物）；资料提供者的姓名、性别、职业等相关信息；收集资料的时间、地点、情境；研究者的姓名、性别和职业等相关信息；资料的排列序号（如对××的第一次访谈）。"[1]

---

[1]陈向明. 教师如何做质的研究[M]. 北京：教育科学出版社，2001：162.

案例7-4 资料的编码

资料的类型（访谈资料为"I"，课堂观察资料为"O"，博客文章为"B"，其他资料为"×"）；资料提供者的信息（姓氏首字母表示，如王老师用"W"代替）、收集资料的时间（用年月日数字表示，如090518，即09年5月18日）、收集资料的地点（教室为"C"，办公室为"R"，其他为"X"）等。文本资料的编码方式可以根据来源的途径区分。具体由"资料的提供者+资料获取时间+资料获取的地点+资料类型"表示。例如"W-090518-C-O"即表示09年5月18日王老师教室内的课堂观察资料。

研究者还应对资料进行整体解读架构。通过系统、认真地通读资料，一方面"寻找资料中的叙事结构，如引子、时间、地点、事件、冲突、高潮、问题的解决、结尾等"，加以编码。另一方面要仔细阅读每一段落，将其分解成一些小单位，可以用关键的词语作为码号，也可以用自己的语言简述之。这样一来，研究者对资料就会有一个比较直观、明了地把握。

3. 资料的重组与归类

对资料进行整体解读架构以后，一方面参照叙事结构，按编码重组资料，接着"我们可以对隐含的各类关系进行探讨。如什么是主要事件？什么是次要事件？他们彼此之间的联系是什么？这些事件是如何系统地组织起来的？"[1]另一方面，将段落中分析出的小单位，依内容与性质的相近程度加以整理，形成自然类别。仔细思考类别与类别之间的可能关系，把表示相同主题的内容联系到一起，依可能的逻辑关系排列出来。同时，还应审视材料与主题的契合与矛盾，对不合逻辑的地方应予以修正。

---

[1]陈向明. 教师如何做质的研究[M]. 北京：教育科学出版社，2001：178.

4．资料的系统化

对重组和归类后的资料，一方面以一定的内在逻辑线索组织资料、搭建故事，用一个完整的叙事结构呈现出来。"整体的各个部分之间应该具有内在的联系，可以是时间、空间上的联系，也可以是意义、结构上的关联。"简单说，就是每个故事都表达相应的教育主题，故事间又存在一定的内在联系。另一方面，进一步挖掘故事背后的理论意义，对主题间的关系进行多方面、多角度的分析。在一个更高的层次上将其系统整合起来，并探索性地建构理论。

案例7-5 组织的复原能力

Weik（1993）为了组织感知崩溃的文章，给读者描述了一个惊人的故事和他富有洞见的分析。1949年8月5日，13位年轻的救火队员在美国蒙大拿州的曼恩峡谷（Mann Gulch）地区为扑灭森林烈火而殉职。Norman Maclean对这次事故进行了系统的研究，于1992年出版了《烈火中的年轻人》（*Young Men and Fire*）一书，详细地记录了事件发生的全过程。Weik将这个事件与组织应对突发的危机或灾难联系起来。指出救火队员们面对没有预料到的火势时，失去了他们原本的组织结构，这使得他们面对危机时更加焦虑和恐慌。尽管有一位经验丰富的救火队员提出了有效的逃生方法，但那13人已经失去了判断力，朝另外的方向逃走，最终被烧死。Weik提出组织的复原能力来自四个方面：成员即兴的创造性或者处理问题的技能，即便组织系统崩溃但组织成员内心仍然存在一个虚拟的角色系统，意识到自己并不真正了解某些现象从而保持开放性的学习态度，能够彼此理解和互动。[1]

（五）创作教育叙事文本

教育叙事文本的创作迄今仍是个见仁见智的问题，尚未形成统一的

---

[1]陈晓萍，许淑英，樊景立. 组织与管理研究的实证方法[M]. 北京：北京大学出版社，2008，（6）：75-76.

标准格式。这是因为，"叙事研究关注的是教育实践经验的复杂性、丰富性与多样性，同时在研究者和读者之间开放教育理论的思考空间，引申出教育理论视域的复杂性、丰富性与多样性。"[1]可见，教育叙事研究的开放性也决定了教育叙事文本创作风格的多样性。然而，对于一线教师来说，这种文本创作的多样性往往没有起到指导作用。因此，从学术角度出发，教师们还应掌握教育叙事文本创作的基本规范，在此基础上发挥特长，创作高质量、具有独特风格的叙事文本。（详见第八章叙事文本的创作，这里不再赘述。）

---

[1]丁刚. 教育经验的理论方式[J]. 教育研究，2003，（2）.

第八章 研究文本创作方法

　　研究就是写作，写作是研究的基本内容。教师做科研，需要"做"，也需要"写"，简称"做写"。对教师而言，创作研究文本一方面是梳理研究过程，形成个人教育观点，乃至梳理、开阔自我学识的最佳途径。教师通过创作研究文本，将自己的教育行动和思考得以与他人进行有效的交流，从而推动某一教育问题的解决。同时，也便于接受公众的评价，推动教师本人对这一研究问题的持续探索。教育研究文本创作离不开两大活动，即研究资料的整理、分析和研究文本的撰写。

一、研究资料的整理和分析

　　教师做科研，无论是调查研究、变革研究，还是叙事研究，一项重要的工作就是收集资料。相应地，对收集的资料进行整理和分析随即成为伴随整个科研过程的重要任务。具体包括问卷调查后数据资料的整理和分析、常用的文本与实物资料的整理和分析。此外，文献资料作为重要的分析工具贯穿文本创作的整个历程，其整理和分析也需要给予充分重视。

（一）数据资料的整理和分析

　　问卷回收之后，要及时对问卷进行整理，剔除无效问卷，对有效问卷进行编码。之后，就可以在电脑上输入数据，进行统计分析了。统计分析软件种类繁多，根据教师做科研的特点、实际需要以及教师的整体水平，SPSS比较合适。下面就以"综合实践活动课程实施"的调查数据为例，介绍如何运用SPSS做数据分析，呈现几种常用的统计分析方法。

感兴趣的老师，可以进一步查找SPSS方面的相关书籍，深入学习。

1.SPSS概述

SPSS（Statistical Package for Social Science）意即"社会科学统计软件包"，是世界上最为流行的统计软件之一。近些年来，在我国的经济、管理、心理、医疗卫生、教育等领域，越来越多的科研工作者采用SPSS处理科研数据。本书仅以SPSS 15.0 for Windows为例，介绍SPSS的一些基本操作。

（1）SPSS的启动与退出。启动的程序如下，开机启动Windows系统后，双击SPSS图标，电脑屏幕上会出现一个显示版本的提示。几秒钟之后，此提示会自动消失，然后出现一个SPSS文件选择对话框。默认的选项是Open an existing data source（打开已有数据资料），您可以根据自己的需要点击打开目标数据，然后点击OK按钮，即可打开数据。如果需要导入新数据，则可以点击Cancel按钮，通过窗口菜单中的File菜单导入数据，或者直接输入数据。SPSS退出比较简单，单击SPSS窗口右上方的关闭按钮即可，或者选择File菜单中的Exit命令。

（2）SPSS窗口及其概念简介。SPSS for Windows最常用的窗口有两个，即数据编辑窗口和输出窗口。启动SPSS，选择合适的数据之后，即进入数据编辑窗口，编辑窗口有两种显示方式，一种是数据视图（见图8-1），一种是变量视图（见图8-2）。

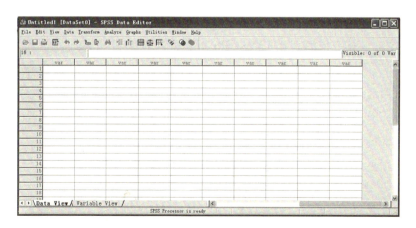

图8-1 数据编辑窗口之数据视图

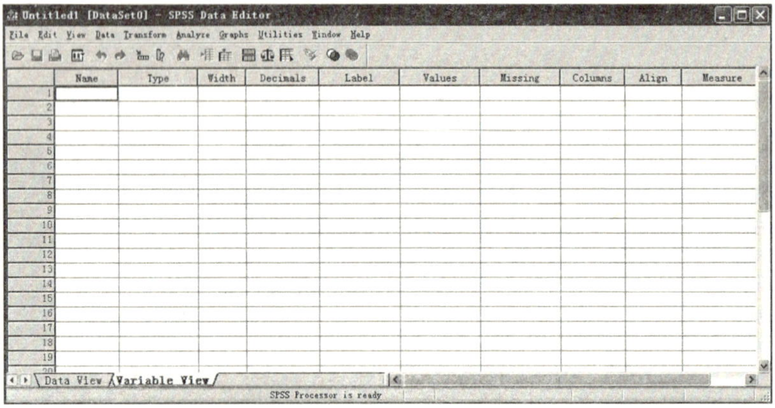

图8-2 数据编辑窗口之变量视图

图8-1最上方的"Untitled1 [Dataset0]-SPSS Data Editor"表示数据文件名，这是一个未命名的文件。在要关闭窗口时，会自动出现一个对话框，可以给它命名，存放在适当的位置上，也可以在File菜单中选择Save as，给它命名，并将其存放在适当的位置上。如果选择了一个已经存在的文件，最上方就会显示出相应的文件名，如："TBLT. sav [Dataset1]-SPSS Data Editor"，并随即显示一个输出窗口，分析结果都会显示在输出窗口中，研究者可以根据需要对输出结果进行编辑将自动命名为"Output 1"，可以在保存时重新命名这个输出结果，将其保存在合适的地方。

图8-1第二行的"File……Help"是各种功能菜单，第四行是工具条，第五行是编辑状态栏，最后一行是运行状态栏，倒数第二行中的"Data View"意即"数据视图"，点击后，可以显示图8-1；"Variable View"，意即"变量视图"，点击后，窗口切换为图8-2。

数据编辑窗口的各种功能菜单主要功能如下：

File（文件操作）：新建窗口，文件的打开、保存、另存，读取数据，显示数据文件信息，打印等功能。

Edit（文件编辑）：撤销、恢复、剪切、复制、粘贴、清除、查找、定义系统参数等。

View（窗口外观控制）：状态栏、工具栏、字体设置、表格线的显示或隐藏、变量值的显示切换等。

Data（数据文件建立与编辑）：插入变量、观测量，转置，对数据文件拆分、合并、汇总，对观测量定位、排列，选择观测量，对观测量加权等。

Transform（数据转换）：计算新变量、计数、重编码等。

Analyze（统计分析）：描述、自定义表格、均值比较、一般线性模型（方差分析）相关、回归、缺失值分析等。

Graph（统计图表的建立与编辑）：统计图概览、统计地图以及概览中所列的各种统计图的建立与编辑。

Utilities（实用程序）：变量列表、文件信息、菜单编辑器等。

Window（窗口控制）：激活窗口、窗口最小化等。

Help（帮助）：主题、教材、案例学习、SPSS主页、统计学指导、语句指南、关于本软件协议等。

2.问卷整理与数据录入

（1）问卷整理。问卷收集回来之后，应该及时对问卷进行整理。首先，要认真填写问卷的发放与回收情况一览表。其次，要逐份清查问卷，剔除无效问卷。以下情况一般可视作无效问卷：没有做答或回答很不完整的问卷，调查对象在整份问卷中的选项都一样，调查对象的回答呈现出规律性的变化，根据反向题或测谎题判断，调查对象的回答不真实或自相矛盾等等。此外，要对问卷进行编码，在问卷卷首的醒目位置（如左上角）写上问卷的编码。如果问卷份数在100以内，则从01开始编码，编码为01～99；如果在100和1000之间，则编码为001～999，以此类推。

（2）数据录入。数据录入是后续统计分析的基础。数据录入的方法有很多种，可以直接在SPSS窗口录入，也可以通过EXCEL表格导入SPSS窗口。如果样本量比较大，常用的做法是先在记事本中录入数据，然后导入SPSS窗口进行统计分析。具体的录入和导入操作程序如下：

首先，在所有程序中打开记事本菜单。

打开记事本菜单之后，会出现一个记事本的数据录入窗口，研究者可以直接在窗口录入数据了。

数据录入之后，要及时保存数据，每录入一部分数据，都点击"文件"之下的保存按钮，数据便会保存在当前位置。数据录完之后，可点击"文件"之下的"另存为"按钮（见图8-3左图），便会出现一个对话框（见图8-3右图），研究者可以对记事本文本进行命名（如本例中的"教学交往行为意向原始数据"），选择适当的位置保存数据（如本例中的D盘）。

图8-3 数据保存对话框

利用SPSS对数据进行统计分析时，可以在相应位置找到记事本文本数据，导入到SPSS窗口。具体操作程序如下：

首先启动SPSS，点击Cancel，即出现图8-1所示窗口，点击File菜单中Open之下的Data。打开Data之后，随即出现一个数据导入的对话框（见图8-4左图），选择记事本文本所在的位置（如本例中的D盘），如在"文本类型"中选择Text（*.txt），窗口就会出现事先保存的相应的记事本文本（如本例中的"教学交往行为意向原始数据"），选择打开该文本（见图8-4右图）。

图8-4 数据导入主对话框

　　点击打开，会弹出一个对话框，点击"下一步"，出现一个对话框，在"How are your variables arranged？"之下有两个选择项，SPSS默认的是第一个Delimited，点击第二个Fixed width之前的圆圈，即选中了Fixed width。接着点击"下一步"，会弹出一个对话框，如果不改变SPSS默认的选项，接着点击"下一步"。

　　在对话框中出现了一些向上的箭头，前面三位数字是问卷的编号，不隔开，其他每一位数字代表调查对象对每一个题目的选项，所以每一个数字都用一个箭头隔开，分别作为独立的观测点（见图8-5）。

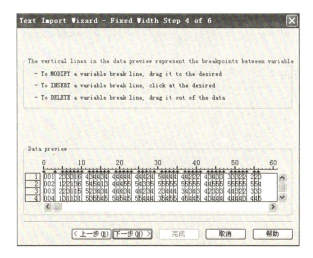

图8-5 数据导入对话框

点击"下一步"，会出现一个对话框，接着点击"下一步"，数据导入完成。此时，SPSS默认的变量名为V1、V2等等。研究者可以重新对变量进行命名，因为SPSS是英文版本，所以命名最好用英文。如果用中文，可能会产生一些乱码。也可以根据研究需要对变量进行一些相应设定，之后就可以对数据进行统计分析了。

3.问卷的信度分析

信度（reliability）即是测量的可靠性，是指测量结果的一致性或稳定性。如我们要测量"综合实践活动课程实施"的现状，测验分数的信度与该问卷内部各题项间是否互相符合，不同的测验时间所测得的分数是否前后一致。信度不是全有或全无，而是一个程度概念，信度系数介于0与+1之间，数值越大，信度就越高。一般来讲，一份好的问卷，其各维度和整份问卷的信度系数要达到0.7以上才算比较理想，0.6以上也可以接受。信度分为内部一致性信度、再测信度、折半信度和复本信度，用得多的是内部一致性系数中的克隆巴赫α系数（Cronbach's α）。下面以"综合实践活动课程实施"调查所得的数据，展示如何运用SPSS分析问卷的克隆巴赫α信度系数。

首先，打开SPSS界面，引入数据。再点击Analyze出现下拉框，点击Scale，出现一个信度分析的菜单图（见图8-6）。

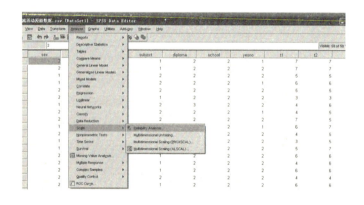

图8-6 问卷信度分析的菜单图

点击Reliability Analysis，出现信度分析的主对话框（见图8-7）。

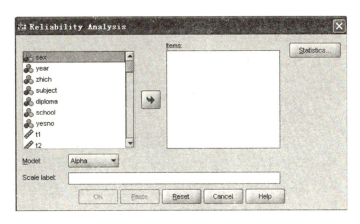

图8-7 问卷信度分析的主对话框

选中所有的题项（t1～t44）分析整份问卷的信度系数（见图8-8左图），然后点击中间的箭头，所有这44个题项就进入右边的对话栏中（见图8-8右图）。

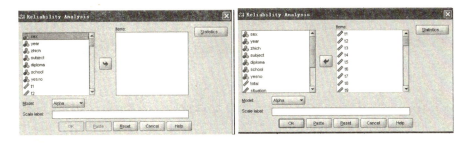

图8-8 问卷信度分析的对话框

Model中显示的是默认的克隆巴赫 α 系数（Alpha），因此只需要点击OK按钮，便可以得到整份问卷的信度系数（见图8-9）。

Reliability

Scale: ALL

Case Processing Summary

		N	%
Cases	Valid	319	100.0
	Excluded	0	.0
	Total	319	100.0

a. Listwise deletion based on all variables in the procedure.

Reliability Statistics

Cronbach's Alpha	N of Items
.971	44

图8-9 问卷信度分析的输出统计量

我们可以看出，共有319份问卷，全部有效。整份问卷包括44个题项，整份问卷的信度系数为0.971。如果只分析某一维度的信度系数，则只需要选中组成该维度的所有题项，点击中间的箭头，然后该维度的题项全部进入右边的对话栏中。其他的操作与分析整份问卷信度系数的操作步骤相同。

4.常用统计方法

在教育研究中最常用方法主要有描述性统计、均值比较、相关分析、回归分析、方差分析等。下面逐一对这些方法进行简要介绍。

（1）描述性统计。描述性统计是指为了显现收集到数据的分布特点而对其进行整理和概括的统计方法。在SPSS的Analyze菜单中，Descriptive Statistics包括一系列描述性分析过程。描述性统计是用数字和图表既反映样本数据的分布及其特征，也反映了总体分布及其特征。描述性数据是在数据整理的基础上进行的。最基本的数据分析首先就要求对数据进行汇总整理，先统计分组，然后形成次数分布数列，再以次数分布表的形式表现出来，用各种图形，如直方图（Histogram）、

棒（条形）图（Bar）、饼图（Pie）、茎叶图（Stem-and-Leaf）等直观
地显示数据的分布状态。[1]其中，最常用的是频数分布分析和描述性统
计。下面就以"综合实践活动课程实施"的调查数据为例，具体说明如
何用SPSS做频数分布分析和描述性统计。

　　①频数分布分析。打开Analyze中的Descriptive Statistics下的
Frequencies。打开Frequencies的对话框之后，把自己想要分析的一个
或多个变量（如本例中sex-性别）点击选中，单击中间的箭头，将其放
入Variable（s）之中（见图8-10）。

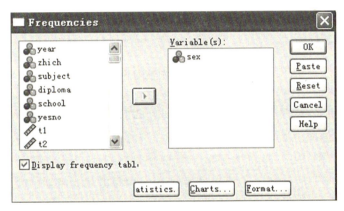

图8-10 频数分析主对话框

　　SPSS默认Display Frequencies table，会显示频数分布表。此外，
在主对话框最下面有三个按钮，第一个是Statistics，打开此按钮会出
现选择输出统计量的对话框，本例中不做选择，中间的按钮为Charts，
打开此按钮会出现图形参数选择的对话框，系统默认为None（没有），
本例中选择Bar Charts，第三个是Format，打开此按钮会出现频数分布
表格式对话框，本例中不另做选择，采用系统默认的选项。

　　三个分别选择完之后，各自点击对话框右上方的Continue按钮，界
面将返回到图8-10的频数分布分析主对话框。点击OK按钮，结果将会在
输出窗口一一呈现（图8-11）。

[1]高祥宝，董寒青. 数据分析与SPSS应用[M]. 北京：清华大学出版社，2007：70.

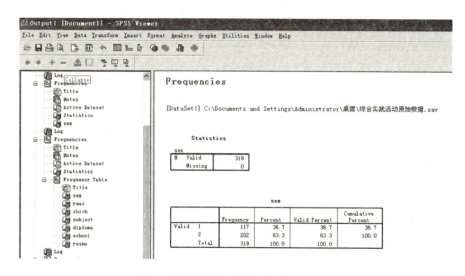

图8-11 性别频数分布分析的输出统计量

　　这是一个最基本的统计表，显示总共有319名调查对象，有效319份，无效为0。其次为性别的频数分布分析统计表，分别显示了男性（1）和女性（2）各自的频数、百分比、有效百分比和累计百分比。可以看出男性为117人，占总人数的36.7%，女性202人，占总人数的63.3%。接下来是性别频数分布分析的一个条形图（见图8-12），条形图最为突出的特点是直观，可以非常直观地看出男女教师各自所占的比重。

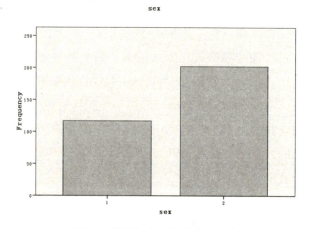

图8-12 性别频数分析的条形分布

②描述性统计。描述性统计反映调查总人数，问卷各维度得分的最大值、最小值、均值和标准差等一些基本信息。首先，打开Analyze中的Descriptive Statistics下的Descriptives。打开Descriptives会出现一个对话框（见图8-13），可以把自己想要分析的变量选中，点击中间的箭头，把它们放进右边的Variable（s）一栏中，本例中选中的有total（总分）、situation（实施现状）、nature（自身特性）、reward（回报）、in（校内支持）、out（校外支持）、concern（关心事项）这7个变量，点击OK按钮，结果会在结果输出窗口自动显示出来（见表8-1），显示出每个变量的样本数、最小值、最大值、平均值和标准差。

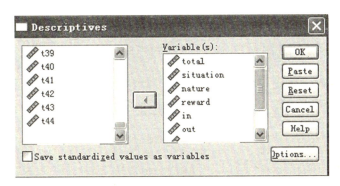

图8-13 描述性统计主对话框

表8-1 描述性统计

	N	Minimum	Maximum	Mean	Std. Deviation
total	319	46.00	308.00	210.7147	42.46253
situation	319	1.00	7.00	4.6686	1.19150
nature	319	1.00	7.00	4.8943	.98674
reward	319	1.00	7.00	5.4769	.99858
in	319	1.00	7.00	4.6444	1.13677
out	319	1.00	7.00	4.3641	1.24831
concern	319	1.25	7.00	4.6125	1.13307
Valid N (listwise)	319				

　　表格的第一栏是各变量名称，第二栏是样本量，第三栏和第四栏分别是得分的最小值和最大值，第五栏是平均值，第六栏是标准差。如在"校内支持"维度，做答的调查总人数为319人，最低值为1，最高值为7，平均值为4.6444，标准差为1.13677。均值或平均值是算术平均值（Mean）的简称，用字母M表示，它使用最普遍的一种最佳集中量数。每个数据都参与平均值的计算，因此它能体现出所有数据中任何一个数据的变化，不但计算简单，结果精确，简明易懂，而且能进行下一步的代数运算，较少受抽样的影响。但是算术平均数也有其自身的缺陷，它易于受极端值影响。此外，如果存在迷糊不清的数据，也会影响算术平均值的计算，因为它要求所有的数据都参与计算。[1]总之，在没有极端值会影响缺失值的情况下，使用算术平均数是一个很好的选择。标准差（Standstard Deviation）是一个差异量数，它反应灵敏，结果精确，适合做代数运算，受抽样变动的影响较小，是一组表示数据离散程度最好的指标。但是和算术平均数一样，标准差容易受到极端值和模糊数据的影响。

　　（2）均值比较。统计分析通常采用抽样研究，从总体中随即抽取一定的样本，以此反映总体的情况。但是，由于总体中的个体存在差异，抽样也会抽到一些数值较大或较小的个体，使统计量与样本参数存在差异。因此，均值不相同的两个样本不一定来自均值不相同的两个总体。那么，均值不相同的两个样本是否来自均值相同的总体？差异是否具有统计学意义？这就要进行均值比较。[2]SPSS for Windows中有三种均值比较过程和对均值检验的途径。

　　① Means过程。打开Compare means中的Means。点击Means之后，会出现图8-14左图的对话框，把想要进行均值比较的变量放入Dependent中，如本例中的total（总分），再把分类变量放入Independent中，如本例中的sex（性别）。如果想进行多重比较，可以点击Next，然后把另一个分类变量放入Independent中，如本例中的diploma（学历），以此

---

[1]孙亚玲. 教育科学研究方法[M]. 北京：科学出版社，2009：170.

[2]卢纹岱. SPSS for Windows统计分析（第3版）[M]. 北京：电子工业出版社，2006：162.

类推。然后点击OK按钮，结果会在结果输出窗口显示，列出了各自的均值、人数和标准差（见表8-2）。

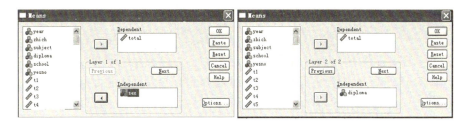

图8-14 均值比较的对话框

表8-2 均值比较表

sex	diploma	Mean	N	Std. Deviation
男	专科	277.0000	1	.
	本科	205.4904	104	43.94900
	研究生	184.1667	12	39.96097
	Total	203.9145	117	44.21647
女	专科	172.7500	4	10.11187
	本科	215.4167	180	40.92941
	研究生	216.3333	18	42.48875
	Total	214.6535	202	41.00963
Total	专科	193.6000	5	47.43733
	本科	211.7817	284	42.25551
	研究生	203.4667	30	43.82782
	Total	210.7147	319	42.46253

② t检验。得到男女在总分方面的均值和标准差之后，就要对其进行进一步的t检验，看看男女得分的均值是否真的存在显著性差异，即这些差异是否具有统计学意义。按不同的比较方式，t检验有三种不同的过程。

A. 单一样本t检验（One-Sample T Test）。检验单个变量的均值是

否与给定的常数之间存在差异。检验样本的均数与总体的均数之间差异
是否达到显著性，就属于单一样本t检验。例如某种盒装饼干的标准重量
是350克，任意从生产线上抽取200盒饼干，研究其平均重量与标准重量
（350克）之间的差异，就属于单一样本t检验。

　　B. 两个独立样本t检验（Independent-Samples T Test）。两个独
立样本t检验用于检验两个不相关的样本是否来自具有相同均值的总体。
仍然以"综合实践活动课程实施"的调查数据为例，说明两个独立样本
t检验的操作过程。首先打开Analyze中Compare Means的Independent
Samples T Test。打开之后，接着出现图8-15左图所示的对话框，把
要比较的总分（total）放入Test中，分组选择性别（Sex），放入
Grouping中，会显示sex（?　?），点击其下方的Define Groups，出现
图8-15中图所示的对话框。在Group的后面分别填上1（男性）和2（女
性），点击Continue，会出现图8-15右图所示的对话框，点击OK按钮，
结果会在输出窗口显示（见表8-3和表8-4）。

图8-15 两个独立样本t检验的对话框

表8-3 分组统计表

	sex	N	Mean	Std. Deviation	Std. Error Mean
total	男	117	203.915	44.2165	4.0878
	女	202	214.654	41.0096	2.8854

　　从表8-3可以看出，男教师共有117人，女教师共有202人，男教师总
分的均值为203.915分，女教师的均值为214.654分，还分别给出了各自
的标准差。从均值看，男教师和女教师总分的均值不相等，但这种差异

是由于抽样造成的，还是真的有差异。换句话说，它们在均值方面的差异是否达到了显著水平，是否具有统计学的意义？这就需要进行两个独立样本t检验。

表8-4 两个独立样本t检验结果

	Levene's Test for Equality of Variances		t-test for Equality of Means						
	F	Sig.	t	df	Sig. (2-tailed)	Mean Difference	Std. Error Difference	95% Confidence Interval of the Difference	
								Lower	Upper
total Equal variances assumed	.002	0964	-2.190	317	.029	-10.73894	4.90407	-20.38757	-1.09030
Equal variances not assumed			-2.146	227.758	.033	-10.73894	5.00359	-20.59818	-.87969

从表8-4的结果看，通过方差齐性检验发现，F=0.002，p=0.964，说明两个独立样本的方差是齐性的，因此t值要依据上面一行的数值，即t值为-2.190，通过双尾检验，p=0.029（<0.05），达到了显著性。说明通过独立样本t检验，可以得出以下结论：男教师和女教师在总分的均值方面存在显著性差异，女教师得分高于男教师。

C. 配对样本t检验（Paired-Samples T Test）。如果两个样本不是独立的，而是同一个样本。例如，检验同一班的英语成绩。在进行任务型教学实验前后分别进行了两次考试，要比较这两次考试的均值是否有差异，就要用配对样本t检验方法。

值得一提的是，如果比较的组数超过了两组，有三组或三组以上，就要用One-Way ANOVA（单因素方差分析），关于One-Way ANOVA更详细的讲解，可参见方差分析。

（3）相关分析。在教育研究中，经常会遇到不同数据变量的关系问题，有些变量之间是存在相关关系的（如本例"综合实践活动的实施现状"和"校内支持"之间就存在一定的相关关系），这就要用到相关分析。相关分析是研究变量间密切程度的一种常用统计方法。当变量符合正态分布时，一般可以采用简单相关分析。简单线性相关分析研究两个变量间线性关系的、程度和方向。相关系数是描述这种强弱关系、程度和方向的统计量，通常用r表示。r的取值在-1至1之间，负值表示负相关，正值表示正相关，r值的绝对值越大，表示相关越大；绝对值越小，表示相关越小。当r=0时，两个变量之间完全不相关。存在相关关系，不一定存在因果关系，因此，解释相关关系时要特别谨慎。

进行相关分析之前，先使用Graphs菜单中的Scatter命令做散点图，确认两个变量之间有相关趋势。可以点击Graphs中Interactive的Scatterplot。点击Scatterplot之后，会出现图8-16所示的一个对话框，把要分析的两个变量分别用鼠标选中不放，分别拉到横轴和纵轴之中。如本例把in（校内支持）放入横轴之中，把situation（实施现状）放入纵轴之中。然后，点击OK按钮，结果输出窗口将会显示相应结果（见图8-17）。

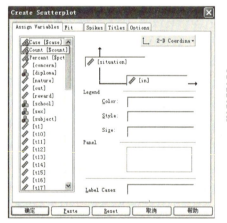

图8-16 相关散点图的主对话框

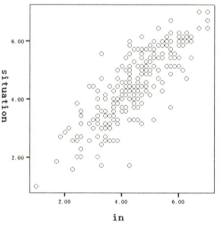

图8-17 situation和in的相关散点图

从图8-17可以看出，各点基本上集中在对角线上，呈左低右高的趋势，说明"综合实践活动课程实施现状"和"校内支持"之间呈明显的正相关。可以进一步做相关分析，计算出具体的相关强度。其具体操作步骤如下：

首先，按Analyze中Correlate的Bivariate。打开Bivariate之后，

即出现一个对话框（见图8-18），把想要分析的situation和in一起选中，点击中间向左的箭头，将其放入Variables中，不用改变其他的默认项，点击OK按钮，结果就会直接显示在结果输出窗口（见表8-5）里。

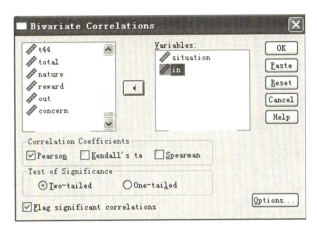

图8-18 相关分析的主对话框

表8-5 相关分析结果

		situation	in
situation	Pearson Correlation	1	.861(**)
	Sig. (2-tailed)		.000
	N	319	319
in	Pearson Correlation	.861(**)	1
	Sig. (2-tailed)	.000	
	N	319	319

**Correlation is significant at the 0.01 level (2-tailed).

从表8-5可以看出，变量situation（实施现状）和变量in（校内支持）之间的相关系数为0.861，其双侧（2-tailed）检验的显著性概率（Sig.）为0.000，小于0.01，因此在0.01的显著性水平下显著相关。说明变量situation（实施现状）和变量in（校内支持）两者之间呈高等程度的正相关。

（4）回归分析。回归分析是一种被教育、心理、社会科学研究领域广泛使用的统计方法。当变量与变量之间有线性关系时，可以在自变量与因变量之间进行线性回归分析，解释或预测自变量对因变量的影响。线性回归分析可分为一元线性回归和多元线性回归。一元线性回归是指一个自变量和一个因变量之间的回归分析；多元线性回归是指多个自变量和一个因变量之间的回归分析。一般多数研究中都会设计两个或两个以上的自变量，并且一元线性回归的操作相对简单。这里，以"综合实践活动课程实施"的调查数据为例，具体讲解多元线性回归的操作步骤。

首先，打开Analyze中Regression的Linear。打开之后，会出现一个对话框，选中因变量situation（实施现状），点击中间向右的箭头，将其放入Dependent之中。再把自变量全部选中，本例中共有五个自变量，分别为nature（综合实践活动课程的自身特性）、reward（回报）、in（校内支持）、out（校外支持）和concern（教师的关心事项），点击中间向左的箭头，将其放入Independent之中。在选择Method时，点击向下的下拉箭头，选择其中最为常用的Stepwise（逐步回归法），见图8-19。

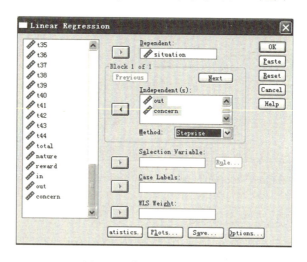

图8-19 线性回归的主对话框

之后点击最下面一行的Statistics，出现一个对话框，系统默认的Estimates和Model fit，不用改变。再自行选中Collinearity diagnostics（共线性诊断）。点Continue按钮，返回图8-19的主对话框，再点击OK按钮，就可以在结果输出窗口查看结果（见表8-6至表8-10）。

表8-6 从模型中引入或剔除的变量

Model	Variables Entered	Variables Removed	Method
1	in	.	Stepwise (Criteria: Probability-of-F-to-enter <= .050, Probability-of-F-to-remove >= .100).
2	out	.	Stepwise (Criteria: Probability-of-F-to-enter <= .050, Probability-of-F-to-remove >= .100).
3	concern	.	Stepwise (Criteria: Probability-of-F-to-enter <= .050, Probability-of-F-to-remove >= .100).

从表8-6可以看出，在五个自变量nature（综合实践活动课程的自身特性）、reward（回报）、in（校内支持）、out（校外支持）和concern（教师的关心事项）中，经过逐步回归，共有三个自变量进入了回归方程，它们分别是in（校内支持）、out（校外支持）和concern（教师的关心事项）。

表8-7 模型概要

Model	R	R Square	Adjusted R Square	Std. Error of the Estimate
1	.861(a)	.740	.740	.60796
2	.883(b)	.781	.779	.55998
3	.887(c)	.787	.785	.55212

a Predictors: (Constant), in
b Predictors: (Constant), in, out
c Predictors: (Constant), in, out, concern

从表8-7可以看出，模型1的复相关系数R1=0.861，模型2的复相关系数R2=0.883，模型3的复相关系数R3=0.887；模型1的拟合优度R12=0.740，模型2的拟合优度R22=0.781，模型3的拟合优度R32=0.787；三个模型调整后的拟合优度分别为0.740、0.779和0.785。可以明显看出，模型3优于模型1和模型2。

表8-8 方差分析

Model		Sum of Squares	df	Mean Square	F	Sig.
1	Regression	334.289	1	334.289	904.426	.000(a)
	Residual	117.168	317	.370		
	Total	451.457	318			
2	Regression	352.367	2	176.183	561.850	.000(b)
	Residual	99.090	316	.314		
	Total	451.457	318			
3	Regression	355.435	3	118.478	388.668	.000(c)
	Residual	96.022	315	.305		
	Total	451.457	318			

a Predictors: （Constant）, in
b Predictors: （Constant）, in, out
c Predictors: （Constant）, in, out, concern
d Dependent Variable: situation

从表8-8的方差分析发现，三个模型均显著（Sig.<0.01），但是模型3的F值为388.688，分别大于模型1的F值904.426和模型2的F值561.850，说明模型3比模型1和模型2有一定改进。

从表8-9可以看出，选择模型3，则有两个变量被排除在回归模型之外，它们分别是nature（综合实践活动课程的自身特性）和reward（回报）。

表8-9 逐步回归过程中不在方程中的变量

Excluded Variables[d]

Model		Beta In	t	Sig.	Partial Correlation	Collinearity Statistics		
						Tolerance	VIF	Minimum Tolerance
1	nature	.126[a]	2.910	.004	.162	.428	2.339	.428
	reward	.030[a]	.883	.378	.050	.687	1.455	.687
	out	.387[a]	7.593	.000	.393	.267	3.742	.267
	concern	.227[a]	5.355	.000	.288	.419	2.389	.419
2	nature	.077[b]	1.890	.060	.106	.416	2.406	.220
	reward	.053[b]	1.660	.098	.093	.681	1.468	.226
	concern	.136[b]	3.173	.002	.176	.368	2.719	.235
3	nature	.037[c]	.864	.388	.049	.366	2.734	.214
	reward	.033[c]	1.017	.310	.057	.649	1.540	.215

a. Predictors in the Model: (Constant), in
b. Predictors in the Model: (Constant), in, out
c. Predictors in the Model: (Constant), in, out, concern
d. Dependent Variable: situation

表8-10 回归计算过程中各方程系数

Coefficients[a]

Model		Unstandardized Coefficients		Standardized Coefficients	t	Sig.	Collinearity Statistics	
		B	Std. Error	Beta			Tolerance	VIF
1	(Constant)	.480	.143		3.345	.001		
	in	.902	.030	.861	30.074	.000	1.000	1.000
2	(Constant)	.480	.132		3.636	.000		
	in	.555	.053	.529	10.380	.000	.267	3.742
	out	.369	.049	.387	7.593	.000	.267	3.742
3	(Constant)	.325	.139		2.340	.020		
	in	.499	.056	.476	8.991	.000	.241	4.154
	out	.313	.051	.328	6.115	.000	.235	4.258
	concern	.143	.045	.136	3.173	.002	.368	2.719

a. Dependent Variable: situation

表8-10显示，三个自变量in（校内支持）、out（校外支持）和concern（关心事项）的偏回归系数分别为0.499、0.313和0.143，t值分别为8.991、6.115和3.173，p值分别为0.000、0.000和0.002，都达到了显著性水平，说明三个进入回归方程的自变量的偏回归系数都有统计学意义。说明综合实践活动的实施受到校内支持、校外支持和关心事项三个自变量的影响，三者的解释力和预测力分别达到了74%、4%和0.7%，其中校内支持的解释力最大，可以解释综合实践活动74%的变异。

在撰写研究报告时，研究者可以从回归分析的结果选择一些最重要的数据，整理成表。教师们可以参考相关论文或著作的格式。在此，根据分析结果，整理出一个表格，仅供参考（见表8-11）。

表8-11 实施现状与其影响因素之间的回归分析结果

预测变量	标准β	t	p	VIF	R^2的变化
校内支持	0.476	8.991	0.000	4.154	0.740
校外支持	0.328	6.115	0.000	4.258	0.040
关心事项	0.136	3.173	0.002	2.718	0.007

R^2=0.787，校正R^2=0.785，F=388.668，P=0.000

（5）方差分析。在教育研究中，通常需要判断三个或三个以上的均值之间是否存在显著性差异。如，本例就要对拥有不同学历（专科、本科和研究生）的教师之间在总分的均值上是否存在显著性差异进行检验，这时候t检验已经不能满足需求，需要用方差分析来解决问题。值得一提的是，就两个总体的均值之间进行比较，也可以用方差分析，方差分析和t检验得出的结论会相同。差异SPSS for Windows提供的方差分析有One-Way ANOVA（单因素方差分析）和General Linear Model（简称GLM）两种。这里仅介绍One-Way ANOVA的操作过程。可以打开Analyze中Compare Means的One-Way ANOVA。

打开之后，会出现单因素方差分析的主对话框，把想要比较均值的一个或多个变量，如本例中的Total（总分），放入Dependent List

中，再把分类变量，如本例中的Diploma（学历），放入Factor中（见图8-20）。

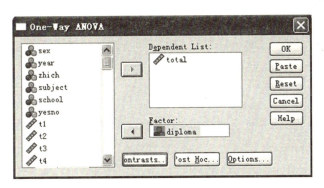

图8-20 单因素方差分析的主对话框

点击OK按钮，结果输出窗口将会显示分析结果（见表8-12）。

表8-12 单因素方差分析的输出结果

	Sum of Squares	df	Mean Square	F	Sig.
Between Groups	3363.909	2	1681.955	.932	.395
Within Groups	570011.13	316	1803.833		
Total	573375.04	318			

从表8-12可以看出，F=0.932，p=0.395>0.05，说明在0.05显著性水平之下，不同学历（专科、本科和研究生）的教师之间在总分的均值差异没有达到显著性水平，差异没有统计学意义。如果p<0.05，说明在0.05显著性水平之下，不同个人特征教师的均值之间存在显著性差异。点击Post Hoc，选择其中一种方法，如本例中的LSD（见图8-21），进行事后比较，能清楚分辨具体差别在哪里。点击Continue，则会回到图8-20的对话框，点击OK按钮，结果会在输出窗口显示。

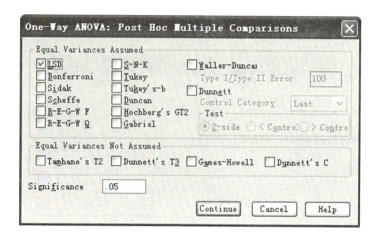

图8-21 单因素方差分析事后检验对话框

SPSS只提供客观的分析结果，需要研究者有一双慧眼，能从结果中发现有价值的信息，调动自己已有的经验和所有的知识积淀，对结果进行认真分析，给出合理解释。可在此基础之上，改进实践，提出合理建议。多方向组织后，就能写成完整的调查报告。

（二）文本资料的整理和分析

文本资料是指研究者通过访谈、观察等手段获得的文字或图表信息。文本资料的整理和分析在研究过程中发挥着举足轻重的作用，是教师做研究必不可少的一项工作。

1. 文本整理和分析的意义

整理和分析资料指对收集的原始资料进行加工，使其逐步趋于系统化和条理化，直到蕴藏的意义完全显现。整理资料是一项异常繁琐、细致、辛劳的工作，对于身处于教学第一线的教师来说，每天面对的都是相似的教学情境、同样的人和相似的事，所以极易产生懈怠心理，认为亲身经历的事件、亲眼看到的情境已经存储在大脑中，不必再予以详细地记录和整理。实践证明，这种认识存在一定的误区，因为人类大脑能够长时间储存的容量极其有限，而且，研究资料的分析和研究报告的撰写都离不开实实在在的文本资料。同时，整理资料不仅可以比较系统地把握已经收集到的资料，而且可以为下一步的资料收集提供聚焦的方向。分析资料是按原始资料的内在逻辑和意义进行拆分，并在新的基础上进行整合，旨在一步步揭示资料的意义，直到建构出本土化的概念和理论。分析资料对教师做科研来说是一项艰巨的工作，因为教师需要投入一定的时间和精力，对资料进行持续化的思考。但只要教师了解并掌握较为专业的分析技术，再加上不断的实践，分析资料就会不那么神秘和捉摸不定了。

2. 资料整理的具体要求

由于文本资料的整理和分析需要耗费较多的精力和时间，所以教师做科研时要循序渐进，注重积累。研究者需要注意以下五个方面的内容：

（1）整理须及时。如前所述，整理资料是一项非常重要的工作，必须尽早开始，越早开始效果越好。例如，正式访谈结束后，教师应尽量在第一时间将访谈录音转换成文字；非正式访谈结束后，教师也要在第一时间将被访谈者的话用完整的语句重新整理；实地观察后，教师也要以最快的速度将实地来不及描述的细节补充完整。只有这样做，才能保证实地研究资料的完整性和可靠性。整理到一定程度后，教师还需定期将其分门别类，即从类别上加以整理。否则，堆积如山的资料会使研究者感到无从下手，让研究失去方向，变成纯粹的资料堆积。

（2）整理须全面。整理资料除了做到及时外，还要做到全面。整理访谈资料时，要将访谈资料一字不漏地记录下来；之后，还必须对遗漏的细节进行补漏，对简化的内容进行扩展；实物资料缺失或者错误的地方，应该及时补充或纠正。之所以要求对所有资料进行整理，是因为质的研究认为所有的事情都是资料。有时，我们在整理资料时认为不重要的内容也可能在分析资料时有非常重要的价值。

（3）整理须客观细致。除了保证资料的完整性之外，整理资料还需体现资料的精确性。这就要求教师整理实地笔记时，做到两点：一是不宜同时进行文字方面的编辑，因为实地笔记的最大价值在于"原始"，越能保持原形，分析时就越能凸显当时的"真实"情形。二是尽量详细地描述实地资料收集时的具体情境。比如访谈中的录音，除了要逐字逐句地整理出来，还要记录被访者的言语行为，包括他们的非言语行为（如叹气、哭、笑、沉默、迟疑等）。整理观察资料时，注意记录事件发生的具体场景以及其他有关细节。已有的研究经验表明，资料整理越细致，越能唤起研究者对研究对象进行深入分析的直觉和敏感性。此外，还要细致地审核资料的合理性和真实性。

（4）整理资料时辅以适当的主观感受。整理资料实际上是研究者与研究资料的第二次相遇，研究者势必会产生种种强烈的感受，尤其在研究者对研究情境的心理投入逐步加深后，看似微不足道的一句话都很容易唤起研究者已有的研究感受。这对兼任研究工具的质的研究者来说，是极其宝贵的研究状态。因此，研究者在确保资料有"原始性"的前提下，可以在资料的旁边适当记录当时的感受和发现，但要与实地资料的整理区别开来。如果研究者能够做到及时捕捉研究灵感，将有助于对原始资料进行初步的思考和分析，不仅会为后续的资料分析工作奠定良好的基础，而且也能减轻资料分析时的压力。此外，经常书写研究感受，还可以锻炼写作表达能力。这对教师做科研是非常有帮助的。

（5）加强资料的管理。质的研究者都有一个共同的感受，随着研究的深入进展，研究资料会像滚雪球似的急剧增加。因此，如何对丰富、庞杂的研究资料进行有序的管理就显得非常必要。陈向明教授对此有一些建议，值得教师借鉴。[1]在具体整理资料之前，可以先为每一份资料编号，然后在这个基础上建立一个编号系统。编号系统通常包括如下几个方面的信息。①资料的类型（如访谈、观察、实物）。②资料提供者的姓名、性别、职业等有关信息。③收集资料的时间、地点和情境。④研究者的姓名、性别、职业等相关信息。⑤资料的排列序号（如对×
×的第一次访谈）。为方便起见，我们可以给每一项赋予一个标号。比

[1]陈向明. 教师如何做质的研究[M]. 北京：教育科学出版社，2001：162.

如，有关被访者的职业，我们可以用JS表示教师，XS表示学生。所有的书面资料都应该标上编号，并且标上页码。资料编好以后，应该复印一份，以便分析时用来剪贴和分类。原件应该保持原封不动，以便今后查找。

综上所述，文本和实物资料的整理应力求及时、全面、细致、有序、有效，便于随时翻阅和查找。下面是深圳大学2006级课程与教学论专业的研究生为其硕士论文《小学优秀教师实践性知识及其形成机制研究》整理的访谈资料[1]片段。

编号：I（访谈）—SY（被访者）—NY（被访者所在学校）—081226（访谈时间）—five（访谈次数）—0（访谈地点）

题记：我和SY老师一起在学校的餐厅吃过午饭后，边走边聊，不知不觉地又走到了孙老师的办公室。待我们刚刚坐定，SY老师就又接着刚才的话题说开了。

SY：像上节课，两个学生的四只脚在桌子下打架，还以为我看不见。其实早就看到了，因为他们不时低头看一下嘛。我就告诉他们："你们可不可以和你们的脚商量商量把它们放到家里，因为你们管不住嘛。"我并没有说"注意，干嘛不认真听课"之类的话。后半节课，他们俩就安安静静的。（说到这里，SY老师露出了欣慰的笑容）孩子大了，要讲究说法。（SY老师若有所思地总结道）

SY：我一般看到什么东西，就想能不能用到教学中来。喜欢胡思乱想吧。记得曾看过一部电视剧，里面有句台词，"老革命就是把年轻人扶上马送一程"。这让我一下子想到Y老师，大家都称她为老革命，但为什么不知道原因。看到这句台词，我一下子就明白了老革命的意思。还有到餐馆吃饭，都讲究吃100送100，这让我一下子想到布置作业也可以这样嘛，把更多的任务转换成奖励，这样孩子做起来不是更开心嘛！什么都要试一试。我不是看完之后，就过去了，而是经常问自己，为什么会这样。就像香港的课堂注重学生"心思"，我们只注重听说读写。香

[1]乔亚利. 小学优秀教师实践性知识及其形成机制研究[D]. 深圳大学，2009.

港人无论做什么事情，都是和风细雨的。

研究者整理这段资料时的感受：s老师善于思考，这也直接影响到他的教学，不仅仅在教学中积极思考，还在教学中特别注重培养学生的思考能力和习惯。因此，她精心设计教学的每一个环节，并力求落到实处。

3. 资料分析的操作步骤

分析是研究者和资料间的交互作用，既是科学也是艺术。[1] "分析资料"指是对所收集的原始资料进行加工，使其逐步趋于系统化和条理化，直到资料中所蕴藏的意义逐步显现。将原始资料按照其内在的逻辑和意义进行拆分，并在新的基础上进行整合，一步步揭示出资料的意义，直到建构出本土化的概念和理论。通常由阅读资料、编码、系统分析资料、资料分析的系统化管理四个步骤组成。

（1）阅读资料。分析资料的第一步是认真阅读资料，熟悉资料的内容，仔细琢磨词语、语句和语段的意义。阅读资料可以根据不同的需要采取不同的方法，比如：整体阅读法、选择阅读法、细节阅读法。整体阅读法是从整体上把握文本；选择阅读法是在阅读文本后，把最能揭示本质的内容圈点、勾画出来；细节阅读法是浏览每一个句子或句群，并对它们描述的现象和经验之间的关联进行追问。此外，每一次阅读都是读者和文本之间一次新的对话，都可能产生新的意义解释，因此阅读资料一定要反复进行。但不管在哪种情境下采用何种方式进行阅读，我们都应该采取一种主动"投降"的态度，即把有关的前设和价值判断暂时悬置起来[2]，认真倾听资料发出的声音，不可随意凭借自己已有的理论认识和经验进行主观臆断。

（2）编码。编码是资料分析中最基本的一项工作，是通过标示资料中有意义的词、短语、句子或段落寻找意义的过程，或者从庞大的资

[1]Anselm Strauss, JulietCorbin. 质性研究入门：扎根理论研究方法[M]. 吴芝仪，廖梅花，译. 台北：涛石文化出版社，2001：19.

[2]陈向明. 教师如何做质的研究[M]. 北京：教育科学出版社，2001：162.

料中指认现象并将现象概念化的过程。在对资料有一定了解的基础上，就需要研究者对原始资料进行逐级编码。之所以逐级编码，是因为编码不是一次性完成的，而要经历几次基于不同目的、不同抽象层次的编码。不管何种目的、何种层次的编码，通常的做法是，用一个能够概括原始资料或者某一现象的概念（即码号）对资料进行浓缩。这个概念尽量使用被研究者自己熟悉的概念（文化主位的概念），也称作"本土概念"，即是被研究者经常使用的、能表达他们自己看世界方式的核心概念。如果某些现象很难用一个本土概念为码号，我们也可以采用研究者自己的概念或学术界普遍接受的概念作为替代（文化客位的概念）。设立码号时，应该考虑到码号和码号之间的关系，以便发现它们所代表的不同现象之间的联系。为使编码过程方便且直观，我们可以将码号直接记录在原始资料复印件的空白处。完成一份资料的编码后，可以将所有码号及其代表的意义抄写到另外一张纸上，与原始资料订在一起，以便今后查找，进行下一步更抽象的编码分析。陈向明教授在"本土概念"提取方法的介绍中曾给出这样一个例子，可以供使用本土概念时参考。

案例8-1 本土概念的捕捉[1]

在一项针对大学生综合能力的调查中，访谈者期望从"理解能力、分析能力、社交能力、动手能力"这些方面来解释大学生的"能力"。访谈时，他问受访的学生："你认为进入大学的学生中，他们的能力主要表现在什么方面？"对方回答说："这类学生可以分成两类：一类是会学的同学，一类是能学的同学。"访谈者立刻意识到"会学"和"能学"这一对概念是受访者本人的"本土概念"，马上又进行追问。

结果，他发现"会学"的同学看起来并不紧张，学习有方法，效率比较高，因此学习能力强，学习成绩也好，而"能学"的同学学习比较刻苦，主要是通过时间加汗水来提高学习能力和成绩的。这位受访者主要是从学生的学习能力方面来理解访谈者的问题，而不是从访

---

[1]陈向明. 教师如何做质的研究[M]. 北京：教育科学出版社，2001：169.（题目由引者拟订）

谈者事先设想的那些方面。由于访谈及时地捕捉住了一对本土概念，他对受访者眼中的"能力"有了更加确切的了解。

（3）系统分析资料。一般而言，系统分析资料常用的思维方式包括归纳分析、系统分析和比较分析。归纳分析指从个别事物或现象中概括出一般性结论，经典的方法当属穆勒五法（即求同法、求异法、共变法、剩余法、求同差异法）。系统分析是将被研究的教育活动及其相关因素看做一个系统，不同层次的活动或因素又成为不同层次的系统。从系统论角度考察各部分的特征、相互关系以及它们与系统整体的关系，能获得可靠的结论。比较分析是将反映两个/多个（事物）情况或同一事物前后变化的不同资料进行比较，了解共同特征、相互差异、变化规律。常用的方法包括对比法、类比法和历史比较法。

对于质的研究，随着研究的逐步深入，编码会逐渐集中，所获得的概念及其代表的意义也会逐步清晰。此时，我们所做的工作是将诸多概念归类、比较并建立联系。根据研究的不同需要，这一步骤可分为"类属分析"和"情境分析"。"类属"是资料分析中的一个意义单位，代表资料呈现的一个观点或一个主题。"类属分析"指在资料中寻找反复出现的现象以及可以解释这些现象的重要概念的过程。在这个过程中，具有相同属性的资料被归入同一类别，并以一定的概念命名。在设定类属时，我们应该充分考虑被研究者对事务的分类标准。即使他们的分类方式可能会被学术界认为是"不合逻辑""缺乏理性"，但是如果这种分类方式能体现事物的属性，就应该被认为是"合理的""理性的"，应加以深入分析。"情境分析"是指将资料放置于研究现象所处的自然情境之中，按照故事发生的时序对有关事件和任务进行描述性分析。这种分析方式注重对事物做整体、动态的呈现，注意寻找那些将资料连接成一个叙事故事的关键线索。但是一般来说，每一个类属都有自己的情境性和叙事结构，而一个情境故事也表现出一定的意义主题。因此，通常情况下，两者可以结合起来使用。比如，在情境分析中，可以按照一定的意义分类系统将故事进行分层，使故事按照一定的主题层次展开叙述。在类属分析中，也可以在主题下面穿插一些故事片段和轮廓分析，让这些故事性的描述对该主题的内容加以展示和说明。与此同时，还可以交替使用这两种方法。

下面是桂林师范大学唐芬芬老师在《教师文化的课堂透视——对教师口头言语行为的个案研究》中，对系统化分析资料这一步骤的回顾。

案例8-2 类别框架的确定[1]

编码归类是我遇到的第三道关。关于我对研究主题的提取，我对几大本原始材料进行了系统地编码和登陆，细设了30多个码号，然后再根据这些功能码号之间的内在联系反复斟酌，建立更高的类属。在设码号的过程中，我逐渐认识到这些码号更多地集中在三个大的方面：组织和维持课堂秩序、传授知识、与学生进行情感交流。于是，我的三大类别框架最后定位为规范情境的营造、知识的叙述、情感的交流这三大主题。

（4）资料分析的系统化管理。资料分析的宗旨就是将现实世界的资料通过逐级编码转化为较为抽象的概念，努力寻找建构概念之间的关系。因此，是一个较为漫长和复杂的过程，为了保障资料分析的顺畅性和严密性，需要我们进行严格的管理。例如，在给资料编码时，建立一个编码系统，将初步得出的码号汇集成一个编码本，反映资料浓缩以后的意义分布和相互关系；在给资料归类时，需要建立一个可以随时储存、调出资料的档案袋系统。

4. 资料分析的具体手段

可以采取不同的手段分析资料，常用的有以下三种方法。

（1）写作分析[2]。写作本身是一个思考的过程。在原始资料的基础上，就有关主题进行写作，是质的研究中一个重要的分析手段。"备

---

[1]陈向明. 在行动中学做质的研究[M]. 北京：教育科学出版社，2003：73.（题目为引者拟订）

[2]陈向明. 教师如何做质的研究[M]. 北京：教育科学出版社，2001：188-192.

忘录"是各类写作最重要的方式，是记录（同时也是思考）研究者的发现、思考和初步结论的方式。备忘录主要写给研究者自己看，以帮助研究者思考问题，让思想主动、自然地流淌出来，写作时的心态应该放松、真诚。写作的风格应该比较随意，不一定使用正规语言，也不必担心别人会怎么看。备忘录写作的形式有描述型、分析型、方法型和理论型，其中分析型备忘录是最常用的一种形式，通常用来探讨目前已经找到的一些本土概念，这种备忘录一般借助于问题的内容来写作。例如，可以问自己：我目前找到了什么本土概念？我是如何找到这个本土概念的？为什么我认为这是一个本土概念？这个概念表达了一个什么问题？我有什么资料可以说明这个问题？这些资料可以对这个本土概念做出什么解释？是否可以有其他不同的解释？我将如何处理这些不同解释？这些本土概念与其他哪些理论或社会文化有联系？将来我可以如何进一步就这个概念进行探讨？另一种通过写作来分析资料的方法是实地日记。每天将收集到的资料进行分析后，记下重要的想法和灵感。还可以在原始资料的基础上写总结，对资料内容进行简化，将资料的精髓以浓缩的方式表现出来。

（2）图表分析[1]。图表分析是对线性文字资料的一种立体浓缩，通过三维直观方式能比较集中、生动地展现资料中蕴含的各种关系。常用的图表有矩阵图、曲线图、等级分类图、报表、网络图、认知地图、模型、本地人分类图、决策模式、因果关系图等。画图伊始，不必追求准确、完美，可以一边思考一边进行。设计图表本身就是一个思考的过程，目的是通过图像的方式简洁直观地再现资料的核心内容。

（3）对话分析。分析资料除了借助一定的方式让自己与资料进行互动和对话之外，还可以借助于他人对话分析资料。例如，定期围绕现象的主题与小组成员进行合作性讨论和解释性对话，有助于产生更深刻的洞察和理解；主动与校内的专家型教师分享自己的资料和观点，可以确定正在研究的概念或现象的一般定位；还可以专门就初步得出的概念和

---

[1]陈向明. 教师如何做质的研究[M]. 北京：教育科学出版社，2001：193-196.

结论向有关研究专家请教，开阔自己的研究思路。总之，在分析资料这一艰难的历程中，尽可能地借助其他人的意见。事实上，只要有人愿意倾听，就足以帮助我们获得启发和灵感。

（三）实物资料的整理和分析

质的研究者不仅重视文本资料的收集和分析，还十分重视实物资料的收集和分析。实物资料因其真实性和直观性的特征，既是文本资料的有益补充，其本身也蕴藏了丰富的信息，因而在研究中发挥着重要的作用。

1. 实物的类型和整理

教师做研究较为常用的实物资料的收集方法主要有以下五方面。

（1）被研究者的文字资料。指被研究者本人所写的东西，如教师的博客、教案、反思日记、自传等。在众多的文字资料中，日记是个人内心思想情感的自然流露，对于了解当事人的内心世界很有帮助，是最能获得相对"真实"信息的一个来源。但日记含有当事人的隐私，因此获得日记的可能性相对较小，需要研究者与被研究者建立很好的合作关系。博客是近几年较为流行的一个写作平台。通过博客，当事人能超越时空的限制，及时表达自己的经历和内心感受。因此收集博客资料相对容易。总之，由被研究者所写的东西，能充分体现其经历、思想，是研究不可或缺的第一手资料。

（2）关于被研究者的文字资料。指由第三方所写的关于被研究者的东西，如传记、报导、评价等。这种资料可以为研究提供丰富的第二手资料，也可用于检验访谈、观察资料的真实性。由于是出自他人之手，因此与被研究者本人所写的材料相比，某种程度上会有失"客观"和"中立"。收集时，研究者应该特别注意"报道人"的角度、动机和兴趣，同时不忘审视自己的价值取向和理论前设。

（3）照片、音像资料。照片是一种十分有价值的实物资料，为研究者提供了十分丰富的信息。首先，照片可以提供非常清晰的描述型信息，包括场景、人物和事件的具体细节。照片通常在自然情境下拍摄，能相对"真实"和"准确"地记录过去发生的事件及其场景。其次，照片为研究者提供了解当事人世界观和人生观的有关线索。通过仔细观看这些照片，可以了解他们是如何看待自己周围世界的。音像资料作为全方位展示当事人某一事件的媒介，可以为研究提供真实的历史性素材，有效弥补相关文字非直观性的不足。还可以在访谈时将照片或音像作为"控制性投射工具"，请被研究者对照片做出介绍和解释。[1]

（4）物品资料。指与被研究者有关的看得见、摸得着的物体，可以是研究者的创作物品，也可以是被研究者的使用物品。例如学生创作的工艺品、小发明，老师制作的教具等。这些物体的背后往往蕴含了丰富的体验，通过实物的收集和分析，研究者可以展开联想，在访谈中唤起被研究者以往的体验和感受。

实物资料可以丰富研究资料，有助于与其他类型的资料进行交叉检验。在收集实物资料时，研究者应注意以下几点内容。

第一，尊重被研究者。实物资料涉及被研究者的个人信息，收集时要特别尊重被研究者的主观认同。如果他们不同意提供这些资料，研究者应该尊重他们的选择。但研究者可以想办法说服对方，表明诚意和研究的"纯洁性"，并且承诺保密。实物资料收集的程度从侧面反映了研究者与被研究者的关系。因此，研究者在研究之初不应急于求成，应根据研究关系的逐步深入。经过一段时间的交往，研究者获得对方的信任之后，再提出相应的要求会更妥当，成功的机会也更大。

第二，明确收集资料的目的。为了使研究目的明确，收集内容应相对集中。需要经常问自己一些聚焦类和前瞻性的问题，比如：我为什么收集这些物品？这些物品可以如何回答我的研究问题？这些物品如何与其他渠道（如访谈和观察）获得的资料相补充？他们与其他资料有何相同和不同之处？通过询问自己这些问题，可以在收集实物资料的同时形成自己的理论假设和框架，使自己的收集活动更具有目的性和方向性。[2]

[1]陈向明. 教师如何做质的研究[M]. 北京：教育科学出版社，2001: 156-157.
[2]陈向明. 教师如何做质的研究[M]. 北京：教育科学出版社，2001: 159.

2. 实物分析的特点和作用

对实物的分析与对语言的分析有很大区别，两者遵循不同的逻辑。语言主要依赖于概念的使用，而实物更加依赖于形象的召唤以及物品本身的使用方式。[1]实物分析有自己的长处，实物可以扩大我们的意识范围，提供一些新的概念、隐喻、形象和联想，使我们的分析视野更加开阔。实物可以表达语言所无法表达的思想和情感，比语言更有说服力。具体讲，实物分析有以下作用。

（1）有助于提升资料综合分析的效果。由于实物资料通常在自然情境下生成，能提供被研究者当时的生活背景，更具有真实性和生动性，有可能刺激研究者思考从其他资料中显现的概念、类别及其属性。

（2）有助于增强研究的说服力。实物还可以与从其他渠道获得的材料进行补充和检验。例如，我们可以用实物分析的结果检验被研究者在访谈时所说的、所做的事是否"真实"。

实物分析尽管具有自己的优势，但其劣势也显而易见。例如，被研究者的资料毕竟是一种间接的资料，其意义比较隐晦、含蓄，有多重解释的余地，不同的人可以有不同的解释，容易造成理解上的歧义。需要研究者在具体操作时尽量克服这些不足。如分析照片，研究者应考虑到拍摄者的动机和目的，以及形成这些动机和目的的历史文化背景，即超越资料的表象对资料展开综合分析，必要时可结合相关文字说明。总之，作为一名研究者，对资料的分析须做到全面、客观、中立，尽量从被研究者出发，站在读者的角度解释资料。

（四）文献资料的整理和分析

做任何研究都离不开对相关文献资料的占有，以了解前人对此问题的见解。在第一部分的选题、开题章节中，我们已了解到，在展开一项研究之前，研究者需要先做文献资料的收集和探讨工作，以形成确切的研究目标。在研究初步展开时，文献分析亦可作为初步问卷设计、观察

---

[1]陈向明. 教师如何做质的研究[M]. 北京：教育科学出版社，2001：149.

和访谈的起点。在文本创作环节中，文献分析亦发挥着重要的作用。可以说，文献资料的整理和分析贯穿整个研究的始终。有些人认为质的研究强调原始资料的收集和分析，不必要重视文献资料，这种认识是错误的，也极其有害。

1. 文献资料整理与分析的意义

坚持文献的阅读与分析，从眼前和长远来说都对做研究有不同凡响的意义。例如，面对一堆庞杂的资料束手无策时，研究者可以通过阅读文献缓解压力走出困境，汲取符合资料的概念。从长远看，坚持收集和阅读文献可以大大开阔研究者理论视野，使研究者保持对原始资料的敏感性，树立理论建构研究活动的信心。

（1）有助于走出资料分析的困境。在分析资料阶段，研究者常常会有这样的体会，即身处于一堆庞杂的原始资料中，感到无从下手。或者在发展出一系列概念类别后，始终理不出概念与概念之间的逻辑关系。研究者面对这种情况时，往往会产生迷茫、焦虑，甚至放弃的情绪。要知道，这对任何质的研究者来说都是常常要面对的事情。如果研究者碰到这样的困境，应该学会借助阅读文献来帮助自己开启思维。《荀子•劝学》说："吾将终日而思矣，不如须臾之所学也；吾尝跂而望矣，不如登高之博见也。"下面，这段话节选自硕士论文《小学优秀教师实践性知识及其形成机制研究》[1]所记录的研究日志。从中可以看出文献阅读在研究过程中的重要价值。

2009年2月10日

　　必要的理论阅读可以刺激对于实地资料的分析，尤其是实境代码的发现和理解。例如，在阅读了大量的关于教师写作以及理论表达的文章后，我就自然用"理论表达"作为SY老师所说的"成东西"与"见东西"的编码。

2009年2月17日

---

[1] 为乔亚利所记录。

在完成"基于教师的生命追求的自我超越"一部分时，我找了关于"生命关照"的相关文章来阅读。通过阅读，产生了新的想法：教育是学生与教师共同的"生命场"，教师基于对学生生命的尊重而衍生出关爱学生生命成长的责任；教师对自我生命的追求也促进了教师对学生生命意识的关照，同时也促进学生反思和关照自己的生命。这两者原本是"共振"关系，是相互作用、共同进化的。如果以此为基调来描述"一份耕耘"，那么一份收获就很自然地产生了，即收获了学生与教师自身生命的共同成长。有了这条"生命"的理论线索，平淡的访谈材料顿时获得了新的意义。更重要的是，我终于可以不用再面对资料独自发愁了。

（2）保持对资料的理论敏感性。指对资料中发生的事件有洞察领悟，能看到明显隐含的意义，有崭新的理解。它是质的研究者需要发展的一种较高的研究素质。长时间沉浸于原始资料有可能产生突然的洞察和领悟，但也极有可能产生偏颇的诠释。理论态度是超出日常生活世界的经验，它是精致的。如果研究者熟悉该领域的文献，并能小心谨慎地思考理论性词汇，文献即可用作为分析的工具，刺激研究者对现象、概念、类别、属性等进行丰富的思考。正如有的研究者所说："我们脑海中所承载的理论，会以许多方式知会我们的研究，即使我们在使用时并不自觉。因此，洞察领悟不会随时发生，而是来源于对资料的不断思索以及对既有理论的掌握。"[1]

（3）有助于确认理论。在资料分析和撰写文本过程中，研究者会不断产生新的发现。那么，这些发现是否充分诠释了资料？与已有研究相比可能存在哪些相同点和不同点？哪些是对已有文献的批评和修正？哪些是对已有文献的补充和发展？这些问题都需要从文献中寻找答案，也就是通过与已有理论的不断比较，确认发现的价值和发展的空间。 此外，撰写研究报告时引用相关文献，也充分体现了研究者的学术素养。

---

[1] 乔亚利. 小学优秀教师实践性知识及其形成机制研究[D]. 深圳大学，2009.

一定程度上，研究者掌握理论的丰富程度，直接体现于资料分析的视角和最终文本的理论价值。

2. 文献资料整理和分析的基本方法

文献资料的整理和分析是教师做科研的基本功，教师应在不断地阅读和研究中提高自己收集资料、整理资料、利用资料的能力，在整理和分析时需要注意以下两点内容：

（1）始终以问题为中心。教师做研究围绕某一问题而展开，研究的准备、实施以及撰写，始终都应坚持以问题为中心。尤其是在资料分析阶段，新的主题产生后，研究者应及时回到文献中查阅相关的阐述，尽可能占有资料，了解前人对此问题有过什么论述，边比较边思考。对于质的研究，也不要等到资料全部分析完了再去搜集相关文献，研究如何把它们运用到论文当中。此外，应重点深入研究与主题有关的材料，不要被无关材料打扰，学会用从容、有序的态度对待一些次要资料，即做到"有所为，有所不为"。季羡林说："做学问，搜集资料，我一向主张竭泽而渔的劲头。"[1]对于教师，做到这一点实属不易。但是，那些具有代表性、权威性的观点，研究者应予以全面地综合和深入地分析，汲取精华、去其糟粕。

（2）坚持理论与资料相统一。尽管文献在质的研究中发挥着重要的作用，但它毕竟是一种分析的工具或手段，为资料分析和建构原始理论而服务。因此，对理论文献的查阅和分析，应始终坚持与资料的融合和统一。这需要研究者在文献和原始资料间游刃有余地转换，并随时检验自己的思考。这样，才不会被文献牵着鼻子走，受人影响，人云亦云，也才可能鲜明地提出自己的观点，做出严密的科学论证。同时，也避免了局限于叙述材料、就事论事的研究方法，应使文章体现出"虚实结合"的论证特色。

---

[1]季羡林. 病榻杂记[M]. 北京：新世界出版社，2007：213.

（五）概念和理论的形成

建构理论既是研究的内在要求，也是研究结果的必然归宿。概念是理论构成的最基本要素。可以说，概念和理论两者有内在的一致性和依赖性。质的研究者一般比较擅长对研究现象进行细密地描述性分析，而对理论建构不是特别敏感，也不是特别有兴趣。对一线教师做研究来说，尽管研究过程扎实、资料翔实、描述细致，但当研究进展到形成理论这一环节时，教师就显得很无助，不知如何从纷繁的资料中得出概念、形成理论，或者总担心自己的理论不够"档次"。事实上，质的研究对概念和理论有特定的认识，而且有着特定的形成路径。只要遵循这个形成路径，再加上主观想象和分析，就一定能得出适合于资料的实质理论。

1. "概念"和"理论"的内涵

质的研究认为，概念是一种被标定的现象[1]，它是研究者从资料中所指认出的重要事件、事物、行动/互动等抽象表征，每一个概念皆代表一个特定的现象。一旦保持对概念的关注，就能以比较的方式检验概念，并且询问有关概念的问题。所有资料分析步骤的目的均在于辨认概念、发展概念以及连接概念。

质的研究对理论的定义是在原始资料的基础上建立起来的，适用于在特定情境中解释特定社会现实和社会实践的理论，即所谓的"实质理论"[2]，它有别于代表系统的观念体系和逻辑架构的"形式理论"。那么，理论和概念具体是一种什么样的关系呢？理论实质上是概念以及成套概念之间的合理的联系（Strauss&Corbin）。具体讲，理论关涉了一组充分发展的概念（或者是类别和主题），通过对彼此关系的陈述，使其系统地相互关联，形成一个理论架构。因此，概念不仅是资料分析的基础，还是理论的构成要素，形成概念是理论建立的第一个步骤。

---

[1]Anselm Strauss，JulietCorbin. 质性研究入门：扎根理论研究方法[M]. 吴芝仪，廖梅花，译. 台北：涛石文化出版社，2001：107.
[2]Anselm Strauss，JulietCorbin. 质性研究入门：扎根理论研究方法[M]. 吴芝仪，廖梅花，译. 台北：涛石文化出版社，2001：206.

2. 概念形成的路径

概念的形成即研究者进行概念化的过程，先将资料分解成个别独立的事例、想法、事件和行动，然后再赋予一个名称，将隐含的内在想法、意涵与意义揭露出来。[1]显然，这一过程涉及到概念的发现、命名与发展三个环节。这一过程可称为一级编码（开放式登录）。

（1）发现概念。发现概念可以通过这样几种方式。一是逐字逐行分析，即对资料中的每个词、每个句子进行分析，发现其中的意义。这或许是最耗费时间的概念化方式，但是最有效的。尤其在研究初期，逐行分析显得特别重要，它可以让分析者发现资料中最细密的意义。此时，分析者需要用一种尽可能开放的态度面对资料，充分依靠自己的直觉，不必过于受限于研究的问题。二是语段分析，即以资料中的某一段话为单位进行分析，这种方式往往在资料分析的后期使用。

（2）命名概念。发现资料语句蕴含的意义后，我们需要用一个具有概括性的词将其命名。现象命名的目的：一是为了简化资料；二是为了让研究者能够将相似的事件、事例、事物等成立群组。命名的方式通常有三种：一是研究者借助事物所唤起的意象或意义，赋予其名称；二是可以从受访者本身所使用的字词中撷取出来，形成"本土概念"；三是借助文献中相关且比较成熟的概念。

（3）发展概念，形成类别。经过以上两个步骤，我们得出概念的数量逐步庞大起来。一旦概念开始累积，我们也应该开始群组的工作，即发展概念，将概念以更抽象的解释性名词归类。将概念加以群组需要比较概念本身以及所代表现象的异同，这需要依据事物固有的属性做比较。将概念群组成类别是非常重要的，因为可以使分析者减少处理资料的分量。在比较概念、形成类别时，研究者需要牢记研究问题，尽量突出概念所处的情境脉络。

---

[1]Anselm Strauss, JulietCorbin. 质性研究入门：扎根理论研究方法[M]. 吴芝仪，廖梅花，译. 台北：涛石文化出版社，2001: 109.

3. 理论形成的路径

发展理论是一项复杂的任务，它涵盖的不只是构想或直觉的意念想法（概念），还将概念塑造成具有逻辑性、系统性和解释性的架构。无论概念如何发人深省，将想法发展成理论仍然必要，这样能使想法得到充分探索，并从不同的角度或视野观点加以考量。[1]理论的形成需要在一级编码的基础上，借助二级编码和三级编码来完成（分别称为关联式登录和核心式登录）。

（1）二级编码。二级编码的主要任务是发现和建立概念类别之间的各种联系，展示资料各部分之间的有机关联。这些联系可以是因果关系、时间先后关系、语义关系、情境关系、相似关系、差异关系、对等关系、类型关系、结构关系、功能关系、过程关系、策略关系等。通常的做法是，研究者每次只对一个类别进行深度分析，围绕这一个类别寻找相关关系。随着分析的不断深入，各个类别之间的各种联系变得越来越具体。每一组概念类别之间的关系建立以后，研究者还需要分辨什么是主要类别，什么是次要类别，然后通过不断比较的方法把两者的关系连接起来。此时，我们可以使用新的方式对原始资料重新组合，看他们能否以一种不同的方式反映资料的状况，能否提出新的类别组合方式。[2]

（2）三级编码。三级编码是对所有已经发现的概念类别经过系统分析后，选择一个"核心类别"。这必须在与其他类别的比较中一再被证明具有统领性，能够将最大多数的研究结果囊括在一个比较宽泛的理论范围之内。它能够代表该研究的主题，是一个抽象化的概念，或者说，浓缩了所有的分析结果而得到几个重要字词，足以说明整个研究的内涵。此外，核心类别还具有一定分析力，即能连接其他类别，形成一个完整的解释架构。核心类别可以从既存的类别中衍生而来。也可能直接来源于文献，但必须确保这个词包含资料的所有类别。

---

[1]Anselm Strauss, JulietCorbin. 质性研究入门：扎根理论研究方法[M]. 吴芝仪，廖梅花，译. 台北：涛石文化出版社，2001：29.

[2]陈向明. 教师如何做质的研究[M]. 北京：教育科学出版社，2001：210.

（3）统整与精简理论[1]。经历上述几个步骤，研究理论已经初具规模，但还需最后的统整。宽泛地讲，理论统整的历程开始于资料的初始分析，一直要到最后的撰写工作结束才算终结，它是一个持续性的过程。此处的统整理论指，将所掌握的资料、概念、概念类别、类别的特性以及概念类别之间的关系一层层地描述出来，即开发完整的"故事线"，最后，形成完整的理论架构作为对研究问题的回答。研究者统整出大致的理论架构后，还要进一步精简理论。通常需要借助以下工作来完成：第一，检验架构内部的一致性和逻辑性。一个理论架构应具备合乎逻辑的流畅性。此时，研究者可能要退回一步质问自己，这个理论的属性有哪些，然后回到理论仔细查看有多少已被纳入到架构中。假如这个理论仍然不够清晰，或者有些遗漏，那么研究者就要回到资料中理清楚。第二，补足未充分发展的类别。对于建立理论，研究者的目标是保证类别的变异性与精确性，以增加理论的说服力。补足这项工作可以借由寻找备注或原始资料中被忽略的资料来达成，需要持续到最后的撰写阶段。当然，并非所有的细节都可以被交代得很清楚。但是较大的缝隙应该要补足，直到理论达到饱和。第三，修剪理论。有时候，问题不在于资料不足，而在于资料过剩。也就是说，有些观点和理论并不契合。这些概念可能还不错，只是他们不常在资料中出现或是溢出常规，因而不太可能被充分发展。建议研究者舍弃这些概念。假如这些概念很有价值，研究者大可以在日后再对它们进行研究。[2]

4. 理论的验证

经过一系列研究和分析过程，研究者初步形成了研究结论。研究者亲眼目睹由资料到理论的转换过程，一定会感到激动和兴奋，认为自己的理论是比较完美的。此时，研究者需要谨记的是，理论一定还有待于进一步验证。或者，有研究者对最后的理论存有疑虑，不自信。理论检

[1]Anselm Strauss, JulietCorbin. 质性研究入门：扎根理论研究方法[M]. 吴芝仪，廖梅花，译. 台北：涛石文化出版社，2001：163.

[2]Anselm Strauss, JulietCorbin. 质性研究入门：扎根理论研究方法[M]. 吴芝仪，廖梅花，译. 台北：涛石文化出版社，2001：166.

验这一环节可以消除研究者不必要的疑虑，增添从事教育科研的信心。质的研究对理论的检验是很严格的，需要遵循以下几个标准。

（1）理论来源并忠实于材料。通过前面的介绍，教师对于资料和理论两者的关系已有比较深刻的认识。因而检验理论时，一个重要的步骤在于检视理论的抽象性、解释性和与原始资料的契合程度。例如，可以拿理论架构回去对照原始资料，若理论可以解释大部分的案例，那么这个理论可以被认为是合理的。还可以询问研究参与者的意见，向他们实事求是地讲述理论架构或请他们亲自阅读，最后就理论与案例的契合程度进行评论。

（2）理论严密并富有逻辑性。同其他理论一样，抽丝剥茧式层层提取的理论，也要富有逻辑性。理论中的每一个概念应该与其他概念之间有系统的联系，它们相互紧密地交织在一起，形成一个统一的、具有内在联系的整体。此外，质的研究还格外强调理论"密度"。一个"密度"比较大的理论内部有很多复杂的概念及其意义关系。

（3）理论发现具有显著意义。教师做研究与学院派的学术研究有一定的区别，前者强调研究过程对实践的促进作用，后者则更看重研究结果对实践的启发导向作用。但这并不表示教师研究结果所具有的意义可以忽略。相反，由于教师从事的是调查、变革与叙事研究，其研究发现更具有实践和理论的双重价值。因此，检验理论时，应将理论发现与已有的相关研究进行对比，分析该理论发现与已有研究相比又验证了什么概念，发展了什么概念，有什么新的发现对后续研究有着哪些推动作用。总之，理论发现应该经得起后续研究和实践应用的检验。

二、文本创作

教师往往缺乏一套能够清晰描述、概括自己实践活动的语言。因此，教师创作文本常常会遇到困难，表现为"讲"很容易，"写"有难度。让教师掌握一种能自由运用的语言，无论是加强教师实践的自觉性，还是促进变革中的交流，都具有关键的意义。针对教师科研活动的独特性和实施过程，相关研究文本创作大致涉及叙事文本、个案文本、报告文本、论文文本等几种文体。由于各种文体的文本有各自不同的写作格式和要求，我们对此分类进行详细地阐述。

（一）叙事文本的创作

叙事研究是近年来在我国教育界颇受关注的研究方法之一，教师以研究者的身份从事叙事研究是其中的重要组成部分。叙事文本是教育研究成果的一种文本表达形式，它突破了研究论文和实验报告的单一格式，用教育生活中发生的一个个典型故事来述说教育主体的经验和实践。它靠事实说话，靠真情动人，将教育参与者的内心思想、隐性知识等转化为教育行为，揭示出教育主体的教育智慧转化为集体智慧和共享资源。它可以成为转化教师教学观念和教学行为的突破口和催化剂。

1. 叙事文本的叙事方式

如果叙事方式选择不当，就会影响叙事文本创作的质量。只有在充分了解叙事方式基础上，才能根据实际研究需要选择适宜的叙事方式，进而优化叙事文本的创作。叙事文本写作会因为视角的差异产生不同的叙事方式。

一种旁观者的视角。研究者作为旁观者，对一线教师的教学生活做出描述。这种叙事方式主要是教育研究者以教师为观察和访谈的对象，倾听教师的"叙说"，对内容进行整理和记述。并以教师的"想法"（内隐的和外显的）、提供的文本（如工作日志）等作为"解释"的对象，发表对教育教学实践的认识。通过旁观者的视角，研究者对教师的日常教学方式进行描述，剖析其信仰、价值观等如何随时间情境的变化而变化。

另一种参与者的视角。教师同时充当叙说者和记述者，这种叙事方式主要由教师自己实施，也可以在教育研究者的指导下进行。多数情况下是教师本人采用讲故事的方式叙述自己的教育经历和体验，实质上是以叙事的方式反思并改进自己的教育教学实践。这种视角下教师就是当事人，叙事内容展现了教学过程遇到的困惑、思考和尝试行动。

旁观者和参与者的不同视角表现在写作上，绝不仅仅是人称的差异，而是涉及一个十分艰难的如何对待自我的问题。[1]旁观者在叙述中既可以"在场"，也可以"隐匿"。在场的叙述更多地表现为夹叙夹议，直接显现自己的理论视角与立场；隐匿的叙述则把听到的、看到的故事视作"社会真相"，力求通过描述客观地再现事实本身，尽可能不直接透露研究者本人的价值判断。参与者完全不同，它无法回避自我，不好做匿名处理，必须直面自我，直面自己的教育教学生活。直面自我也就是敞开自我，保持应有的坦诚与直率，这样才可能展示出具体的、真实的、独特的生活世界。

2. 叙事文本的写作框架

叙事文本的创作没有统一的框架或格式。在一些研究者看来，叙事所追求的旨趣决定了呈现叙事文本不需要固定的样式。但在具体的实践中，叙事文本创作仍然遵循一定的学术规范，下面主要从易于把握的角度，介绍一种较为常见、规范的形式，给广大研究者提供一个参照。

旁观者视角下，叙事文本常见写作框架为：研究背景——研究过程与方法——结果与分析——结论[2]。

（1）研究背景。主要介绍本研究的选题来源、研究目的和意义、学术和应用价值，以及国内外研究现状及水平。

（2）研究过程与方法。由于质的研究并没有一个可以客观衡量的标准，那么对研究方法和研究过程的陈述就成为衡量的重要依据之一。需要说明的是：第一，研究对象的选择。研究对象是根据什么原则选择的，这样选择的研究对象是否符合研究目的。第二，进入现场及研究的实施过程。主要介绍首次进入现场同研究对象接触的情形，双方关系的建立及发展状况，研究过程中面临的问题和思考。第三，资料的收集、整理和分析。包括资料的收集方式、收集过程（可以用表格的方式清晰

[1]柳夕浪. 教师研究的意蕴[M]. 北京：教育科学出版社，2007：198-199.

[2]徐勤玲. 国内教育叙事研究的问题、原因及对策[J]. 教育导刊，2006，（9）.

简明地展示出来）、资料的整理过程、资料的分析方法。

（3）结果与分析。结果与分析是文章的主干。它既可以是围绕一个主题的一个一个小故事，也可以是将小故事串连起来的一个较长的故事。但在整体上应保持故事的完整性和情节性，每一个故事都涵盖一个相应的教育主题或教育理论，而且各个教育主题和教育理论之间有某种内在的连接。具体采用"夹叙夹议"或"先叙后议"的手法。"夹叙夹议"是指不仅对故事的过程进行描述，还就其中包含的价值观、情感、心境、涉及的伦理等进行分析和判断，展示出研究者的立场和理论视角；"先叙后议"即在故事结束之后，用专门章节对故事进行分析、思考和评论。

（4）得出结论。叙事文本一般不会提出明确的、可以推广的结论，仅止于研究者对研究的一些个人的思考。当然有些研究也会在最后提出一些初步的结论。例如，有一篇《山村小学青年教师需要的教育叙事研究》的文本，作者基于整理过的资料，进而概括出以下研究结论[1]：

1. 山村小学青年教师工资、福利待遇低，生理需要的满足程度也非常低；在安全需要方面，工作相对稳定，但人身安全时常受到威胁；归属与爱的需要方面，同事关系融洽，但爱的需要满足程度低；对于自尊、自我实现的需要十分强烈，但囿于条件所限，自尊心受到伤害，自我价值得不到实现，导致自信心、责任感、事业心慢性泯灭。

2. 山村小学青年教师的需要满足程度低，这在很大程度上影响了他们积极性的发挥，致使在工作中出现"懒教"、"厌教"等现象，他们要求调动或改行的需求十分迫切，直接影响了山村小学的教学质量。

3. 影响山村小学青年教师需要满足程度的因素是多方面的。"城乡二元"的社会结构，乡村的封闭、贫穷和落后是其历史根源；都市化浪潮的推动、市场经济的冲击、人们价值观念的改变，是其社会根源；政府与教育行政部门对山区教育的忽视、教育体制的弊端，是其政策原因。

---

[1]肖正德，李长吉. 山村小学青年教师需要的叙事研究[J]. 教育理论与实践，2003，（10）.

利用参与者的视角，教师个人叙事文本的创作更加灵活多样，可以用诗歌、散文、教育随笔等各种不同的体裁来撰写，形成描述的文本、解释的文本、讨论的文本等多种形式。教师个人叙事文本常见的写作框架为：问题的产生——→问题解决的过程——→问题解决的结果。

（1）问题的产生。主要交代问题产生背景方面的资料，即故事发生的时间、地点、人物，不必面面俱到，关键在于说明故事发生有何特别的原因和条件。

（2）问题解决的过程。主要是对问题情境进行细节化描述，目的是凸显焦点。细节化描述一般采取叙议结合的方式。叙，就是叙述教育教学中的故事；议，就是针对事情发表自己的看法。"叙"和"议"交叉进行，在阐述中层层深入，把要论述的主题讲清楚。

（3）问题解决的结果。这部分应交代问题解决的结果或叙述问题解决的效果。还可以在问题解决后反思自己的做法，对文本中某些环节或细节进行点评。这样既能引起读者的关注，又可以启发读者一起思考。

案例8-3 教育，要让学生享受幸福[1]

学习《鼎湖山听泉》（苏教版第九册）第四小节时，同学们都沉醉于鼎湖山美妙的泉声中。他们一边美美地读着课文，一边举手将自己的感受表达出来，课堂中充溢着孩童们朗朗的读书声。看着一张张因陶醉而微笑的脸，或是因争辩而发红的脸，我不禁暗暗为自己精彩的教学预设及生成而得意。

一直未发言的小旭高高地举起手来，看样子还非常急切，部分同学开始注意到他了，教室里也逐渐静了下来。

根据以往的经验，虽然小旭一般不怎么发言，但只要他肯说，一定会语出惊人，让大家刮目相看的。我示意大家安静，说："好！小旭举手了，看来他又有什么新的发现或感悟了，来，你给大家说说。"

小旭红着脸站了起来，吞吞吐吐地说："老师，我……我要喝

---

[1]刘剑华. 我的教育故事[J]. 中国教育学刊，2006，（12）.

水。"

"啊?"教室里一下子炸开了锅,有的同学拍手大笑,有的同学叫了起来:"学校规定上课不许喝水还要喝水!"还有的同学责问:"你原来不是要说自己的感受吗?"

(这一部分交代了问题产生的背景。语文课上,同学们在热烈讨论、积极发言时,小旭也举起了手,但却是要喝水,引发了课堂的混乱。)

我也感到有些意外,愣了一下。看着小旭那紧张而又期待的眼神,看着班级乱哄哄的场景,我镇定了一下,脑海里飞快地闪着:"怎么办?给他喝还是不给他喝?因为学校里有规定,再说我也曾当众宣布,上课就得有上课的样子,并强调了学校明文规定的"几不",其中就有"不允许喝水"这一条。"这时大家的目光都集中在我的身上,等待着我的答案。我清了清嗓子,笑了笑,说:"真不错,小旭每次举手都能给大家惊喜!"同学们会意地笑了起来。"学校是规定了一些制度,但是制度是死的,人是活的,必要时我们可以灵活一下嘛。"

(这一部分交代了问题解决的过程。用叙议结合的手法,不仅叙述了事情发展过程,同时揭示出教师当时心里的矛盾与斗争,以及对这件事情的临时看法,凸显了整个事件所蕴含的教育"冲突"。)

"哦?"同学们有些意外,但听得出声音中流露出一些开心和喜悦。我朝小旭点了点头:"你去喝水吧!"小旭也很意外,不过还是乐滋滋地喝水去了。其他同学又投入到课文的学习中。

虽说学校为了从细节培养学生良好的行为习惯,制订了上课时"几不"制度,但在上课时请假上厕所、喝水的现象还是照常偶有发生。我很想按照规章制度办事,但每当看到学生们此时焦急而又期待的神色,往往会临时改变主张。我认为:学习是一件快乐的事情,如果学生在课堂上连喝水、上卫生间的机会和权利都没了,他们会潜心学习吗?能享受到学习的乐趣吗?

学生是发展中的未完善的人,我们不能用脱离学生实际的标准来衡量学生的行为和思想。教育的前提是理解、尊重学生，对学生的教育要顺其心、顺其性、顺其自然，对他们不能太苛求。因为教育首先面对的是一个个鲜活的、有个性差异的生命，关注生命，才是真正的教育；关注生命的幸福，才是教育的真谛和最终追求的目标。关注生命及其幸福，也才是教育真正的人文关怀。

教育教学过程中的一些细节，最能体现教师对学生生命幸福的关照，最能折射出我们教师的人文关怀理念和精神。因此，在一些细节上，我们不应过分严格、严肃、严厉，而应多一些微笑、宽容、理解、接纳、引领，给予学生一些自由、自主的权利。从细节关心、爱护每一个充满灵性的生命，让他们健康和谐地发展，使之感到学习的过程就是一个享受幸福生活、幸福人生的过程，这也更容易激活学生的学习潜能，促进他们在人格上、精神上健康快乐地成长。

当我们的教师为学生的成长创造幸福时，当我们的教育使学生享受到幸福时，我们的教师就是幸福的，我们的教育也一定是幸福的教育。

（这一部分交代了问题解决的结果。同学们都很高兴，课堂又重新恢复平静。同时，在这篇文章的后面，作者用了大量笔墨反思自己的做法，发出对教育的感悟，启发读者的思考。）

3. 叙事文本的写作技巧

在写作手法上，叙事文本有别于其他文本，它采用深度描述和深度诠释的写作手法，展示教师成长过程中的关键事件。

（1）关注复杂教育情境中的心灵体验

教育叙事容易流于形式化的标准文体。如一次课堂发言改变了一个学生的自卑心态，一次谈心化解了一对积怨已久的矛盾，一次活动改变一个班的班风，一句话改变了某人的一生等等。这种标准文本是教育叙事的大忌。好的教育叙事应该能让人感受到教育过程的艰辛，看到师生互动时心灵的碰撞和交流，体会到教师的实践智慧。因此，在教育叙事中可以关注教学中的关键事件，包括那些能感到特别兴奋的"高峰体验"和有些失落的"低谷体验"。还可以关注专业生活的压力与问题，陈述自己日常教学中感到棘手的问题、矛盾、冲突、挑战，以及自己的尝试。甚至可以超出单纯的教育领域，思考人生的哲学、人生的领悟等。

（2）深度描述

叙事文本主要采用深度描述的手法来对事件进行描述、解释和说明，以开放的形式透露出更多的信息。"叙事文本的写作要求研究者通过对事件、人物、场景的深度描述，栩栩如生地刻画出事件的全貌，使读者对事件有一个整体性、动态性的把握。同时，事件背后的意义要在故事讲述之中自然地显现出来。"[1]描述即是把将要诠释的行为或过程描述出来，描述可深可浅。浅度描述只陈述事实。例如：

"2005年12月20日，上午8点，W校长来到办公室，准备打开电脑，看看老师们的'博客'。"

同样的事情，深度描述则可能是这样的：

"W校长倒了一杯水，他每天都有个习惯，一上班先打开电脑上学校的网站看看昨天老师们又发表了什么新的网络日志。因为自从学校建立了'博客'，老师们的积极性很高，这成了老师们敞开心扉、分享专业经验的共同平台。他还记得这几天大家对一位老师关于课堂纪律的日志讨论十分热烈。他把电脑打开，开始浏览。本来昨天就想参与一下，谈谈自己的看法，再与老师们做些讨论。"[2]

相比之下，就可以发现，浅度描述只交待了行动的事实，没有描述行动的意图和情境等内容。深度描述绝不仅仅只记录人物的所作所为，而是详细描述情境、情感以及人际交往的社会关系网络，并尽量将交往过程中出现的各种理解活动呈现出来。正是由于深度描述采用比较详尽的叙述，对一个比较简单的事实有详尽的说明，为深度诠释奠定了基础。

---

[1]徐勤玲. 国内教育叙事研究的问题、原因及对策[J]. 教育导刊，2006，（9）.

[2]丁钢. 声音与经验：教育叙事研究[M]. 北京：教育科学出版社，2008：80-81.

（3）深度诠释

意义是隐含在所有叙事事件和故事之中的。只有深度描述才能提供诠释经验意义的可能，只有对这些叙事事件和故事进行诠释，经历和实践经验的内在意义才会逐渐被领会和把握。

深度描述后可能形成单个完整的故事，也可能由数个故事关联成一个完整的实践。深度诠释就是"把所有故事根据事件的关联性分成若干个系列的关键故事组单元，接着一一分析这些关键故事组单元，将其中的意义与每个关键故事组单元串联起来，形成一个意义群加以关联、发展和提炼诠释，寻找出研究本身的主线灵魂，使叙事形成一个整体。"[1] 具体操作可以通过以下三种途径[2]。一是归纳思路。根据故事基本元素的特点将故事归类，同一类故事反映、支持共同的主题或类属，这些主题或类属代表故事里发展出来的主要思想；二是演绎思路。即基于某种理论框架将故事分为不同主题或类属，给已有的故事对号入座；三是归纳与演绎相结合的思路。即先确定故事的主题或类属，然后可以考虑加入某些理论，帮助分析主题。在具体的操作上，研究者既可以将这些主题合并在重新讲述的个体经验里，也可以作为单独的段落出现在文本里。

由此可见，教育叙事文本既有对故事细致入微的描述，又有洞悉教育事件的深刻阐释；既要把日常的教育现象详尽地展现在读者面前，为读者创设一种身临其境的感觉，又要解析隐藏在教育现象背后的教育本质，使平凡的教育故事蕴藏不平凡的教育智慧。

4. 叙事文本的形式要求

了解叙事文本的叙事方式、写作框架以及写作方法之后，想成就一篇好的叙事文本还应注意以下要点：

（1）标题新颖

若标题新颖，总会使人眼前一亮。叙事文本的标题形式比较活泼多样，可以是单标题的形式，如"一位小学语文教师实践性知识的叙事

---

[1] 丁刚. 声音与经验: 教育叙事研究[M]. 北京: 教育科学出版社, 2008: 80-81.

[2] 傅敏, 田慧生. 教育叙事研究: 本质特征与方法[J]. 教育研究, 2008, （5）: 36-40.

研究""新教师的生活故事""玩中学的艺术""孩子，说出你心里的
'画'"等。也可以是由主标题和副标题构成的双标题，主标题用形象
化的语言呈现研究的主旨，副标题对研究的对象和方法做出说明，如
"学校春秋：一位小学校长的笔记""雪山花水的呼唤：羌族女童辍学
研究""走近孩子的心灵：一位幼儿社会交往的叙事研究"等。

（2）主题鲜明

一份完整的叙事文本必须有一个照亮整个文章的"主题"。这个
"主题"常常是已经被提交出来讨论的教育问题，但它与理论研究中的
"主题"略有不同。叙事文本中的"主题"是从某个或几个教育事件中
产生，是从"实事"中"求是"，而不是将某个理论问题作为一个"帽
子"，然后选择几个教学案例作为例证。在教师日常教育教学工作中，
肯定有一些印象深刻的事情，或令人激动万分，或令人感慨万千，或令
人一筹莫展，或令人悔恨交加。诸如此类的事情，通常表现为矛盾或问
题，有它产生的特定原因，以及解决矛盾或问题的应对策略。这样，就
有一个解决矛盾或问题的过程和结果。这些就是有研究价值的事情，教
育故事自然应该围绕这些主题，叙述这些事情。教师要留意、认识、分
析教育教学过程中发生的矛盾，发现并捕捉教育教学活动中出现的问
题，创作自己的教育叙事文本。一定意义上，教师正是在不断面对新问
题、解决新问题中一步步得到提高，走向成熟。

（3）内容真实

"面对真实的生活"或"走进生活找故事"是教育叙事文本的基本
内容。其最大特点就是通过对一个个真实故事的描述，追寻教育参与者
的足迹，发掘教育个体或者群体行为中的隐性知识，揭示其蕴涵的价值
和意义。要求作者应当是教育教学的实践者，所叙述的应是来自教育教
学实践中真实可信的事件，决不是作者捏造编就的"美丽的谎言"。好
的叙事文本还应包括从故事反映的对象那里引述的材料。例如，可引述
一些口头或书面的、正式或非正式的材料，以增强叙事文本的真实感，
使读者根据引述来源对这些材料做出自己的解释。在特定的背景下，有
人物、有时间、有情节的事件，才是教育叙事文本的特定内容。

（4）情节生动

像所有好故事的标准一样，一个好的教育故事必须要有生动的情节。要能把事件发生的时间、地点、人物等按一定结构展示出来，当然，对事件的叙述和评点也是必要的组成部分。任何故事，都是日常生活的某个突发性事件，这是事件是一个偶然变化、一个不确定的冲突或波折。"好的故事总是显示或暗示了某种冲突。冲突越宏大、深刻、不可调和，与这种冲突相关的故事就越可读、动听、迷人、感人。冲突越微小，越容易解决或缓解，与这种冲突相关的故事就越不值得阅读、不值得思考、不值得回味。"[1]因此，叙事必须有"情节化"描写，不能进行"记账式"叙事。尤其在有冲突的地方，问题的梗节所在之处，或者事件的高潮部分，更需要"艺术处理"。日常教育生活不断制造和涌现着教育冲突，也正因为我们用"深度描述"的写作方式表达出来，它才显得曲折、委婉、动听，才能让读者自然地进入某种教育事件中，使故事具有可读性。

（5）意义深刻

所谓意义深刻，不仅在于所讲述的故事有意义，更体现在揭示故事背后所隐含的教育理论。总之，在叙事文本的创作中，学习伟大作家的叙事艺术，就要接近、了解、把握教育教学实践中发生的种种现象，记录不同思想与行动交织构成的真实事件，并加以描述和诠释。如此一来，自己所创作的叙事文本不仅十分讲究学术规范，又使教育叙事文本或叙事材料呈现出深刻的主题，体现出深刻的教育意义。"如果叙事可以达到这样的境界，即不仅在讲述某个人物的教育生活故事的过程中揭示了一系列复杂的教育场景与行为关系，而且'照亮'了某个人物在此教育场景中的'心灵颤动'，可以给读者一种精神震撼，那么这就是非常好的叙事了。"[2]

---

[1]刘良华. 教育叙事的"深度描写"[J]. 福建论坛（社科教育版），2006，（6）.

[2]周勇. 教育研究的理论追求——华东师范大学丁刚教育访谈[J]. 教育发展研究，2009，（9）.

案例8-4 罚站任安妮——我永久的痛[1]

那是一个冬天的早晨，我和学生正在早读，教室门外响起了一声"报告……"我一看，是任安妮。我眉头一皱：她又迟到了！于是，便对她说："在外面站一会儿！"她的眼睛怯怯地看着我，嘴唇似张似合，好像要向我解释什么，但终于没有开口，便顺从地站在了教室门外。

任安妮是初一下学期转学来我班的。她身体瘦弱，脸色苍白，说话细声细气。她的学习成绩较差。可能是由于身体不太好，常请病假。但是，给我和同学们留下最深印象的是爱迟到。我曾把她母亲请来，向她反映任安妮这个老毛病，并问她是不是任安妮有什么特殊困难。她母亲说，没有什么特殊困难，就是任安妮在家动作太慢，磨磨蹭蹭地耽误了不少时间。于是，我多次找任安妮谈心，要她养成雷厉风行的好习惯。但她仍然常常迟到。因此，今天我再也不能原谅她，必须给她一个教训。

我之所以要罚站，还有一个原因，就是那几天班上迟到的学生越来越多，虽然就是那么一两分钟或两三分钟，但我认为这是不能容忍的。因此，我企图通过惩罚任安妮，也提醒全班学生：决不能迟到！

任安妮在外面大概站了五分钟，我想到如果被校长看见了恐怕不太好，便叫她进来。她进来后走到自己的座位上想坐下，我说："谁让你坐了？到教室后面去，在后面那儿再站一会儿！"她的眼泪一下流出来了，但仍顺从地站在那里，并拿出书来和大家一起读。直到早读课结束，她总共站了15分钟。

上午两节课过后，她来跟我请假，说头有点昏，想回家去休息一会儿。我一惊，问："怎么回事？是不是因为早晨站久了？"她说不是，她还说平时她就爱头昏，是老毛病了。于是，我同意她回家休息。

第二天，班上没有一个学生迟到——从教育效果来看，可以说是"立竿见影"。但任安妮却没来上课，听说她回家以后哭得非常

[1]李镇西. 做最好的老师[M]. 桂林：漓江出版社，2006：91-94.

伤心，觉得一点面子都没有。过了几天，任安妮都没有来上课。终于有一天，我从她母亲的口中得知，任安妮要休学了。我以为是因为罚站的原因，但她母亲说是因为生病，我问她任安妮有什么病，她却没有跟我说，只是说医生要求任安妮休学。当时我对她母亲说："真遗憾，任安妮不能和我们一起学习了！但请你一定转告任安妮，身体比什么都重要，不要惦记学习！把身体养好了，明年还可以复学的。"

任安妮的母亲听了我的话，非常感动，不住地说谢谢。但她哪里知道，我这些话都是言不由衷的客套，其实当我听说任安妮要休学后，心里暗暗高兴，或者说有些庆幸：总算甩了一个包袱！因为任安妮学习成绩差，每次统考我们班的平均分都将拉下多长一截呀！现在好了，没有任安妮，我班以后的考试排名一定会有很大"提升"的！

半年之后，任安妮返校复学，降到下一个年级学习。在校园不时碰到我，总是羞怯而有礼貌地和我打招呼："李老师好！"

后来，在期中考试刚刚结束最后一科时，和任安妮同住一个院子的沈建平同学就来告诉我："李老师，任安妮今天早晨……死了……"当时，我无比震惊：她前几天还在校园里和我打招呼，怎么一个鲜活的生命说消失就消失了呢！说实话，那一刻我的大脑一片空白，但有一个念头很清晰：我一定要赶在她火化之前为她送行！

我和一群学生刚进殡仪馆，她的母亲就迎上来，用哭哑的声音对我说："李老师，您这么忙还赶来，真是谢谢您和同学们了！"我心情沉重地说："太突然了，太突然了。我们根本没想到！"她的眼泪又来了："李老师，今天我才告诉你，我的任安妮6岁就患上了白血病，当时医生说她最多能活三年。为了让她有个宁静美好的生活，我们一直没有告诉她，也没有告诉任何人。在许多人的关心下，她奇迹般地活了8年。谢谢您啊，李老师！任安妮在最后几天，还在说她想李老师，想同学们。她复学后一直不喜欢新的班级，多次对我说，妈妈，等我病好了以后，你一定要去请求校长允许我回到原来的班级。我想念原来的同学们，想念李老师！"

听了她的话，我真是心如刀绞：在任安妮纯真的心灵中，不知道她所想念的李老师曾为她降到另外一个班而暗暗高兴啊！

我和学生们站在任安妮的遗体旁，向她做最后的告别。想到那个冬天的早晨，我让她站了15分钟；想到她那天上午向我请假时我的冷淡；想到我对她其实并不好，她在生命的最后日子却还"想念李老师"……我终于忍不住恸哭起来！

这是我参加教育工作至今，第一次也是唯一一次因愧对学生而号啕大哭……

当天晚上，我含泪写下一篇近5000字的文章《你永远14岁——写给任安妮》。在写的过程中，我一遍又一遍地问自己：我对任安妮的愧疚是不是真诚的？我也一遍一遍地回答自己：绝对真诚！但如果往深处思考，我这种愧疚有一个潜在的前提，那就是我不知道任安妮患有白血病，竟然还罚她站。是的，我曾一次次充满悔恨地想：如果早知道任安妮患有白血病，我绝对不可能罚她站的！

问题就出在这里：那是不是如果任安妮没有患白血病，或者说如果她仍然健康地活着，我就可以理所当然地罚她站呢？我之所以流下眼泪，是因为愧疚。但这"愧疚"仅仅是因为罚了患有白血病的任安妮站，而不是因为"罚站"本身！那么，我的愧疚还是很浅薄的。我应该为罚学生站而惭愧——不管被罚的学生是不是病中的任安妮！我已经不可能对任安妮说声"对不起"了，但我每天还面对着健康而活泼的学生，我应该也必须把对任安妮的愧疚化作对每一位学生的尊重与善待！

从那以后，我发誓：绝不再对迟到的学生罚站！

这么多年过去了，我可以无愧地说：当年面对任安妮的遗容所立下的誓言，我坚守到了今天！

如果仅仅从教育动机看，我当年罚任安妮站似乎是无可厚非的——不过就是想"严肃纪律"嘛！不过是"严格要求学生"嘛！而且如果从教育效果看，我更不应该如此自责而应该很高兴——罚一个任安妮站便换来了班上迟到现象的大大减少。但是，为了达到这个目的，我付出的代价是什么？是伤害学生的尊严！

任何时候，我们都不应该以伤害学生的尊严作为代价，换取所谓的"教育效果"！教育，绝不能为了目的而不择手段！尊重学生，并不能代替教育本身——这是教育的前提；剥夺了学生的尊严，就剥夺了教育的全部！教育，一刻也不能没有人情、人道和人性！

——这就是当年体罚（我认为罚站也是一种体罚）任安妮给我的教训，也是我反思获得的教育启迪。

这是李镇西老师教学生涯中发生的一个故事。读过这篇文章后，我们的心灵受到强烈的震撼，这就是一篇好的叙事文本所要达到的效果。《罚站任安妮——我永久的痛》，这篇文章的标题简洁明了，引人入胜。同时也点明了文章的主题，即围绕"任安妮迟到被罚站"展开。罚站是我们教学生活中经常发生的现象，对于一些老师来说，罚站并不是一件很重要的事情。然而正是这一普遍存在的教育现象，却引发了极其曲折的情节："任安妮被罚站—任安妮休学—任安妮因病去世—李老师自责与反思"。这个故事的情节跌宕起伏，加上作者高超细腻的描述手法，使读者自然而然地被卷入精彩的故事情节中，与作者共感慨，同反思。最后，这个真实的故事，也揭示了极为深刻的教育意义："任何时候，我们都不应该以伤害学生的尊严作为代价，换取所谓的'教育效果'"，"教育，一刻也不能没有人情、人道和人性"。相信还会有更多的教育感悟萌发于每个读者的心里。

（二）个案文本的创作

教师在教学生涯中都会遇到层出不穷的关键事件，及时对这些关键事件进行整理分析，也可以帮助教师找到研究的问题。这种方法常常被称为个案研究，或案例研究，应用于教师教学时也可称为课例研究。"个案"是个外来词，通常也被译作"案例"、"实例"、"事例"。把案例作为研究对象，最早始于医学界，到20世纪40年代开始运用于教育领域。随着行动研究、质的研究等逐渐成为教师研究的主要范式，个案研究法也越来越活跃在教师做研究的方法中。

1. 个案文本创作的含义

郑金洲等老师认为个案研究（Case Study）是指采用各种方法，搜集有效、完整的资料，对单一对象进行深入细致的研究过程。研究对象可以是一个人、一个机构、一个社会团体等。资料搜集可以运用查阅档案记录、问卷、测验、访谈、观察等方式。[1]

在教育研究中，个案研究往往适用于对不良问题的研究或对某些难以重复、预测和控制的事例进行研究，如学生辍学、学业失败、家庭破裂、道德不良、青少年犯罪等。也适用于对学生的心理问题和人格偏差的诊断研究和矫正研究。对教师研究而言，个案研究强调教师作为研究主体，发现、搜集、分析教育案例，对案例中的教育现象和情境做分析和评论，帮助学生解决问题，最终完成个案文本创作，概括出具有普遍性的结论。个案研究包括单个案研究和多个案研究。相对而言，多个案例研究得出的结论的科学性要强一些，但因为需要的研究时间、精力以及研究资料也更多，所以研究难度也就更大。在多数情况下特别是在研究的初始阶段，教师适宜做单个案研究。

2. 个案文本创作的特点

个案文本创作讲究维真，讲究实效，同其他研究方法一样有自身的显著特点。

（1）创作的真实性和问题性

研究案例首先要具备真实性，绝不能杜撰或假设推论。一个好案例必须要有生动的情节，但在文本创作中不能为满足情节而背离事实，它必须是已经发生过的情节在创作者那里的真实再现。同时，创作的文本要含有研究问题或疑难情境，没有问题的文本创作不能称为个案文本创作。

---

[1]郑金洲. 学校教育研究方法[M]. 北京：教育科学出版社. 2003: 189, 191.

（2）创作对象的典型性[1]

个案研究对象首先要呈现出单一性，即比较有个性的、特殊的人和事件。其次是典型性，能够代表一类人或事件，可以引发普遍性的推理。可以通过若干个典型个案研究，再做比较，找出规律性的东西，以指导工作。

（3）研究方法的综合性[2]

创作个案文本需要搜集丰富的个案资料，从多角度把握研究对象的发展变化，往往要结合教育观察、教育调查、教育实验、教育测量等多种研究方法，综合多种研究手段。

（4）创作注重信息反馈和经验总结

个案研究的根本目的在于通过个别研究总结出有规律性的东西，以之指导普遍性的工作。对教师而言，个案文本创作最重要的价值在于促进教师的个人反思和经验总结，在多元的教育中进行理性思辨，不断提高自己的专业技能和素养。

3. 个案文本的创作步骤

一个普遍规则是写作对案例研究者的要求最高[3]，智慧的研究者甚至在资料收集和研究完成之前就开始动笔写作。写作阶段如此重要，在个案研究的早期阶段就应该给予足够的重视。复旦大学教授顾晓鸣说："一个好的个案研究报告，就是一个生动的故事加上科学的对策和精彩的点评，它叙述有趣，引人入胜。一个好的个案研究报告，首先要感动的是自己，才能感动别人。"[4]个案文本创作尤其注重反映真实事件，探讨疑难问题，激发大家思考。本着这样的认识，在撰写文本时，可以参照以下创作步骤：

[1]刘旭. 一线教师教育科研指南[M]. 成都：四川教育出版社，2006：186.

[2]郑金洲. 学校教育研究方法[M]. 北京：教育科学出版社. 2003：191.

[3]罗伯特·K·殷. 案例研究：设计与方法[M]. 周海涛，译. 重庆：重庆出版社，2005：151.

[4]顾晓鸣. 关于对全区现代家庭教育个案研究的几点思考[EB/OL]. （2009-03-26）[2010-06-23]. http://www.docin.com/p-9644961.html.

（1）选取个案。个案的选取十分重要。教师可依据研究目的选定具有某一方面典型特征的学生作为研究对象，如学习困难的单亲家庭子女，也可以选择一系列不同于他人行为表现的个案。已有研究对这些行为形成的原因、特点、发展趋势的重要性认识不甚清楚，研究者可能会有兴趣。

案例8-5 入园焦虑

姚姚今年3岁8个月，是一个可爱的孩子，但入园时却有严重的入园焦虑症。每个星期一妈妈送她回园时，姚姚都哭得撕心裂肺，嘴巴还不停地念叨着："我要回家。"后来，竟然整天拿着与爸爸妈妈合影的"全家福"照片不离手。有一次，不记得照片放哪里了，她像掉了魂似的到处找，不断地念叨着："我的相片呢？"直至找回了相片才稍安心。

这是一个比较典型的入园焦虑个案。入园焦虑是一种比较常见的行为，在新入园幼儿当中，姚姚的焦虑情绪较为严重。因此，观察与研究导致其焦虑的因素，制定个性化的干预措施就尤为重要。

在确定研究个案和研究工作开始之前，还要对个案进行调查，除了了解个案的突出表现情况，还应对他的现状有一个全面的评定。以家庭教育个案研究为例，要了解个案的主要问题：在校表现、在家表现、家庭关系、家庭经济状况、家庭教育态度、兴趣爱好、生活简史、社交生活等，以便发现个案潜在的发展趋势。

（2）制订计划。个案研究以制定有效的研究计划为基础。个案研究可以依据需要随时变化，制订好的研究方案可以依据研究的实际情况执行或修改。个案研究计划一般包括：研究的对象与问题，研究的目的与重点，研究的步骤，研究的内容与方法，研究预期成果几个部分。

（3）搜集资料。搜集个案研究资料是进行个案文本创作的前提。个案一旦确定，研究者就要考虑需要什么样的信息和问题。个案研究资料搜集的几种常见的方法有查阅文献、查阅档案记录、访谈、直接观察、参与性观察和搜寻实物证据。[1]

第一，查阅文献。几乎每个案例研究课题都会使用到文献信息。首先，对于个案研究而言，文献可以提供一些细节以检验其他资料。其次，通过文献，可能会发现一些新问题，作为进一步研究的线索。再次，文献为个案文本创作提供了理论支撑。鉴于文献的整体价值，系统地收集有关文献是至关重要的。比如，进行实地采访时，应该分配一定的时间去搜集并阅读相关研究文献。

第二，查阅档案记录。档案记录是很多个案研究都会使用到的方法，有时也称文本分析。档案包括用各种手段记录下来的所有资料，如个人档案、书报杂志、备忘录、电视网络资料、单位的各种记录、备课笔记以及私人保存的资料（如书信、日记、家庭记录、照片等）。教师在教学实践中可以通过多种记录的方式搜集资料，如通过撰写教学日记、教育叙事，将自己经历的事情如实地记录，也可以通过听课、座谈、观看教学录像，将他人的经历记录下来。档案记录的优点是搜集比较容易，不需花费很多时间和精力，缺点在于记录的有效性和精确度需要研究者分析、识别。

第三，访谈。访谈是案例研究最重要的资料来源之一。通过访谈可以获得那些不能直接观察到的信息，如想法、态度、愿景等。有关访谈的具体方法请参照本书的相关章节。需要注意两点：其一，访谈为口头陈述，免不了存在描述不清、存在偏见等缺点，需要将通过访谈得到的资料与其他资料结合起来。其二，访谈中是否用录音。录音固然在准确性上有优势，但有些情况下不适合使用录音，如被访者不同意，而且会消耗大量的时间和精力。

第四，观察。观察有参与性观察和非参与性观察两种。非参与性观察是观察的一种特殊形式。教师针对本班做个案研究时，就可采用非参与性观察，借助其他的人力资源，如同年级的教师同行、家长、学生等，请他们做观察记录。关于观察的具体做法在本书相关章节已有阐

---

[1] 罗伯特•K•殷. 案例研究：设计与方法[M]. 周海涛，译. 重庆：重庆大学出版社，2005：94.

述，这里不再累述。需要注意的是，为了提高观察的有效性，通常的做法是安排几个而不是一个研究员进行观察，如果条件允许，个案研究的调查应允许调用多个研究者。

第五，搜寻实物证据。实物证据可以作为实地访问的一部分资料，在人类学研究中被广泛使用，但在大众媒体个案研究中尚不多见。一旦能被运用，实物证据将作为整个案例研究的重要组成部分。比如研究教学中个人电脑的使用，需要确定它们的实际使用情况，虽然可以直接观察，但电脑打印材料等实物证据也可以得到并加以利用。学生展示学习成果的打印作业不仅展示了所属类型，还说明完成该作业的日期和花费的上机时间。

收集资料时应该掌握每种资料的收集步骤，保证通过各种来源获得资料。当然，并非每种来源都适用于所有的案例研究。一条通用的原则是使用多种来源的资料，有助于解决案例研究资料的信度和效度问题。

（4）分析研究。资料分析是个案研究的一大难点，也是整个过程中难以掌握的一个环节，教师面对一堆资料往往不知如何下手。分析资料的过程，也是对资料进行整理、简化和不断抽象的过程。经验丰富的研究者往往比新手有更多的优势。新手应该寻找一些窍门或软件工具，比如定量资料分析的计算机辅助软件CAQDAS（Computer Assisted Qualitative Data Analysis Software）等。能帮助我们对大量陈述性文本进行编码和归类。除了要熟悉分析工具和处理技术外，研究者还应掌握一些具体的分析技术。[1]

第一，模式匹配。将一个具有实证基础的模式与一种或几种假设的模式相比较。如果假设模式和实际不相称，最初研究设想就值得怀疑。例如，对一幼儿园孤独症儿童进行干预训练的个案研究，研究者的观点是：让孤独症儿童和普通儿童一起接受教育。研究者根据已有的融合教育理论，预测融合教育能够有效促进孤独症儿童社交和沟通技能的发展。如果与预测模式相符，就能得出有关融合教育效果的结论；反之，

---

[1]龙耕. 注重宏观把握审视整体过程（下）——定性研究方法简介[J]. 当代传播，2000，（6）.

最初论点值得怀疑。

第二，建构性解释。这一技术的目的在于通过对研究现象及原因的陈述，建构出一种关于案例的解释。典型的方法是，研究者提出关于某些过程和结论的基本理论陈述，与初步的个案研究相比较，修正前面的陈述，再分析第二种类似的案例，并多次重复这种过程。例如，为了解释某种新传播技术失败的原因，研究者初步认为是缺乏管理规范。但在调查了电视传媒以后，可能发现缺乏管理规范只是问题的一部分——市场调查不足也是原因之一。所以，研究者下一步可能会研究卫星直播，考察这种解释是否需要进一步修正。如此反复检验，直到建构出令人满意的答案。

第三，时序分析。时间序列设计的内在逻辑是把数据资料中一系列的观点与假设的理论趋势或其他类似的趋势进行比对。例如，几个城市曾发生过青少年暴力事件，个案研究者可能提出对这些城市的青少年接触大众传媒行为以及媒介内容的假设并进行个案研究，检验这些假设是否正确。另外，还可以编制大事年表，它可以被看做是一个独特的时序模型，可以为判定潜在的因果联系创造了条件。

第四，逻辑模型[1]。逻辑模型是一定时期内各个事件之间复杂而精确的链条，这些事件能展现"原因—结果—原因—结果"的重复与循环，前一阶段的因变量成为下一个阶段的自变量。运用逻辑模型分析技术，需要将实际观察的事件与理论预测的事件相比对。假设学校在每天一个小时的课外活动中开展一系列新的教学活动，会使得学生和家长关心学生的学习（直接结果）。接下来，学生、家长和教师加深了对教育的理解，提高了对学校教育的满意度（中间结果）。最后，随着练习的持续开展和满意度的提高，学生会更好地掌握某些概念，提高学业成绩（最终结果）。

不管采用哪种具体的分析策略或技术，必须保证分析的质量。除了这些分析技术手段外，及时写下对研究内容的分析，包括一些感受、启

---

[1] 罗伯特·K·殷. 案例研究：设计与方法[M]. 周海涛，译. 重庆：重庆大学出版社，2005：135-136.

发、反思之类的小文章，都有助于资料的分析。另外，阅读文献资料也是资料分析的一个有效手段，可以借鉴别人分析角度，从中受到启发。

（5）撰写文本。完成上述各步骤，研究者经过一定的理论与逻辑的再认识，形成了自己的观点，感性认识通过探索性的实践检验，上升到初步的理性认识。这时，就可以着手撰写个案文本了。

4. 个案文本的创作格式

案例创作几乎没有一个统一的格式[1]，也不遵循一些现成的固定形式，如学术期刊上的论文。但不管研究对象是个体，还是群体，完整的个案文本创作大体涉及以下这些方面。

第一，研究背景。介绍个案发生的环境和条件。需要交代故事发生的有关情况：时间、地点、人物、事情的起因等。背景介绍不需要面面俱到，主要说明故事的发生是否有什么特别的原因或条件。

第二，个案的基本情况及主要问题。个案的基本情况包括他的简况，如姓名、性别、年龄、学校、年级等。个案现状，主要指目前的健康状况、生活习惯、品德表现、学习态度与学业成绩、个性心理发展、特殊才能与爱好等；家庭或教养情况，主要介绍家庭父母或教养人的职业、文化程度、生活方式、健康状况、性格倾向、教育观点和方法。主要问题的概述，需要说明个案所存在的问题和具体表现。

第三，问题解决。需要阐明问题的产生、解决的过程以及问题解决的结果。对问题进行分析时，考虑到影响因素多，可以视个案的特点而异，可能需要邀请专家合作"会诊"。这也是个案文本创作区别于其他文本的独特之处。

第四，讨论与反思。多角度分析得出启示，对反映的主题和内容进行反思，可以揭示个案研究的意义和价值。一般而言，讨论、反思部分不宜太长。

---

[1] 郑金洲. 教师如何做研究[M]. 上海：华东师范大学出版社，2005：163.

5. 个案文本创作的注意事项

为做好个案文本创作，研究者应培养良好的写作能力。以下是个案写作中应注意的一些问题。

第一，尽快创作文本。多数研究者在研究结束时才开始考虑写作，在这种情况下，各种各样的"写作短路"现象都可能出现，甚至无法写出报告。正确的做法是在资料收集和分析完成之前就开始动笔写作。例如，在做好个案研究设计后，就可以草拟文本创作后两个章节的初稿了，即参考书目和方法部分。这样能避免在研究快要结束时花大量时间做文员工作，也可以集中精力完成更重要的任务。

第二，理清个案问题的性质。进行个案文本创作时，要理清个案问题的性质，如教学策略、学生行为、教育政策等。这看起来很容易，实际做起来并不容易。[1]此外，还需要注意个案研究中的专有名称和参与者的名字使用真名还是匿名的问题。为保护案例对象和参与者的隐私权，有些情况必须使用匿名，但匿名并不是首选的办法。因为匿名不仅排除了案例的一些重要背景信息，还使文本的写作变得很难。研究者可以在匿名的情况下使用一些折中办法帮助理解。

第三，分配好具体描述和分析各占的比例。个案研究报告中有很多描述性的东西，包括访谈、实地记录、背景知识。个案文本创作中的难题是：具体的描述和分析解释各占多少比例？如何把描述部分与其他部分内容综合在一起？专家提出，个案研究报告中理论性的内容占报告的30%～40%。此外，个案研究报告的写作还必须关注叙事描述语言与学术分析型语言的区别。

第四，避免个人偏见和成见[2]。在进行文本创作时，要注意个人的态度、价值观对澄清问题的影响。由于生活背景和成长经历不同，每个人难免会形成对某些人或事物的固定认识。这些认识有的是合理，有的则不合理。为维护案例的权威性，应尽量避免个人偏见和成见，保持客观的态度。

[1]郑金洲. 案例教学指南[M]. 上海：华东师范大学出版社. 2000: 195-199.

[2]张民生，金宝成. 现代教师：走进教育科研[M]. 北京：教育科学出版社，2002: 196.

第五，以吸引读者的方式编写个案文本。个案文本的创作应能够吸引读者，这也是个案研究不同寻常的特征。同时，反复修改这一道程序不可缺省。

（三）报告文本的创作

对研究获得的资料、数据进行整理、分析、总结之后，需要借助文本将研究成果表述出来。同时，需要同行、专家、社会对研究成果进行评价，使成果服务于社会。因此，报告文本的写作是教育科学研究中不可或缺的组成部分。

1. 报告文本的分类

本书论述的报告文本主要是教育科研报告。"一般认为，教育科研报告是用来进行教育科学研究和描述教育科研成果的文章。它既是教育科学研究的必经过程，又是描述教育科学研究成果、进行学术交流的工具。"[1]根据研究方法和内容的不同，教育科研报告可分为理论性科研报告、文献性科研报告和实证性科研报告。实证性研究是教育科研中十分重要的方式，实证研究报告根据采用的研究方法又可以分为教育调查报告、教育实验研究报告、教育经验总结报告、教育行动研究报告、综合性研究报告。在教育科研活动中，由于研究方法和体例的不同，科研成果的表现形式是多种多样的，其结构也各不相同，但在一般情况下，教育科研的报告文本主要由教育调查报告、教育实验研究报告和教育行动研究报告几种形式组成。"教育调查报告是运用教育调查法，对某种教育现象、某个教育问题进行调查研究后所撰写的报告。"[2]要求说明调查的目的、对象和经过，说明调查的时间、范围、方式和结果，对调查结果进行整理、分析、归纳和提炼，要得出一些新的认识和结论。"教育实验研究报告是运用教育实验法，对某个教育问题或者某种教育

---

[1]张民生，金宝成. 现代教师：走进教育科研[M]. 北京：教育科学出版社，2002：196.
[2]张筱玮. 教育科研与教师专业发展[M]. 长春：东北师范大学出版社，2005：213.

现象进行科学的实验研究后所撰写的报告。"[1]要求写明实验目的、实验对象、观测指标、控制因子、实验方法、实验过程、实验结果，并且对实验结果进行讨论和分析。由于某些教育科研较为复杂，单纯依靠一种研究方法是无法完成的，往往需要综合运用观察、调查、实验、经验总结、行动研究、叙事研究等众多方法，所以用得较多的教育科研报告还包括综合性研究报告。

2. 报告文本的组成要素

教育研究成果因不同的研究方法呈现出不同的格式。"在国外，判断研究价值的第一道标准是成果的文本表达内容是否完整，格式是否规范"[2]，形式服务于内容，不同的结构与研究方法相互关联，具体的文本结构应服务于采用的研究方法和体例。在教育科研中采用最多的文本表达方式分别是教育调查报告、教育实验研究报告和教育行动研究报告。

（1）教育调查报告。教育调查报告从问题的提出、分析、解决，一般由以下几部分组成：题目、署名、"摘要和关键词"、前言、正文、"结论和建议"、附录。

第一，标题。标题是教育调查报告的门户，应当力求概括、简明、新颖、对称。要用一句话点题，反映研究的主题。通常有如下写法：直叙式，即直接用调查对象或调查内容作标题，如《中学教师对新课改认同感的调查研究》《高校"两课"教学问题及对策调查研究》《综合性大学教师教育"3+1"模式适切性调查与实施建议》，这种标题简单、概括性强、主题突出。提问式，即用提问的方式作标题，如《校长素质与素质教育——深圳市中小学校长为素质教育做了些什么？》《中小学教师聘任制受欢迎吗？》，这种标题鲜明、醒目。主标题和副标题相结合，主标题一般可以用来表明作者的态度，鲜明地揭示主题；副标题补充说明调查对象、调查范围、所研究的问题等，如《基于变革性实践的创新——对李吉林情境教育思想的再认识》。也可以是主标题揭示调查

---

[1]张筱玮. 教育科研与教师专业发展[M]. 长春：东北师范大学出版社，2005：213.

[2]毛作祥. 中小学课题研究成果文本表达问题探讨[J]. 教学与管理，2007，（11）.

内容，副标题补充说明调查对象、调查方法等，如《引导学生"感悟生命意义"的叙事研究——以<触摸春天>教学为例》。这种标题全面、信息量大。总之，不论采取哪种写法，一定要注意与报告主题相吻合，并且要有感染力和吸引力。

第二，署名。署名包括集体署名和个人署名。如果是集体署名，作者出现的顺序，也就是第一作者和第二、第三作者的顺序要按照对该研究的贡献大小而定。贡献大小的排定主要依据提出研究设想、承担研究工作、解决关键问题的贡献大小。署名一般用真名，题目下面还应署上作者的工作单位，包括他们的教育成就。对一些只参加部分具体工作，提供某些材料的研究人员则不必署名，但可在附录中说明他们的贡献。对课题组集体研究的成果，一是依据集体署名的方式，一是以"×××课题组"方式署名。

第三，摘要和关键词。摘要是对中心内容、文本结构及主要论点的概括和提炼。要求重点突出、内容精练、观点明确，一般不用第一人称，300字以内为宜。摘要是一篇独立的短文，要求用最简洁、最精练、最准确的词语，表达出该报告的实质内容。这些内容包括：研究的问题、研究的方法、研究的结果。关键词必须是规范的科学名词术语，一般每篇文章有3～5个关键词（主题词）。有的报告文本没有摘要和关键词，署名后即为正文，行文中省略"正文"二字，直接在行文中将各栏目一一表述。

案例8-6 中学教师对新课程改革认同感的调查研究[1]

帅飞飞　李臣之

摘要　通过问卷对深圳市中学教师进行调查，发现教师普遍支持新课程改革，高中教师的认同感高于初中教师。不同职称和不同年龄的教师认同感没有显著性差异，不同学历的教师在"实用性"和"关心事项"方面有显著差异。教师的"成本效益"、"校内支持"和"关心事项"是影响教师认同感的关键因素。为提高教师对新课程改

---

[1]帅飞飞，李臣之.中学教师对新课改认同感的调查研究[J].全球教育展望，2009，(5).

革的认同感，应增强新课程的实用性，重视教师的关心事项，给教师提供充分的校内外支持。

关键词　新课程改革　中学教师　认同感　调查研究

第四，前言。前言对整篇报告文本起总领和引导作用。好的前言，有利于说明报告文本的主旨，激发读者的兴趣。前言主要是引出研究的问题，包括研究的背景、已有研究的不足、研究的意义和价值等方面的简要说明。有的研究报告可以直接在前言中写入研究结论，能使人一目了然。这种写法可以引导读者积极思索，然后在正文中再做论证。总之，报告文本前言部分的写作形式比较多样，没有固定的格式。在具体的写作过程中，大家可以根据撰写研究报告的类型、目的、内容、手头所掌握的资料、预计的篇幅等情况做适当选择，灵活运用。

第五，正文。正文是报告文本的主体和中心部分，正文部分即研究内容。通过叙述、调查图表、统计数字和有关文献资料，用纲目、项或者篇、章、节的形式把主题内容有条理地表现出来。当然，不同类型的研究报告，正文部分的内容和风格也不同。报告文本正文的写法，常见的有两种模式：第一种，并列法。即报告正文各部分之间没有严密的逻辑联系，仅根据内容的不同而分类阐述。例如，《厦门市教师对职务聘任制看法的调查分析》[1]的正文部分是：教师对下岗分流的认识和心理压力的结果分析；教师对竞争上岗、实行按劳分配的态度和每周能承受的工作量的结果分析；教师的职业稳定性和就业机会的结果分析；教师对职务聘任制实施办法的态度、看法和建议的结果分析。第二种，逐步深入法。即在叙述研究内容的基础上，进一步分析各种现象之间的内在联系，解释某种社会现象和社会行为的原因，预测其发展趋势；或者遵循"是什么"、"为什么"、"应当怎样"的顺序撰写。例如，《代教：社会转型期乡村社会特殊教师群体——以山西省部分农村地区教师

---

[1]陈佩. 厦门市教师对职务聘任制看法的调查分析[J]. 厦门教育学院学报，1999，（1）.

构成为例》[1]的正文部分是：代教的界定，代教产生的背景，农村代教得以存在的条件，农村代教如何适应教师这一角色，农村代教的未来走向。

第六，结论和建议。结论必须总结全文，概括出研究的内在联系和规律，提出新的见解，指出解决了什么问题。结束语的内容可以包括"对本次研究的评价"（包括研究工作的得失）、"总结研究结论"、"提出问题和建议"、"展望未来"等。全面衡量结论的合理性和可行性，提出的见解和建议一定要有理有据，措辞要严谨，逻辑要严密。最好不要提出本研究填补了该领域的空白之类的结论，不要轻率地提建议和下结论。

第七，附录。报告文本正文包容不了或者没有说到，但又必须加以说明的问题和情况，可以附于报告文本之后，以便读者参考。如研究时采用的问卷、访谈提纲、观察记录表、汇总的访谈记录、观察记录、问卷统计分析结果等都可以附在正文后。附录的编制要防止杂乱无序、过于简单，注意文本的可观赏性。

（2）教育实验研究报告。教育实验研究报告是教育科研报告文本的一个重要组成部分，它是对整个教育实验研究的全面总结。实验研究报告对教育实验的总结和推广有十分重要的作用。其组成要素主要包括"题目和前言"、方法、实验结果、"讨论与结论"、"参考文献和附录"。

第一，题目和前言。教育实验研究报告的题目、前言和教育调查报告的标题、前言的要求类似，可参阅教育调查报告的组成要素部分。

第二，方法。为了强调实验研究的科学性和客观性，研究方法的阐述和解释十分必要。陈述实验研究方法，要能够评价出实验结果的真实性、科学性和有效性。基本内容[2]包括：研究课题中主要概念的定义和阐述；调查对象的条件、数量、取样方法；实验的设计，实验组与控制

---

[1]李艳，王继国. 代教：社会转型期乡村社会特殊教师群体——以山西省部分农村地区教师构成为例[J]. 教育理论与实践，2004，（3）.

[2]裴娣娜. 教育研究方法导论[M]. 合肥：安徽教育出版社，2005：361.

组情况，研究的自变量因素的实施及条件控制等；实验的程序，涉及实验步骤的具体安排，研究时间的选择；资料数据的搜集和分析处理，实验结果的检验方式。结构应周密，条理要清楚，用词要准确。

第三，实验结果。这是实验报告的重心所在，研究的目的就是为教育教学服务的。实验结果必须说清楚结果和假设的关系，即所获得的结果到底是怎样的，将研究过程客观地呈现出来。对研究中搜集到的数据、案例等原始资料要进行分析处理，对相关表格、图片要配以文字说明；既要对定性资料进行归纳，也要对定量资料进行分析。最后要对实验资料加工整理，得出概括性强、准确度高的实验结果。

第四，讨论与结论。讨论部分是对实验结果的进一步深化和完善。研究者可以通过讨论对实验取得的实验数据、案例、观察记录的事实和测定的结果进一步做出分析和评价，对当前教育理论和实践的发展提出自己的认识、设想和建议。可以基于自己对教育理论和实践的认识，为结论做铺垫，也可以提出一些新的观点和看法，不要强求完美，只要求能自圆其说。结论主要是研究者通过实验获得的判断，是基本肯定的客观事实，所以结论的判定不能太"绝"，太"死"，也不能过于高估研究结果。

第五，参考文献和附录。实验报告的结尾一般要列举出本研究采用的参考资料，目的是反映本研究的基础和起点，也是对其他研究人员知识产权的尊重。研究中采用的参考资料可以按对本研究的作用程度由大及小逐一排序，也可以按照参考的顺序逐一排列。在期刊的参考目录中，应注明作者姓名、文章标题、期刊参考标志、期刊刊名、期号，发表时间；在书籍的参考目录中，应注明作者姓名、书名、参考文献类型标志、出版地点、出版社名、出版时间和页码。参考文献一定要注意格式的准确性，要做到规范、统一。附录主要是一些本课题研究中重要的原始资料，如实验数据、测试表格、实验操作方案等，主要目的是让阅读者对整个报告有更深的认识。

（3）教育行动研究报告。教育行动研究报告作为"反映个案研究以及观察、调查、实验结果的课题研究报告，有一个约定俗成的格式与规范"[1]。一般而言，一份完整的教育行动研究报告包括标题、署名、"摘要和关键词"、研究背景、研究方法、研究结论、"讨论和建议"、参考文献、附录。具体要求与实验研究、调查研究报告类似，不一一详述。下面这份行动研究报告文本值得参阅。

表8-13 教育行动研究的主要历程：呈现教育行动研究报告[2]

教育行动研究报告之呈现	清楚而具体地呈现	成功的研究报告呈现规范
谁是教育行动研究报告的听读者？他们会用何种规范来判断这份报告？	具体呈现要解决的问题，理清呈现教育的行动研究报告之目的。	清楚地了解听读者的对象。报告内容有清楚的参考框架，结构组织严谨。
是否呈现出教育行动研究报告的主要内容？	您是谁？您的身份是什么？您研究什么内容？	运用最低限度的专业术语。
教育行动研究报告内容是否精简而且完整？	您的教育行动研究报告是否具有高水准的内容？	能以精简而完整的方式呈现报告内容，清楚地描述研究的优点与限制。
依时间顺序作为报告内容相当有用，但将情境活泼、生动化也是重要的。	是否做成研究结论？允许利用其他资料来源，就此结论进行批判对话？	指出教育行动研究的启示，并运用其他相关资料进行对照与批判评鉴。
对听读者而言，教育行动研究报告呈现的内容形式与用语措词是否适当？	是否给听读者提供足够的资讯，以便引导其进一步追踪考查与继续探究？	提供足够的资讯，以便听读者就其感兴趣与关注的议题继续进行追踪探究。

3. 报告文本创作的路径

报告文本作为研究成果的一种表现形式，从研究开始就由一系列具体操作过程组成。报告文本的创作需要注意以下几点内容。

（1）明确主题，进入状态

"万事开头难。"如果作者在开始写作的时候不感到痛苦，这说明可能有什么不对头的地方。明确报告文本的主题，进入写作状态，是

[1]肖洪涛. 怎样撰写课题研究报告[J]. 江西教育科研，2002，（10）.
[2]蔡清田. 教育行动研究[M]. 南京：南京师范大学出版社，2005：178.

解决开头难的关键。报告文本通常只阐明一个主题（中心论点）。为了进入写作状态，明确报告文本的主题，可以采用如下步骤：反复阅读收集的资料并分析大纲；运用自己的想象力和直觉对资料进行"头脑风暴"；使用不同的概念将资料的内容串为一个整体；将各种概念之间的联系用图画出来；设想使用不同的方式进行写作；假设不同的读者群对自己的作品会有什么反应。[1]

主题明确后，为使自己进入写作的状态，可以做一次深刻的自我反思。"拷问"自己：研究的问题是什么？为什么要研究这个问题？研究收集到的资料和思考是否翔实和成熟？最后得到的研究成果能否回答和解决研究问题？在一系列的自问自答中，对已有思考不断调整和修正，对已有的资料不断补充和调节，这样会更有利于进入写作的状态。同时，也可以在工作之余对自己的文本创作进行思考，比如入睡前、吃饭中、走路时，都可以充分利用。哪怕得到的是一些零散的想法和灵感，也可以在大脑和肌体处于放松的状态下更好地进入写作状态。

（2）草拟提纲，建立框架

"纲举才能目张。"写作提纲的确定对写作的顺利完成有很大帮助。写作开始之前，可以制订一个较为详细的写作提纲，为文本的创作奠定一个基调。提纲没有固定的格式，可以在不断思考和灵感闪现中修改。最后，围绕梳理所得的逻辑顺序，拟出报告文本的大致框架，显示论证层次以及论证方法。先是搭起报告文本的大框架，考虑每部分层次结构，然后列出每个层次的段落要点和事例，最后将一些相关材料及索引分配在各标题下备用。提纲有句子式、标题式、图表式和段落式。提纲的初步拟定，对整个写作的展开和顺利进行有极大帮助，也可使自己对写作步骤、篇章结构、文章长短有一个较为清晰的概念。

（3）开始写作，形成初稿

如前所述，开始写作是一件十分困难和痛苦的过程。在动笔之前可能不够自信，可能会有很多疑问和困惑，也可能总是担心自己写不好、写不下去等，这些都是阻遏因素。其实，准备了充分的材料和拟好写作

---

[1]陈向明. 教师如何做质的研究[M]. 北京：教育科学出版社，2008：233.

提纲，就已经完成了文本创作初步的工作。可以从一个小的想法，一次灵光的闪现中开始写作，然后由小及大，聚沙成塔。写作是一门艺术，是艺术就需要灵感和感悟，它们不是在"万事俱备"的情况下产生的，而是闪现于我们不断地写作和思考中。应大胆、尽情地把自己最初的感受、意念及有价值的东西先写下来。初稿写法有：循序渐进法（按自然顺序），分题单写法（化整为零法），即将全文截开，各部分写完后再从整体上进行协调，先易后难法，即根据思维活动的展开写，什么思考成熟，就先写什么。

如果觉得一时无法进行写作，可以通过"回、忘、跳、逃"四种方法将写作进行下去。"回"即回到教育教学的工作和实践中去，获得更多的资料和对问题的再认识，进行"元研究"；"忘"即"短暂性失忆"，暂时忘掉自己的写作，让大脑腾出空间进行更多的思考；"跳"即跳出现在的思维模式，从其他角度、学科对现在的问题进行思考；"逃"即走出自己的写作地点（如书房），换一个新的环境进行思考和创作，让自己和创作文本、创作地点产生距离感，这样更有利于写作的继续进行。

（4）继续写作，修改初稿

写作是一个持续的过程，初稿形成以后应该继续进行修改和创作。保持写作持续性的重要措施是不断进行"回读"，既可以让我们保持写作的热情，也能对文本的后续修改和创作提供思路。初稿的修改不能希望一蹴而就，要不断对文本进行修改和润色。在修改前，可以像"陈年老窖"发酵一样，先把文本搁置一段时间，让它"冷却"，在产生距离感后，再回过头思考。同时，还可以请同事、朋友阅读文本，让他们提供修改意见，集思广益更能完善文本。

（5）收尾总结，修改定稿

报告文本的初稿完成后，应对其进行总结，从头到尾做一次"体检"，反复进行推敲，最终完成定稿。可以围绕以下几个原则推敲：观点表述的准确性，文章结构的合理性，材料引用的正确性，文字语言的规范性，数字运用的精确性，图表展示的标准性。

从斟酌观点、增删材料、梳理结构、润色语言、核实附注等方面入手，可以参考以下方法：趁热打铁法（边写边改一气呵成）、诵读修改法、冷处理法（存放—冷却—补正修改）、以文会友法（同行交流—专家点评—自我修改）等，对初稿进行精雕细刻。写作中的最新灵感又促使我们不断反思，进一步明确研究意图和写作焦点，可重新考虑并改变既定的写法，直至修改写作提纲，容纳一些新的观念和认识。一篇合格的研究报告至少应满足科学性、新颖性和可读性的要求。俗话说，好文章是改出来的，文本修改的次数越多就越完美，只要能自圆其说、结构严谨、意思贯通、脉络分明、浑然一体，就能达到比较理想的境地了。

4. 报告文本的生成要领

明白报告文本的创作路径后，必须清楚报告文本的生成要领。一线教师在写作报告文本时，可通过以下几方面把握生成要领。

（1）内容恰合主题，切忌文不对题

主题是报告文本的中心所在，文本标题就是主题的精炼概括，内容符合主题是撰写报告文本的最基本要求。一篇好的报告文本应以主题为线索，而不是把整个研究过程像列清单一一列举，应该围绕研究主题，将最能反映研究主题的内容呈现出来，避免跑题和文不对题。

（2）材料照应观点，切忌东拼西凑

处理好材料和观点的关系是写好报告文本的关键。一个研究结论必然要建立在大量研究材料的分析、研究和提炼的基础上，撰写报告文本要结合材料，让"事实说话"，让材料照应观点。相反，只是东拼西凑，简单罗列，必然是写不好报告文本的。只有对材料进行"去粗取精，去伪存真，由表及里，由此及彼"的处理，才能获得优秀的报告文本。材料和观点的对接取决于选材，选材应符合以下要求[1]：紧紧围绕研究的主要问题进行选材，分清主次；选取典型、有代表性和说服力的材料，使材料的量与质把握得当；选取真实准确、符合客观实际的材料，鉴别材料的真伪和价值程度；尽可能选取新颖生动、反映时代的材料。

[1] 裴娣娜. 教育研究方法导论[M]. 合肥：安徽教育出版社，2005：371.

（3）结论推陈出新，切忌人云亦云

科学研究的目的是获得能服务实践的结论，而研究结论必须要有创新点，不能无谓地重复前人的研究，做"无用功"。教育研究报告文本的一个重要要素就是要创新，反映研究者在研究中获得的新见解、新认识和新理论。到底创新是什么？怎样才不会"人云亦云"？"对中小学教师做科研来说，从理论上提出新论点、新见解是创新；在教学实践中发现新的方法是创新；选择别人没做过的课题是创新；用新方法或者从新角度做别人做过的课题是创新；将别人的成果用于解决自己新发现的问题或者新的领域也是创新。"[1]

（4）行文明白晓畅，切忌艰深晦涩

研究成果的表述要通过文字的组合和运用，需要借助行文的表达功能。文如其人，教育科研报告的文本表述要求行文流畅，可读性强，同时要求行文严谨、朴实、平易，言语文字要准确、鲜明、生动。行文严谨是对所有科研文本的要求，教育科研文本也不例外；行文朴实要求尊重事实，实事求是；文本表达要求朴实无华，切忌华而不实；行文平易要求文本深入浅出、通俗易懂，不能故弄玄虚、装腔作势；行文准确要求概念明确，引用数字或语句正确，客观地反映现实，切忌夸张浮华；言语文字鲜明、论据要清楚明白，言简意赅、不拖泥带水；言语文字生动要求行文有文采、活泼、形象。还要有好的文风，避免行文强词夺理、穿凿附会。

（5）格式齐整规范，切忌杂乱无章

如前所述，不同的报告文本有不同的组成要素和格式要求。我们在写作具体的文本时应该根据组成要素规范格式，不能随心所欲。"相应格式要求可参照新闻出版总署1999年公布的《中国学术期刊（光盘版）检索与评价数据规范》以及中华人民共和国国家质量监督检验检疫总局和中国国家标准化管理委员会2005发布的《文后参考文献著录规则》。"[2]参考文献的类型各异，所以具体的格式规范也不同。

---

[1]钟祖荣. 现代教师学导论[M]. 北京：中央广播电视大学出版社，2001：185.

[2]毛作祥. 中小学课题研究成果文本表达问题探讨[J]. 教学与管理，2007，（11）.

（四）论文文本的创作

一篇好的学术论文必然具有理论价值和应用价值，不仅体现了研究者的研究立场、观点和方法，反映研究者在课题研究中的实际水平，更反映研究者的综合素养、专业知识的深广度以及多方面能力，如综合分析能力、逻辑推理能力、写作表达能力。教师想创作出一篇体现其教育思想和观点、格式规范且有创新性的研究论文，需从以下四个方面着手。

1. 了解论文的基本内容和结构

不管撰写什么学术论文，总要立足问题，表述自己的认识，因而文章必定是以某一问题为主线展开的。一般包含四个部分：研究问题是什么（研究问题），为什么要研究这个问题（研究意义），怎样研究这个问题（研究过程），这个问题研究得怎么样（研究结论）。围绕这四个部分形成的论文在结构上又须包含以下几个七部分，其中摘要、关键词、前言在报告文本创作中已有介绍，这里不再涉及。

（1）标题。标题是论文的名字，是文章内容的集中体现，也是一篇论文涉及论文范围与水平的第一个重要信息。因此，怎么设计标题都不为过。一般要注意以下几点。首先，标题的中心要突出。题名应准确无误地表达论文的中心内容，恰如其分地表述议题研究的范围和达到的深度，力求题目对文章起到画龙点睛的作用。其次，标题的用词要确切、简练。应避免笼统的、泛指性很强的词语和华丽的词藻，在不影响准确性的前提下，应力求短小、简洁。最后，要方便检索。一篇优秀的论文不仅要具备较高的质量，还要具备可检索性，以更好地适应学术交流和信息传递的需要。

（2）引言。引言是论文的开头部分，又称前言和导言。引言的写作应开门见山，言简意赅地说出为什么要写这篇文章，想解决什么问题，并尽可能用引人入胜的笔法吸引读者，使读者很愿意继续读下去，但避免与摘要重复。

（3）正文。正文是文章的主体和核心部分，集中表述作者的研究成果、分析、论证等。正文内容是作者学术理论水平和创造才能的集中体现，它决定了论文成败和水平的高低。正文一般包括论点、论据和论证过程。具体地说，即提出问题——论点、分析问题——论据和论证、解决问题——论证方法与步骤。正文的主要任务是围绕论点，运用论据，展开充分论证，千方百计地证明自己的观点。正文行文大体应遵循下面的编排格式。首先，遵循一定的层次编排格式。社会科学学术论文的正文层次标志多样，但最常见、最清晰也最便利的层次标志是数码，一般采用"一""（一）""1""（1）""①"五个层次。为了体现文章的连贯和流畅，转换每个层次时，应适当增加引文或者过渡性的语言。其次，遵循一定的图表编排格式。图中的术语、符号、单位应与表格及文字表述相一致。应使用阿拉伯数字连续标号的图序和图题。如"图1""图2"等。序号与图题之间空一字。图题一般居中排于图的下方。论文中的表要精心设计，也要有表序和标题。与图题不同的是，表序和标题居中排于表格的上方。必要时，可以将表中的符号、代码以及需说明的注意事项，以最简练的文字，附注于表下。附注较多时，可以依序用"附注1""附注2"表示。

（4）结束语。结束语往往是论文的结尾，文字虽少，价值千金。好的结尾自然、简明、精彩，再一次点明主题又发人深思。结束语一般包含两部分内容。其一，对全篇文章所论证的内容进行综合概括，总结归纳，提高升华，引出作者对问题的总体看法和意见。简言之，是论题论证结果的综述。在此须注意的是，结论必须是引言中提出、正文中论证的必然结果，因此与引言、正文要紧密衔接。其二，属锦上添花的内容，提出本论题研究的不足之处、遗留问题、尚需探讨的问题，以及可能解决的途径与方法，为他人进一步研究指明方向，提供线索。

（5）参考文献和注释。参考文献一般附在结束语之后。尽管调查报告文本创作也有介绍，但论文要求更高。一个严谨、求实的研究者所使用的参考文献不仅丰富、典型、规范，而且准确无误。涉及论文的"基本文献"必须全列出来，外文文献量也有一定要求。注释是对论文某一特定内容的解释或说明。参考文献一般用方括号标注，注释用数字加圆圈标注。

2. 掌握论证的逻辑和技巧

在一篇论文中，论点是统帅，回答"证明什么"的问题，论据是基础，回答"用什么证明"的问题，论证是沟通论点与论据的桥梁，是解决"怎么证明"的问题。这是构成一篇论文必不可少的逻辑要素。论文写作本质上就是用论据一步步证明论点的过程。因此，只有掌握论证的逻辑和技巧，才能准确揭示出论点与论据之间的内在逻辑关系，达到以理服人的目的。具体实现这一目标需要做到以下几点。

首先，关键概念的界定和表述要清晰。每篇文章总有一些关键性的概念，整篇文章实际上就是围绕这些关键概念展开，并以这些关键概念作为基础讨论问题的。如果这些关键概念的界定和表述不确切、不鲜明，整篇文章的逻辑基础都会受到重大影响，导致无法准确呈现作者的观点。

其次，科学合理地使用论据。论据的使用是为论点服务，因此论据与论点之间必须存在必然的内在联系，否则，无论论据如何华丽，也不能选用。同时，论据应该与所论证的论点在同一个层面上，不能以小的论据支撑大的论点。论据必须真实确凿，特别是数据，一定要准确无误，不可弄虚作假。最为重要的一点是，论据举出之后，应该立即加以解释说明，避免罗列事实，堆砌资料。这就要求作者对自己的资料做精心的整理和归纳，从众多的内容中提炼出精华，形成能反映个人见解的论证。

再次，论证紧密围绕论点展开。学术论文论证的关键是透过事物的表象揭示事物的本质和规律。因此，论文对列举的材料应仔细分析、认真鉴别，从中寻找逻辑关系，再加以总结和概括。论证要围绕中心论题，大家似乎都知道这个道理，但因为缺乏实际写作的经验，所以在行文中常会不自觉地犯了论证离题的毛病。为此，作者做文章时一定要反复推敲，仔细斟酌，不断进行哲学思辨，真正能够自圆其说。

总之，学术论文必须严谨，论题前后一致，分析层层推进，结论顺理成章。有研究者说："要把学术论文写好，不妨认真学习学术大师胡适的治学方法：'大胆假设，小心求证。'""大胆假设"就是有创新性的假设，"小心求证"是指在实际考证中须严谨、慎重、扎实、细致。将"大胆"与"小心"结合起来，才有可能把论文写好。

3. 把握论文写作程序和方法

知道了要写什么，即有了要表达的内容，教师还要学会写作的方法。只有把握了写作的基本程序，才能正确实施论文创作。要把第一手的研究资料变成研究成果，需要经过思维加工和文字加工，这也是一个再创造的过程。为了确保这一过程的科学性和有效性，就要遵循一定的操作程序，确保写出的文章达到一定的水准。基本程序包括：拟定提纲、撰写初稿、反复修改。

（1）拟定提纲。拟定提纲即是把收集的资料和思考进行结构组织，为动笔撰写论文奠定一个可行的基础。拟定提纲是对文章的中心思想、篇章结构、文章层次做一个通盘的考虑和缜密的安排。此外，拟定提纲是作者理清自己思路的过程，也是一个再学习、再思考的过程，有助于提高作者的理论和总结水平。拟定提纲不是短时间内一次完成的，而是边收集、边构思、边调整的动态过程，它贯穿研究工作的始终。如果工作做得细，还应当在提纲中注明某一问题可以用哪些资料。鉴于提纲是文章形成的思路，教师必须先列提纲，后写文章，不列提纲不动笔。

（2）撰写初稿。撰写初稿就是根据已有的提纲，采用合适的结构和文字形成一篇完整的文章。"七分材料三分写。"材料准备基本完成后，就要用思维的惯性尽快将文章的初稿写出来。写作初稿的主要任务是先把文章的框架结构建起来，把主要的观点和事实反映进去，要按照文章的主题统筹安排，形成内在的逻辑联系。至于文章的篇幅、文字和细节则不必太担心。有些教师总是怯于或难于动笔撰写初稿，主要是担心材料不充分、思路不周密、文字表达不顺畅等。从写作的价值看，写作除了展示研究结果、说明研究现象以外，还可以用来思考问题。作者借助写作不断加深对资料、理论的理解，才能进一步挖掘出潜在的资源和能量。最后写出的不仅仅是文章，还要有作者自己的体会。

（3）反复修改。修改是对论文初稿进行推敲、调整、润色、升华等一系列工作，也是写作最后一个重要环节。未经修改的论文，只是一个粗糙的半成品。想使它称为精品，必须进行反复修改。正所谓："玉不琢不成器。"总体上说，修改论文的目的是力求论点更为突出，论证更为有力，文字更为简练。修改文章时，可视具体情形采取不同的方法，一般来说有"热处理"、"冷处理"、"借脑"等几种方法。"热处理"即及时修改，一般做法是从头至尾，斟酌字词，调整段落，修补缺漏。及时修改的优点是保持思维连贯。"冷处理"即放一放再改，待大脑冷静下来，再用第三者的眼光客观地阅读论文，能较容易地发现论文中的问题。"借脑"即请他人修改。把稿子交给同事或专家帮助指正，征求更多的修改意见。有人把修改论文称为"三部曲"：写完论文，钻进去；阅读论文，跳出来；修改论文，吹毛求疵。一般来说，从自我欣赏到自我否定需要较长的时间。也正是有了这个过程，论文才会越来越真实、客观、完美。

4. 如何写就一篇好论文

有人把文章的主题、素材和结构形象地比喻为人的灵魂、血肉和骨骼。主题使文章言之有物，素材使文章言之有理，结构使文章言之有序。无疑，一篇好论文一定是三者和谐完美的统一。为做到这一点，教师必须在以下三点上下工夫。

（1）坚持阅读。如果没有理论的支援，论点极易与有价值的问题失之交臂。而问题的发掘、文献资料的查询等一系列工作都离不开阅读。从此意义上讲，对问题的持续探索必须以阅读为首要前提。另外，广博深入的阅读有助于开阔教师的理论视野，提升教师理论分析、判断与思考能力，对提升理性思辨有很大帮助。

（2）勤于思考。《管子》曰："思之思之，又重思之。思之不通，鬼神将通之。非鬼神之功也，精气之极也。"教师做科研更需要这种精神。无形中也促使教师增加主动投入的自觉性。思考多了必然会产生顿悟。因此，无论从哪个角度讲，勤于思考对教师创作论文都有重要的意义。

（3）持之以恒。顾泠沅教授曾回忆说，他在最初从事教育时，并没有想到自己会做到今天的成绩，但是因为一直坚持"没有最好，只有更好"的信念，所以才一步步地走上来。现在他仍然希望竭尽自己的努力，做得比以往更好一点。正是有了持之以恒的精神，顾泠沅教授从普通的一线教师成为知名教育家。李吉林老师是著名的儿童教育家，也是一位难得的兼具"教育实践家"和"教育理论家"两种身份的教育者，她建构了系统完善的情境教育理论。其重要做法就是"有收获，就写下来"，三十年如一日地记录，成就了情境教育理论的建构。

提高科研论文撰写能力，除了坚持阅读、善于反思总结和不断动笔练习之外，几乎没有其他捷径可走。实践证明，想要学会发现问题，以问题解决为中心进行构思和写作只有靠实践。即在大量写作实践的基础上，不断进行总结反思，逐步形成自己的心得，积累到一定程度，就会达到我手言我心的境界。

第 三 部 分

教师做科研的基本保障

　　教师做科研，是一个方法、技术不断积累、熟练的过程，是一个经验、智慧不断生长、丰富的过程，更是一个兴趣、情感不断延续、升华的过程。这些过程伴随着教师的持续阅读、对话、思考和表现。因此，持续学习、勤于表达、不断反思，并形成专业社群，是教师做科研的基本前提。否则，教师做科研，往往是昙花一现。

第九章 持续学习

　　教师要指导学生学习，必须成为学习的典范，学习是教师职业内在的专业要求。就教师做科研来说，高效能的教学实践是根基，良好的科研素质是基础，两者均需要教师的持续学习来达成。学习效能决定教师研究的水平，学习是教师做科研的核心动力，是教师做科研的首要保障。

一、教师学习的目标

　　走进教室，面对复杂的教育情境，一双双求知的眼神，都会激发教师的学习热情。解决教学问题，变革教学实践是教师学习的首要追求。同时，教师从事的是用生命培育生命的职业，教师的生命质量需要得到关注和自我呵护，而学习则有助于提升教师生命质量和职业幸福感。

（一）改进教学实践

　　教育教学是教师安身立命的根本，教师的首要职责是上好课。因此，教师学习的目标首先指向教学实践的不断改进和教学效率的不断提高，这也是教师终生需要奋斗的目标。

　　1. 新手教师的"问题学习"：让教学一步步顺起来

　　新手教师是指经过系统的师范教育与学习，刚刚从事教学工作的教师。新手教师处理问题往往缺乏灵活性，容易刻板地依赖特定的原则、规范和计划，他们需要了解与教学有关的一些实际情况和具体的教学情境。对于新手而言，经验积累比学习书本知识更为重要。因此，新手阶段的教师学习动机来源于发现问题，学习的目标在于寻求问题的解决方法，学习的行为产生于问题的解决过程。正是在一个个问题的解决过程中，新手教师得以获得教学经验，收获相关的理论和实践性知识。案例9-1描述了夏老师初涉教坛的学习、成长经历，从中可以看出老师的学习与成长。

案例9-1 初尝喜悦：残缺也是一种美[1]

与聋生交流的问题基本解决了，夏峰渐渐站稳了讲台，但新的问题又摆在了他的眼前，他面对的学生不仅有听力障碍，部分还伴有智力障碍，如何让这样的孩子学有成就？继续学习深造成了他不断提升自我的必然。

他开始通过各种途径不断给自己充电。为了让优秀的儿童艺术画册、经典的特殊教育理论充实自己，他不惜花费掉自己全部的工资。有些专门针对聋生的书并不好买，他就到图书馆去找，申城各大图书馆几乎都留下了他求知的脚印。有时找到一篇关于研究少儿美术教学方法的精彩文章，来不及抄，就复印下来。他还通过看画展、拍照片、收集儿童画册等途径来研究儿童画。

1990年底的一天早晨，他获知由他组织的聋生参加上海市国际儿童画展出乎意料地获得了好成绩：多位学生获奖，其中一位智障聋生的想象画《梦中的故乡》还获得了国际铜奖。

又让他想起了那节课，有一名智障聋童似乎没有跟上大家的步伐，他的画纸上零碎分布着一些不规整的图形。这时，夏峰突然想起了那本对他的美术教学产生巨大影响的《德国现代儿童美术教学》一书。于是他顺着孩子的思路，略添上几笔，看似没有意义的图形，一下子活了起来。最后孩子很有创意地用一个圆将所有的图形圈起来，

---

[1]郑慧琦等. 做有思想的行动者——研究型教师成长的案例研究[M]. 上海：上海教育出版社，2008: 66.

添上两只闭着的眼睛，用水粉粗粗地、朦朦地染上色彩，故乡的画面被巧妙地融入了梦幻的冥想中，一幅《梦中的故乡》就这样诞生了。

那个智障聋童让他收获了职业认同和专业期待，更收获了一份重要的人生感悟——"残缺也是一种美"。怀着这份感悟，在之后的几年中，他辅导的学生不但200余次获得国内外奖项，而且还为学校捧回了全国集体一等奖的殊荣。

教师初涉教坛，都有如此的经历和感叹：师范学习的理论知识在面对复杂的教育情境中显得捉襟见肘，派不上用场。因为教育情境本身千变万化，理论很难为每一种教育情境开出实践的处方。最佳的解决方法就是针对实际问题再学习。回顾每一位名师的成长，从教学新手到教学能手，再到专家型教师或研究型教师的转变，无不经由学习这条道路。可以说，除了学习和反复实践，别无捷径可走。

2. 熟练型教师的"日常学习"：让教学更精彩

教师工作繁琐。"没有时间学习"成为教师常常挂在嘴边的话。应该看到，教师缺乏学习时间既有客观因素的干扰，也有主观因素的影响。当读书没有形成兴趣的时候，当读书还没有养成习惯的时候， 读书自然也成了教师的负担，"没有时间"顺理成章地成为逃避读书的最好借口。对此，特级教师魏书生用实际行动向我们阐明了一个道理："看多家之言，要用去一部分时间，形式上看影响工作。实际上，正因为看书，才看清了日常工作中有哪些是无效劳动，从而去掉它；因为看书，才学习了更科学、更有效的教学方法；因为看书，才使教学管理更制度化、系统化、科学化，从而提高了工作效率。"[1]特级教师窦桂梅也正是多年来坚持"有书就是有时间"的读书习惯，才让她的课堂教学精益求精、引人入胜。

---

[1]张彦春，朱寅年. 16位教育家的智慧档案[M]. 上海：华东师范大学出版社，2006：13.

案例9-2 "读书就是最好的备课"

其实，读书就是最好的备课。读书不是为了应付检查，更不是为了对付某一天的课。读书，应当出自内心的需要和对知识的渴求。只有读书，才能一头抓着教学，一头抓着学养，然后从中间串联起学生。这样，你才有底气站在讲台上。所以，作为某一学科的教师，先从你所教的那个学科领域读起，累土成丘，积微成著，你会发现教科书里所包含的那点学科基础知识，不过是一些入门的常识。学生课上所需的，与教师本身所拥有的相比，只相当于沧海一粟。然后，由此出发，广泛涉猎人文社科，深读教育理论、专业著述，使自己的教学能够高屋建瓴，具备理论基础和经验智慧。并且，渐渐培养出一双慧眼，所到之处，处处留心，对自己专业的所需能够敏锐识别，广泛吸纳。有了这样的储备，备课时就不会有"书到用时方恨少"的无奈了。我自己，作为一个普通的中等师范学校毕业生，深感自己缺少厚重文化积淀所带来的底气与灵气，很长一段时间里它束缚着我专业成长的道路。但幸运的是，我找到了书本这位最好的老师，并将书本给予我的惊喜与力量呈现在课堂上，于是以教促读、以读促教，就有了一节又一节的精彩教学。读《病隙碎笔》《我与地坛》《务虚笔记》再讲《秋天的怀念》一课，就能带领学生穿越史铁生的人生轨迹，悟出"好好活儿"的人生真谛。看了《中国青年报》上"留美幼童"系列报道，惊喜地发现报上刊录的当年詹天佑写给在美国读书时的"家长"——诺索布夫人的3封信。这3封信正好是詹天佑分别在修京张铁路前、中、后的心情以及工作进程汇报。我马上剪贴收集起来。再讲《詹天佑》时，我就把这3封信分别插入课文的故事情节中。于是，课堂变得鲜活起来，詹天佑变得有血有肉，有情有义。詹天佑的印象就不再仅是技术高超和他的杰出伟大，更增添了亲切、平凡与善良。[1]

---

[1] 窦桂梅. 读书，我们必须的生活[J]. 教育文汇，2008，（4）.

窦桂梅的阅读使她的课堂远远超出了教材限定的内容，变得丰富多彩，也使得她对文本的解读具有鲜明的个性，如此课堂不再是对过去的简单重复，而变得丰盈充实。

3. 研究型教师的"研究性学习"：让教学更具有创造性

科研作为促进教师学习的一种方式，其直接目的和终极目的都是为了教学实践，通过以研促学、以研促思来实现以研促教。所熟知的于漪、李吉林老师等，尽管都有强烈的理论渴求、饱满的研究热情，但从来不是为了研究而研究，而是为了解决实践中的问题而研究，都是一个始终不曾离开教育教学第一线的研究者。王老师，一位研究型教师。他有个习惯，喜欢看书。刚工作时，每个月工资发下来之后，就急忙跑到书店购书。长期下来，读了很多书。其中有两本书对他的影响很大，至今印象很深，一本是《教育学的文化性格》，一本是《系统论》。边读边思、边思边写，最后王老师结合自己的教学经验和读书所感，相继写出了三篇教学论文。

案例9-3 三篇教学论文的来历[1]

1995年我写《谈教学结构研究的思想方法》这篇文章时，总感觉在教学过程中好像有个什么东西在牵制着你，那个教学好像这里动了，那里就不平衡了，那里动了，这里就不平衡了。总有一个感觉，好像是有一个更大的东西在那里框住了。……当时，就有这样一个想法，教材把教学规范地很好，但是教材又把教学给框死了。这个感觉有了以后，就觉得要找找问题，教材应当怎样利用才能使教学中教师的教和学生的学之间的关系处理得比较好？后来就跟顾泠沅交谈。他说，在这些东西中间，应该有一个层面，它既适应了教材，适应了教师，也适应了学生。我们现在没有注意到，但是它是存在的。我把它定义为"冗余度"，这个东西你不关注，恐怕不行。……所以，就写

---

[1]郑慧琦，等. 做有思想的行动者——研究型教师成长的案例研究[M]. 上海：上海教育出版社，2008：282.（题目为本书作者拟定）

了这篇文章。当时，这篇文章就是想解决一个思想方法，即我们教师到底有多大的"冗余度"，教师的主体作用到底在多大程度上可以得到发挥，到底怎么从教育理论的束缚下解放出来，怎么从学科知识的体系结构中解放出来，在学生的需要与学生的发展目标之间找到一个平衡点。我觉得这是教学过程中一个有价值、有意义的问题。

后来就有人跟我讨论，说你那个东西好像是搞理论的人搞的，不是你们中学老师搞的。你们应该用一个实际的、很具体的例子，来解决你教学中客观存在的那些问题，所以就有了第二篇文章《浅析中学历史学科的课程逻辑结构和思维心理》。这篇文章主要是找毛病，找教学中可以发展的方向、问题，所以当时主要是把历史学科的教材、教师、学生组合后的现状做一个分析。从我们历史学科来讲，到底怎么样才可以把你的主体性发挥出来，恐怕是要改变教材结构。就是说，课程有那么一个逻辑结构，学生有这么一个思维发展特点，那么，这个"冗余度"到底在哪里？我觉得教学要达到一个目的，实际上就是要解决这两个关系问题。教材的结构是要动的，对学生的兴趣也是要引导的，教师的主体性、主导性在这里就体现出来了。第二篇文章就是想要做这样的一个探索。

第二篇文章发了之后，操作起来，总觉得好像还不够。后来就想，怎么在高中历史教学中插入一个研究专题，这样就有了第三篇文章《高中历史学科插入研究专题的教学思考》。这篇文章写得很具体。它关注的是教材结构分解的问题。讲分解教材的结构，其目的就是要给学生一个自信心，让他觉得教材结构也是可以分解的……

从王老师的研究经历中可以强烈地感受到，一方面，读书、学习开启了他研究的大门，另一方面，研究又使他的历史教学取得了重大的突破。事实上，教师只有真正保持了学习和读书的习惯，才有可能真正进入反思和研究的状态。当研究成为教师日常工作的态度时，其教学势必产生巨大的魅力和效果。正如苏霍姆林斯基所说，凡是感到自己是一个研究者的教师，则最有可能变成教育工作的能手。所以，教师为改进教学实践而做的探索，是教师做科研最根本的起点，教学和科研相伴相生、相互促进，共同指向教师和学生的成长和发展。

（二）促进自身发展

教师学习指向教学实践，更超越教学实践。教师不仅是"经师"，更是"人师"，教师的人格魅力对学生的影响远远超过他传授的知识。彼得•圣吉曾说，真正的学习对于个人而言，涉及人之所以为人这一意义的核心，透过学习，重新创造自我。[1]换言之，真正的学习从来就不只是纯粹的智力增长，只有当学习者获得的知识和技能与其自身的成长相联系时才是真正的学习。因此，教师应时刻铭记自我发展的责任，创造一切机会提升自身的素质和能力，包括教学实践性知识和能力、教学科研知识和能力及人格素养。

1. 提升教学专业知识和能力

教师专业知识包括本体性知识、条件性知识、操作性知识、实践性知识。教师除了拥有静态的知识结构外，还需要具备一些把知识运用到教学过程的能力。尤其是在当前信息社会和新课程改革背景下，教师更需要教学设计能力、教学监控能力、课程开发能力等多元能力。然而，新手教师往往缺乏将理论知识运用于具体教学情境的教学体验，其专业性需要在工作中逐步确立。对于经验型教师来说，如何面临来自职业内外的各种压力，如何保持自身的专业水平，如何适应瞬息万变的学校生活等等也成为重要的工作目标。学习则是实现上述目标最重要的途径。此外，无论是教师专业知识还是专业能力，都不是固定不变的，在社会和教育发展过程中不断被赋予新的内容，这也需要教师随着社会和教育的发展，不断学习、实践和研究，以及时更新自己的知识和能力结构。

---

[1]彼得•圣吉. 第五项修炼——学习型组织的艺术与实务[M]. 郭进隆，译. 上海：上海三联书店，1998：14.

案例9-4 "做一名合格的语文老师" [1]

于老师在书中有一段这样的叙述:"我清晰地记得是教高中二年级的语文《普通劳动者》。预备铃响了,教研组长踱着方步似的走进教室,在后排的一个空位置上坐下,一脸严肃。课前我不知道,少不得条件反射似的紧张起来。然后,自我控制,才慢慢放松。下课了,我如释重负。课后,他找我谈,说了语言、板书、条理等几个优点后,郑重其事地说了一句:"语文教学的大门在哪儿你还不知道,人物形象分析是这样贴标签的吗?"

语文教学的大门究竟在哪儿?于老师说:"老组长的这句'金石之言'成为我教学生涯中不懈追求的动力。我常常反躬自省,你入门了没有,'堂'在哪里?'门'在哪儿?一名对学科教学不入大门,不辨堂室的教师怎能称职,怎能对得起学生?"

于是,于老师开始如饥似渴地读、想、实践,探索语文教学的大门。于老师寻寻觅觅,寻找借鉴,从中寻找入门的途径。……张志公先生的《传统语文教育初探》,朱自清、叶圣陶、吕叔湘先生对语文教学的众多论述,从识字教育到工具书的使用,从阅读教学到作文训练,于老师都认真阅读,逐一推敲,从中寻觅有效的途径。……为了教好学生,于老师用志向和毅力寻找语文教学的大门,因为她说"越学越觉得自己无知和浅薄,越学越体会到语文教师的字典里没有一个'够'字。"

2. 提升教学科研能力

教师做科研,不仅有助于形成专业认同感,从而以专业人员的标准要求自己,也有助于切实提高教师实际的教学水平和效率。因此,教育科研应当成为教师作为专业人员的一种专业生活方式。总结名优教师的经验,确实能够发现,凡是有所成就的教师,无不是研究型教师,无不将教学科研作为他们的职业习惯。通过教学科研,他们得以不断完善教

[1]郑慧琦,等. 做有思想的行动者——研究型教师成长的案例研究[M]. 上海:上海教育出版社,2008:282.(题目为本书作者所拟)

育工作、完善自我、创造自己的专业生活质量。

苏霍姆林斯基曾说过，如果你想让教师的劳动能够给教师一些乐趣，使天天上课不至于变成一种单调乏味的义务，那你就应当引导每一位教师走上从事科研的这条幸福的道路上来。[1]李镇西也曾说，也许有人会问，难道就没有让你头疼的学生吗？有呀！怎么可能没有呢？但我换一种眼光去看这些让人头疼的孩子，我便不再头疼了。换一种什么眼光呢？那就是"科研"的眼光。我把教育上遇到的每一个难题（班集体建设呀、后进生转化呀、早恋呀、作弊呀等等），都当做科研课题来对待，把一个个"难教儿童"（这是苏霍姆林斯基对后进生的称谓）都当做研究对象，心态就平静了，教育也从容了。每天都有新的发现，每天都有新的领悟，每天都有新的收获，因而每天都有新的快乐。[2]从此，可以明显感觉到，教育科研已成为他们对待工作的态度，教学即研究，这是教育科研的最终归宿。然而，要真正达到研究的这种境界，教师需要掌握一定的科研知识和方法，形成教学科研的能力。一旦从知识和方法上了解科研是怎么回事，教师就不再因畏难心理而敬而远之，而学习则依然是实现这一目标的切实有效的途径之一。

案例9-5 学习让我不断成长[3]

在世人眼里，谈到理论学习和教育研究总是给人抽象和枯燥的感觉，谈到阅读却给人以充满想象放飞思维的空间。回顾自己学习和研究的过程，博览群书确实令我展开了双翅。……

在尝试了第一次发表论文的喜悦后，似乎激发了我内心深处对学习的渴望。1994年9月，我幸运地进入了当时上海市教育学院举办的上海市青年教师骨干班，在培训中我学习了一些有关物理教学方面的

---

[1]苏霍姆林斯基. 和青年校长的谈话[M]. 赵玮，等，译. 上海：上海教育出版社，1983：83-85.

[2]张彦春，朱寅年. 16位教育家的智慧档案[M]. 上海：华东师范大学出版社，2006：43-64.

[3]郑慧琦，胡兴宏. 教师成为研究者[M]. 上海：上海教育出版社，2005：84.（本文在选取时适当做了删简）

理论，同时认识了很多新的朋友，更重要的是，从那时起，我开始认真对待教育科学研究，希望有机会进行相关的理论学习和研究过程的实践，那是一种盼望，一种向往。……在这个阶段的最后学习中也涉及到《教育研究方法导论》《物理教学论》等方面的学习。

　　……最近几年，我通过教育教学课题研究过程，进行理论学习和相关书籍的阅读数量是很多的，比如说《科学与艺术》《美学史》《认知心理学》《教学设计原理》等。这些书的阅读显然不仅仅局限在某个领域，而是涉及很多领域，当然也不是功利的目的，而是学习的途径，一种生活的方式。

3. 提升道德素养

通过对教师素质的研究，人们发现，教师要胜任自己的教育工作，必须具备一定的知识和智力水平。不过，一旦超出一定的临界水平，教师的智力和知识水平对学生就不再有显著的影响。国外学者通过研究认为，此时，教师的作风、态度、信心、责任心等良好的人格特征对学生的学习和成长有显著的影响。因此，教师人格是教育生活中教师个人的重要素质。教师的人格素质是高素质教师的灵魂，也是教师之所以为教师的根本所在。[1]这充分强调了教师道德素养之于教师职业的重要性。教师维系与学生的关系靠一种特殊的个人品质，教师不仅仅是向学生传授知识，而且是以一种个人的方式体现自己所传授的知识。[2]可以说，在教育工作中，影响教师职业成就的，更为重要的是职业精神，是作为人的因素。因此，教师经验的成长与积累不仅仅靠知识与技能的水平，更为重要的是人格的养成。

　　实际上，教师道德也是提高教师教学效能的重要因素之一，我们所熟知的"亲其师，然后信其道""善教者使人继其志"，所阐述的就

---

[1]唐荣德，等. 教师素质：自在的教师[M]. 桂林：广西师范大学出版社，2008：53.
[2]Frederick，Stephenson. 非常教师[M]. 周渝毅，李云，译 北京：中国轻工业出版社，2002：161.

正是教师道德示范的意义。现实生活中，学生因教师的魅力而爱上学习并有取得卓越成就的例子不胜枚举。相比教师专业知识和能力，教师形成道德素养更为不易，需要涉及多方面的影响因素。但对于教师个人而言，坚持学习、在学习中感悟则是最佳途径。例如，许多名师的阅读经历和感言，都充分证明了阅读能改变教师的人格，提升教师的道德修养，增强教师认识真、善、美的能力。

案例9-6 从"打学生"到"爱学生"的转变经历[1]

我读大学时，很不喜欢教育学、心理学课程。这种"惯性"甚至持续到我已经被分配到了乐山一中——在参加工作最初的一段时间里，我从来没有读过什么经典教育学著作。后来，有个同事特意向我推荐《给教师的一百条建议》这本书，但我也没在意。谁知不久，我竟主动追求苏霍姆林斯基了。

那是我出手打了一个学生之后，被校长狠狠批评了一顿，叫我好好想想。在那一段时间里，我心里十分难受，不是对自己的错误后悔莫及，而是对自己的性格是否适合当教师产生了怀疑和自卑。

星期天，我去逛书店，无意中看到了一本薄薄的书——《要相信孩子》。也许是这个朴素而亲切的名字吸引了我，我翻了几页，就被打动了。于是，毫不犹豫买下了这本书。我是在一个晚上一气呵成地读完这本小册子的。还记得书中的一个观点至今令我激动不已。

这个观点在我以后的教育历程中，成为我坚定不移的教育信念。

从此，我如饥似渴地阅读我所能买到和借到的著作。我是在用整个心灵拥抱苏霍姆林斯基以及他的教育思想。他的魅力，是教育的魅力、思想的魅力、情感的魅力、文学的魅力，而这些都源于苏霍姆林斯基人格的魅力。

---

[1]李镇西. 追随苏霍姆林斯基[M]. 上海: 华东师范大学出版社，2009: 3-9.（本文引用时作了缩简）

（三）享受职业幸福

课堂教学应被看做师生人生中一段重要的生命经历，是他们生命中有意义的构成部分。对学生而言，课堂教学是其学校生活最基本的构成部分，它的质量直接影响当前及今后的多方面发展；对于教师而言，课堂教学是其职业生活最基本的构成部分，它的质量直接影响教师对职业的感受、态度、专业水平的发展和生命价值的体现。[1]可见，教育是教师的生命，是教师生命价值的体现。因此，每一个热爱教育、热爱自己生命的教师，都应该直接从日常的教育教学活动中体验到职业幸福感。

1．进步和成功：最直接的职业幸福感来源

幸福感是一种主观感受，是需要得到满足、潜能得到发挥、力量得以增长时所获得的持续快乐体验。幸福感既是生命的一种存在方式，又是对自身存在状态的主观感受、评价和体验。[2]教师通过大量阅读、不断学习理论知识，通过自己创造性的劳动充分提高教育教学的效果，提高教师的专业水平，并努力向优秀教师或专家型教师靠近，这必然让教师不断体验到工作的成就感。同时，这一过程本身也让教师不断体验到成长的自豪感和幸福感。实质上，这只是教师成长的第一步，学习给教师带来的绝不限于此，更重要的是精神层面的成长和幸福。对成功的体验，可以帮助教师确立自己的教育信念，对教育有更高的追求。这无疑将会成为支配教师行为的内驱力，也会成为生活、工作的内在动力和自觉愉快的追求。

2．学习治疗：幸福也会被感染

事实上，由于背负任务过重、承担责任太多，教师缺乏职业幸福感已成为一种普遍性的现象。教师工作缺少心灵自由、情感舒畅与行动机智，更多表现出一种职业焦虑、情感压抑与工作低效。教师这种不良的

---

[1]叶澜. 让课堂焕发生命活力[J]. 教育研究，1997（9）.

[2]苗元江. 心理学视野中的幸福——幸福感理论与测评研究[D]. 南京：南京师范大学，2003：51-52.

工作状态不仅严重影响到教学效果和孩子的成长，也直接威胁了教师的个人健康。要消除这种不健康的工作状态，教师需要主动寻求调整、改变。特级教师窦桂梅给我们开了一服良药："只有读书，教师才能由改变自己的心态而改变自己的状态，从而改变一个人的容颜。"[1]换句话说，读好书可以放飞心灵，让心灵自由地呼吸，从而用积极阳光的心态重新面对学生，面对教育教学工作，走出职业倦怠，重新认识到职业的意义，获得职业尊严，过一种幸福完整的教育生活。

窦桂梅老师用一段优美的文字来描写读书的乐趣："作为教师，具备了读书和学习的自学意识——你的'面容'就会总处于变化的状态。眼睛浸泡在美丽的文字里，耳朵浸泡在美丽的语言里，嘴巴浸泡在美丽的词汇里，我们的面容也就不由自主地随之平和安详，不是吗？"[2]下述案例描述了读书给予幸福的暗示和激励，原来幸福也是可以被传染的。

案例9-7 做一名幸福的老师[3]

一个幸福的老师应在读书中成长自己，在教育中成就自己。刘可钦老师不赞成教书型的老师，不认同"春蚕到死丝方尽，蜡炬成灰泪始干"的老师，不愿做"燃烧自己，照亮别人的老师"，而应该在照亮别人的同时也照亮自己。他认为应该努力成为研究型的教师，不断地储蓄自己的知识，丰富自己的生活，在照亮别人的时候也能看到自己生命的灿烂。他博览群书，浏览和摘抄了古今中外的教育名著，时时刻刻感受到浓郁文化的熏陶。他像影片《乡村教师》中的女教师，他像《铭记你的宽容》中的那位美术老师，在教育中成就自己。

---

[1]窦桂梅. 读书，我们必须的生活[J]. 教育文汇，2008，（4）.

[2]同上.

[3]许正军. 做一名幸福的老师——读《刘可钦与主体教育有感》[EB/OL].（2007-11-15）[2010-6-23]. http://www.jysxw.cn/blog/u/jiyuanerzhong/archives/2007/23263.html.

确实，每当教师们工作累了、心情烦了，顺手拿来喜欢的书读一读，心情便能在不知不觉中安静、平和下来。上面这位教师在读了刘可钦老师的幸福教师生活后，内心不由得被感染了，从而对教育再次产生了激情。有时候一篇生动的文章，会触摸到心灵深处最纤细的神经，会让迷茫困顿的自己豁然开朗，会使旧景物重新焕发出熠熠光彩。这无不增添教师的幸福感。

3. 享受学习：幸福的最高境界

关于幸福感，研究也表明：幸福感是主观心理体验与客观心理功能状态的统一。幸福感是一个整体的、统一的、多维度、多层次、开放的、动态的系统。从上面的分析，我们可以感受到，学习会由体验成功和压力缓解带给教师强烈的幸福体验。总的来说，这是一种外在的幸福体验。一旦教师对学习产生高度的认同感，学习成为教师的内在需要，乃至个体职业生活的重要组成部分，学习便上升为一种内在的幸福体验，也就是说，此时的幸福化作一种感觉，一种心境，一种享受，一种至高无上的愉悦。学习本身就成了一种幸福，这是学习的最高境界，也是教师所独有的幸福。因为教师可以把对学习本身的感染力，学习的精神和对学习的热情传递给他人，不仅丰富了自己，更是成就了他人。

案例9-8 窦桂梅老师的读书生活[1]

就拿我来说，我时常把书放在背包里，随时随地展卷，随时随地记录。参加一些会议、活动，会前会后、点滴闲暇，都可以充分利用。另外，外出时坐在汽车或者火车上，我们依然可以进行阅读。有时哪怕只读一会儿，余下的时光，就算闭目养神，口中仍留有余香。……现在，我很忙碌，但我努力让自己宁静。每天下班后，我找一段时间静静地坐在办公室里，上一会儿网，读一会儿书，回味一下，体验一下，今天该记录点什么，该反思点什么。就这样闭着眼睛，有时把腿搭在桌子上，平静平静，之后再回家——我这样给自己一个梳理的时间，这已然

---

[1] 窦桂梅. 读书，我们必须的生活 [J]. 教育文汇，2008，（4）：41-43.

成了我最好的"血液循环"，最好的精神润泽。

窦桂梅老师将读书学习看做最好的"血液循环"、最好的"精神润泽"，体现出她视读书为延续生命的必需品、丰富精神的营养品。实质上，这段话本身就是教师最好的"血液循环"、最好的精神润泽。它激励我们把读书当做一名老师的"精神长相"，当做延续职业生命的根本。

二、教师学习的方式

大量的研究已证实，教师学习有自己独有的特点，它是经验性的学习、基于问题的学习、自我导向的学习、同伴互助式学习、职场学习等组成的综合体。[1]为此，教师学习也应遵循恰当的学习方式。常见的适合于教师学习的方式离不开以下几种：批判性阅读、研究性观课以及交往性学习。

（一）批判性阅读

在我们认可阅读之于教师价值的同时，我们不得不关注另一个问题，即教师怎样阅读。英国哲学家培根曾指出，知识的获得一般有三种方式——先验论者像蜘蛛一样只知道从自己的肚子里吐丝织布；经验论者像蚂蚁一样，只知道收集简单的材料；而科学认知论者则像蜜蜂一样把采集来的花粉进行消化和加工，酿造成蜜浆。[2]我们也知道，教师在职学习区别于职前学习，既不是为了系统掌握某个方面的知识，形成完整的体系，也区别于教育理论工作者的读书，不是单纯为了发展或创建某一理论而阅读。教师学习最主要的目的，在于指导教师进行创造性的教学实践。从教师在职学习的上述特点出发，我们认为培根所归纳的第三种知识获得方式是最适合于教师的，消化、加工意味着教师在思考，

---

[1] 邓友超. 论教师学习的性质与机会质量[J]. 教育研究与实验，2006，（4）.

[2] 郑慧琦，等. 做有思想的行动者——研究型教师成长的案例研究[M]. 上海：上海教育出版社，2008：109.

并对有关知识加以扬弃、修正，最终形成个人实践理论。

1. 深入分析，比较异同，形成自我判断

在教育理论和信息纷繁复杂的背景下，教师阅读什么显得格外重要。教师阅读首先要求学会选择适合自己的书籍。选择的过程，实质上就带有批判的性质，即选择什么、舍弃什么不仅要求教师有一定数量的积累，还要有一定的判断力。朱永新教授领衔的新教育实验在教师阅读方法上主张知性阅读。这是一种带有咀嚼性质的研读，是指阅读者通过对书籍的聆听、梳理、批判、选择中，将书籍中有价值的东西吸纳、内化到阅读者的结构之中，从而使原有结构得到丰富、优化或重建的过程。要实现这一目的，教师不仅需要了解文本提供了什么信息，还要将正在阅读的文本与其他相关的文本以及个人的实践经验和感受进行比较，发现它们的相同之处、不同之处和矛盾所在，运用自己的分析和推理，最终判断文本内容的科学性和合理性。无疑需要教师通过分析、了解，把握作者的主要观点、写作意图和阐述的方法，然后再利用比较、综合、反思等思维方式对有关观点进行有效的批判。经过这样的阅读、思考，教师不仅丰富了已有的知识结构，更促进了批判性思维的形成。批判性思维的形成不仅有助于跳出教条陈规的藩篱，提出创新的观点，还有助于教师结合个人的教育教学实践对有关文本形成科学、理性的认识，进而对个人的实践进行科学而有效的引导。

案例9-9 看多家之言[1]

我总觉得，教书的人自己要多看书，要看多家之言，才能融会贯通，才能领会到理论的精神实质。我刚教书的时候，便听说有个叫凯洛夫的苏联人，提倡"三段""五环"式的课堂教学结构。有很多老师说，只有符合凯洛夫"五六环节"要求的课才是好课。后来又看了赞科夫"最近发展区"的理论；看了巴班斯基教学过程最优化的理论；看了苏霍姆林斯基《给教师的100条建议》；再看美国教育家杜

[1]张彦春，朱寅年. 16位教育家的智慧档案[M]. 上海：华东师范大学出版社，2006: 13.

威"儿童中心"的理论；布鲁纳的课程结构理论；布卢姆的教育目标分类理论；再看捷克、法国、英国、瑞士等国教育家的主张和咱们中国自己的教育家孔子、墨子、孟子、朱熹、梁启超、陶行知、叶圣陶的教育理论，才明白凯洛夫只是诸多国家中的一个国家——苏联，诸多教育家中的一位教育理论家。

这样想来，就明确了我们根本没有必要使中小学教师都非以凯洛夫的教育理论为指导不可。看得多了，就理解了各家各派的理论都有自己的长处，同时又都有自己的局限性，我们的责任在于结合自己的实际去吸收各家理论的长处，同时又要防止沿着这个长处走得太远，从而越出了真理的范围。学习理论的目的是为了发展自我的长处，一定要注意以我为主，以我的教学风格、教学个性、教学特长为主。用各家各派理论来丰富和发展自己的教学特长，发展自己的教学风格与个性，这样学理论才有用途。如果为了学理论而学理论，忘记了结合自己的实际而学理论，消灭了自己的风格、个性、特长而躺在某一派理论的书本上，这样的学习就成为无用甚至是有害的学习了。

我们知道，魏书生是育人有方、著作等身的教育名家。从上面的故事可以明白，他丰富的教育积淀建立在日复一日、坚持不懈地专业阅读基础之上。在对"多家之言"的理解、比较、吸收之后，他得益于读懂了其中的精髓。不仅如此，他还懂得在吸收各家理论长处的同时一定要以"我"为本，以自己的"实践"为本。唯有如此，阅读才能发挥最大的功效。总之，魏书生的阅读经验告诉我们一个非常重要的道理：教师阅读不仅要做到多读，还要提升阅读的水平和层次，即有批判性阅读的境界。

2. 大胆质疑并超越"书本理论"，形成个人实践理论

教师任何情况下的阅读，基本都处于一定的经验知识储备和经验思维状态，显然无法避免已有经验直接或间接的影响。现实中，教师在阅读中也常常会发现，书中所讲的某一观点与自己的实践感悟存在一定的差异性。有时候，教师会将这种感觉归咎于理论的"虚构性"或是脱

离实践，从而拒斥所有的理论。对此，教师大胆怀疑的做法值得肯定，然而对理论的全盘否定和排斥则是一种极其错误而有害的做法。因为，对某一理论的质疑不应简单地给予否定，而是需要教师充分发挥主体悟性，对其加以全面、客观的分析，并尽可能在实践中做进一步探究，进而证实其真伪，并力求发展或超越它。实质上，这一过程也是教师形成个人理论的关键性阶段。优秀教师教学理念的形成，不是先形成理念才去教学，而是在教学中，在学习理论中形成的。比如在教学中，如果能把自己慢慢悟到与接触到的新理念结合起来，生成后的东西才是最有效最好用的。目前，越来越多的研究也已证实，教师的个人实践理论和实践性知识才是真正支配教师教育教学实践的最重要的知识基础。因此，教师个人实践理论的形成不仅是对已有"书本理论"的合理性超越，更意味着教师成为真正的有思想的行动者。

（二）研究性观课

课堂是教师开展教学工作的主要场所，远离课堂，教师将失去其职业生存的根本。课堂是教师成长的基地和起点，脱离课堂，教师的学习和成长将无从谈起。因此，教师学习除了学习书本中的理论之外，还应扎根课堂，进行研究性观课，即以研究的姿态、凭借研究的技术和方法、依靠合作研究这一有利的平台，将教、学、研三项专业活动有效结合。有研究者指出，观课，就是通过观察对课堂的运行状况进行记录、分析和研究，并在此基础上谋求学生课堂学习的改善、促进教师发展的专业活动。[1]课堂观察是一项专业活动，是促进教师专业成长的一种重要途径。通过参与课堂观察，教师可以加深对教育专业的理解和对学生学习的研究，以及对教育教学的深层思考。博利奇（Borich）就认为，当致力于观察他人教学并以之为样板向他人学习时，你也掌握了如何观察自己、如何使自己被观察。这些观察将极大地促进自身作为一名教师的专业素养。[2]简言之，课堂观察使教师将学习集中在教师工作的主战

---

[1]崔允漷，周文叶. 课堂观察：为何与何为[J]. 上海教育科研，2008，（6）.
[2]同上.

场——课堂，因而大大提高教师学习的针对性和效果，在教师的专业学习中发挥很大的作用。那么，教师应该怎样进行研究性观课，或者说怎样的课堂观察才不至于流于形式化，而带有研究韵味呢？

1. 以研究者的姿态进入课堂

听评课对于中小学老师再熟悉不过，它常常被当做一项常规任务来执行。有的学校规定，一个学期一名老师一定要听多少节课。在这样的规定下，教师听课的目的是为"听课"而"听课"。同时，没有明确目的的听课直接导致了评课的形式化。评课时，参与听评课的教师往往更多地保持沉默，非到不得已时才发言。即使发表意见，也往往过于客套，对于有名的教师和自己身边的同事更是如此，优点一二三，然后再说一些不痛不痒的场面话。在这一点上，研究性观课极大区别于传统意义上的"听评课"，研究性观课需要老师以一名研究者的身份走进课堂，带着研究的眼光观察课堂。从某种意义上来看，比较有质量的课堂观察本身就是一种研究活动，需要观察者站在课堂教学实践之上来观察课堂教学实践，比如从关注环节到关注细节、从关注他人到关注自己、从关注现象到追寻意义，只有带着研究的眼光，观察者才能拨云见雾，探寻课堂教学的内在机制，从而真正反思自己的教育理念和教学行为，感悟和提升自己的教育教学能力。

2. 带着研究的技术和方法观察并记录课堂

进行课堂观察首先面临的问题是，观察什么？像传统听评课那样做随意式的记录吗？

答案显然不是。已有研究总结出一套课堂观察的程序，具体分为课前会议、课堂观察和课后会议。课前会议主要关注内容主题、教学目标、活动设计、区别指导、观察重点以及课后讨论的时间和地点等问题；进入课堂观察，观课者根据课堂观察工具，选择观察位置、观察角度进入实地观察，做好课堂实录，记下自己的思考；课后会议阶段主要关注定量或定性分析、有效学习的证据、资源利用的适宜性、预设与生成、授课教师的自我反思等，围绕课前会议确立的观察点，基于教学改进提出建议和对策。[1]这些研究成果对于课堂观察实施很有启发。下述案例9-10可以参考。

案例9-10 研究性观课的具体操作流程[2]

步骤之一：召开课前会议

课前会议是课堂观察活动的第一步。在课前会议上，作为开课教师要说课。根据开课教师的说课和参加观察的教师自身教学中的问题明确观察点。这样的课前会议一般是在开课的前一天召开，参与观察的教师也要做充分的观察准备，而不能随心所欲地观察。本次课堂观察活动，屠老师先陈述了自己的设计思路，并指出了自己认为是亮点的设计，同时也提出了自己在进行教学设计时遇到的四点困惑……参与观察的6位老师确定了6个观察点：一是教师教学机智的观察；二是目标达成的观察；三是教师指导有效性的观察；四是教师讲授的观察；五是学生回答行为的观察；六是课堂教学环节的观察。

步骤之二：开展课堂观察

进入课堂观察时，每一位观察的教师根据自己确定的观察点进行记录。观察记录要求有定性的描述性记录，也要有定量的记录，比如行为发生的时间和出现的频率。同时，也要有观察者的现场感受与理解，观察的教师还要记录音像资料。这节课，郑超老师观察的是"学生的错误和教师针对这些错误做出的反应和采取的应对行为"。根据他的观察记录，本次课上学生出现的知识性错误为3次，表达性错误为2次，思考不全面的有5次，未把握问题指向的错误5次。同时，他还对教师的反应和教师相应的行为做了记录。其他观察教师也都从自己的观察点出发，规范地记下了在每一个观察点上学生的表现、教师的反应和相应的行为，并记录下当时的课堂片断，为课后会议以及写观察报告提供翔实的依据。

步骤之三：召开课后会议

---

[1]崔允漷. 听评课：一种新的范式[J]. 江苏教育，2007，（12）.

[2]同上.

　　课堂观察后，教研组及时召开课后会议。在课后会议上，开课的教师要先就这节课的实施情况进行充分说明与反思，参与观察的教师就这节课展开对话。……

　　从上述案例不难发现，课堂观察的每一个环节都渗透着浓浓的研究韵味。首先，选择教学课题并进行说课展示，所有观课教师根据执教教师和自身改进教学和研究的需要，选择、商定观察主题。观察者通过讨论、商定主题，确定了整个观察组以及个人的研究目标。其次，带着观察任务和研究目标进入现场进行观察，既有定量的记录，又有定性的描述，这就确保了研究过程的科学性、严密性。最后，观察者和执教者带着自己的发现和感受再次进行交流、碰撞。显然，这样的交流接近更深层次的研究水平，从不同角度、不同层面的讨论、分析，拓宽了观察者的视野，丰富了观察者的思考，真正地发挥了集体教研的作用。

（三）交往性学习

　　独学而无友，则孤陋而寡闻。学习活动本身是一个人际交往的过程，随着学习中交往意义的凸显，自然产生了"交往学习"这种学习方式。"交往学习"是一种既不同于以间接经验为对象的"批评性阅读"，也有别于以实物为对象的"研究性学习"的独立的学习方式。在现代信息社会中，人与人的交往距离大大地缩短了，因而交往学习也占据着愈来愈重要的地位。不会交往就是不会学习，人正是在交流和交往中实现自己的本质。

　　教师学习有两种形式：一种叫界内的学习，一种叫界外的学习。界外的学习就是走出去学习进修、参观考察、展开学术交流，这是个人知识扩充和梳理的重要方式。[1]走出去意味着教师走出个人相对狭小的生活世界和相对闭塞的心灵世界，在全新的环境中与他人进行对话交流。这样的交流势必帮助教师打开新的视界，以不同的视角欣赏教育的另

[1]朱小蔓. 立足于教育职场培养科研型教师[EB/OL]. (2006-04-25) [2010-06-23]. http://blog.cersp.com/index/1000595.jspx? articleId=506592.

一番景象。对教师改进教学实践和自身成长有重要的促进意义。那么，教师需要或者青睐于什么样的交往对象呢？有研究表明，教师渴求有人际互动的、有针对性的、有过程的"专业研究人员"和"教研员"的指导，但现实中得到他们的帮助却十分有限。[1]换言之，这表明教师期待将学术交往的对象定位于富于理论与研究素养，并能指导实践的"专业研究人员"。近年来较为流行的各式各样的"专业引领"活动无疑能满足教师这一学习需求，但是教师作为主体，除了借助"专业引领"活动所提供的专家资源外，还应主动开辟"人脉"资源，充分利用"差异性"资源，展开适合自己并有助于自身发展的学术交流活动。一般来说，教师可根据自身的需求和现有条件，通过以下几种方式展开交往学习。

1. 积极阅读与聆听学术讲座

教师通过阅读开阔眼界，认识教育领域的名师、专家，了解他们的教学特色和研究专长，并从中得到启发。这属于以教师接受为主的单向交往，也属于一种看不见的隐性交往。同时，阅读还可以促进交往资源的积累，阅读习惯良好且阅读量较大的教师"结识"的名家也越多，因而所积累的交往资源也就更加丰富。随着对教育名家及其观点理解的加深，教师与专家的心理距离就愈加亲近，交流的欲望也愈加强烈，展开学术交往的可能性也就越大。

新课程改革以来，为了让中小学一线教师尽可能快速、全面而有效地理解新课改理念以及实施策略，教育专家努力将教育理论带到教育第一现场。同时，校本培训和校本研修也使学校自主、自觉地聘请教育专家举办学术讲座、学术报告，这些学术活动有助于教师打开教育的世界之窗，开阔教师的视野，扩大教师的信息量，形成大教育观；有助于教师了解当前教改形势、动态，把握教育改革的热点、难点问题，认清教育发展的潮流和趋势；有助于教师接受新思想，初步树立新理念。[2]一

---

[1]顾泠沅，王洁. 行动教育：教师在职学习的范式革新[M]. 上海：华东师范大学出版社，2007：87.

[2]郑慧琦，胡兴宏. 教师成为研究者[M]. 上海：上海教育出版社，2005：325.

定程度上，体现出学术交往的巨大价值和现实意义。与专家面对面的接触，专家与教师也有机会面对面地深入交谈，可以解答教师的疑惑和遇到的实际困难，给教师创造了进一步交流的条件和机会。教师可以从中做出选择，为今后主动展开学术交往奠定基础。

2. 主动融入专业性交流

学习不仅"读万卷书"，还要"行万里路"，强调的正是交往学习。交往的本质是人与人之间的相互往来和相互作用，交往必须置于一定的关系和互动中才能完成。"当一个沟通的接受者，就获得了扩大和改变的经验。一个人分享别人所想到的和所感到的东西，他自己的态度也就或多或少有所改变。"[1]因此，教师在学习和工作中，应适时走出狭小的工作范围，开辟新的学习天地，主动参加学术会议，与专家交流、向专家请教。

> **案例9-11 积极求教[2]**
>
> 曹培英老师参加工作后，立志当一名好老师，于是千方百计寻找提高的途径。一个偶然的机会，他听说赣州师范学校附属小学有两位数学老师，其教学颇为人称道，在远近有不小的名气。听到这个消息后，曹老师非常兴奋，并经人介绍辗转见到了两位老师，硬缠不放，一有空就跑去听课讨教。有一次，曹老师为了探讨和改进分数应用题的教法，凭老同学的关系，私下借那个学校的一个班上课，然后打算请两位老师评讲。谁知恰巧被该校领导发觉了。曹老师心想："这样无组织无纪律，不挨批才怪哩。"出人意料的是，这位校领导听完曹老师的课，不但没有批评，还点头称赞，并给予热情指点。这给曹老师极大的鼓舞和激励。通过向教师们请教，曹老师获得了许多教学实践性知识，这使他对小学数学教学又多了一层领悟。

---

[1] 杜威. 民主主义与教育[M]. 北京：人民教育出版社，1990：6.

[2] 郑慧琦，等. 做有思想的行动者——研究型教师成长的案例研究[M]. 上海：上海教育出版社，2008：217.

　　曹培英老师"辗转讨教"、"冒险求教"的故事，向我们展示了一位热爱学习、乐于学习并善于学习的值得众多青年教师学习的榜样。"师徒结对"一直以来都是备受推崇的学习方式，原因就在于其充分利用了"人"这一丰富的主体资源。在现实生活中，称得上师傅的老师尽管很多，但毕竟存在经验相近、相互复制的局限性。曹培英老师主动打破了这种局限性，积极寻找身边潜在的学习资源，为自己打开了一扇通向成功教学的大门。

　　现代信息社会通讯技术发达，人与人的交往方式呈现多元化，这无疑给教师的交往学习创造了非常便利的条件。因此，教师应充分利用网络资源加强与校外专家的交流和沟通，博采众长，为我所用。有研究表明，交往学习产生的结果，首先体现在认识论意义方面，即交往主体通过与他人对话、互动，建构对事物意义的独特理解，并由此使交往主体的心理结构获得调整、改造和丰富。相比个体独自学习的行为，这种对事物意义的理解和建构以及由此引起的身心发展效应，因为结合了他人的影响而变得更为深刻和全面。交往学习的另一种结果就是，交往双方相互影响、借鉴和调适而形成共识、视界融合或主体间性。这种共识、视界融合或主体间性不仅是认知上的，同时也是情感或价值取向上的。[1]

案例9-12 "追随苏霍姆林斯基"[2]

　　1998年是苏霍姆林斯基诞辰80周年。而在1997年，我就告诫自己一定要写一篇为文章来纪念他。10月11日，一个星期天，我打开电脑，一气呵成地"写"了一篇长长的纪念文章。

　　10月下旬，我应邀去四川德阳市上两堂公开课。课间休息时，偶尔在一本《中小学管理》杂志上看到一则消息，标题深深地吸引了我——"纪念苏霍姆林斯基80诞辰国际学术研讨会"将在北京举行。从中我了解到，"纪念苏霍姆林斯基80诞辰国际学术研讨会"由北

---

[1]陈佑清. 交往学习论[J]. 高等教育研究，2005，（2）.

[2]李镇西. 追随苏霍姆林斯基[M]. 上海：华东师范大学出版社，2009：28-49.（作者引用时做了缩简）

京师范大学国际比较教育研究所承办，这次会议将云集世界各地研究苏霍姆林斯基的专家学者，而且还有一个叫"苏霍姆林斯卡娅"的女士被特邀出席。我当然又想到了不久前写的那篇文章，进而产生了想参加这次国际研讨会的强烈愿望。但是，我知道这很难——我既非专家，也非学者。虽然没有与会资格，但是我又侥幸地幻想，万一这篇文章被他们看中了，因而邀请我赴会呢？于是，我就给吴盘生老师去了一个电话，说明了我的愿望，并请他把我那篇文章设法转交给"研讨会"筹备处。两周以后，我接到了"研讨会"的邀请函。

……

在北师大开会那几天，我的确时时感受到一种温暖和鼓舞，当然首先来自卡娅，但又不仅仅来自她。在这次会议上，我还有幸结识了许多苏霍姆林斯基著作的翻译者和研究者。他们给我的教诲也是令我感动万分，并终生难忘的。……还有北师大国际与比较教育研究所的老所长，与她的交往让我充分感受到了什么叫"修养"。……给我教诲和鼓励的老师实在太多了。

从上面的故事中，我们充分感受到李镇西老师赴京参加学术会议的收获是非常大的。他通过专家的研究成果更全面地了解了苏霍姆林斯基的思想，进而从研究资源上为他今后的深入探索奠定了基础。同时，他还结识了众多教育专家，亲身感受了他们的研究水平和人格素养，为成为真正的研究者找到了参照和榜样。此外，专家给予李老师自我展现的机会，以及肯定和鼓励，更为他终生追随苏霍姆林斯基奠定了坚实的情感基础。

3. 与专家合作研究

当今，专家与教师开展合作研究对于教师来说并不陌生。例如，教师可以参与专家领衔的课题研究，即由专家领衔、以课题为纽带、率领一批学校校长、教师开展研究，或者以教师为研究主体、学校为研究基地、专家提供专业支持的合作方式是较为普遍的两种形式。相比于阅读、聆听讲座和主动请教，与专家进行合作研究是一种更为深入的交往学习形式。其一，在合作研究中，专家一般都会对教师进行培训，谈总课题的研究方案、课题研究的目的和意义、理论框架和技术路线、如何搞调查研究和实验研究方法等具体的操作步骤。这便于教师从全局上了解总课题，从专家的思路、方案设计和技术路线中吸收营养，从而学到更多的研究方法与技巧，并切实感受完整的研究过程。其二，合作研究可以让教师切身感受专家人文精神的影响，即除了专家的科研素养外，还包括他们的职业道德、科学态度和敬业精神等人格魅力的影响。其三，由于合作研究不是专家一方的单向信息传输，而是专家与教师双向信息的传递和共振，因此，教师可以向专家充分"敞开"自己的教学实践和教学理念。专家从理论和方法上进行诊断和指导，这一过程本身在很大程度上有助于改善教师的教学实践、提升教师的专业素养，同时由于教师在合作过程中充分地体验创造的快乐，能更大程度地体验到完满和幸福的职业生活。

案例9-13 与专家联手演讲[1]

2000年，在第二届沪港学前教育研讨会上，潘洁教授与陈磊老师联手以案例对话的方式作《尊重儿童的理念在教学活动中的实施》专题报告，陈磊老师讲述《一棵小树的诞生》这一案例故事，潘洁教授则立足理论对这个案例进行剖析，报告获得了很大成功。

……

与潘洁教授不期而遇的合作让陈磊老师心中豁然开朗，真切感悟了日常教育活动与教育理论的水乳交融关系，认识到理论的目的不是抽象，而是更本质地认识事物。……

同时，这次会议报告获得众多与会者的首肯和赞誉，无形间又成为一种动力，促发陈磊老师对自己日常教育中的案例与经验进行理论解读和提升。很快，经过进一步梳理，陈磊老师将这次会上撰写的案例写成《问题解决过程中教师支持幼儿自主学习的策略——一个幼儿

[1] 郑慧琦，等. 做有思想的行动者——研究型教师成长的案例研究[M]. 上海：上海教育出版社，2008：133-134.

剪纸案例引发的思考》一文，发表在《学前教育研究》上。……

从此，陈磊老师开始在实践中更自觉地反思自己的日常教学行为，不断追问，努力从理论的角度分析解读自己的教学行为，思考各种问题可能产生的原因，寻找解决的有效途径和方式。同时她也更关注理论知识的学习与理性反思能力的提高，主动加强同外界的交流与学习，及时将所学得的知识运用于实践。在这样的实践中，她实现了理论的回归，促进内在知识结构的整合与理论思考能力的提升。

陈磊老师与专家的这次"合作研究"，尽管未达到以课题为载体的合作研究的深度，但依然给她带来了研究观念的转变、思维的冲击以及研究能力的提升。这从另一个侧面向我们展现了教师与专家展开深度学术交往的意义所在。

从上例，我们充分感受到学术交往之于教师的促进意义。然而，在现实交往活动中，由于教师和专家所处实质"地位"的差异，教师容易对专家持过于"迷信"或完全"冷落"的态度。这两种极端的态度都不利于教师利用专家的"差异资源"，开展有益于自身的学术交往活动。教师正确的做法是，坚持向专家虚心求教，倾听专家的解释和指引，敢于与专家平等交流，阐述自己的见解和实践感悟。唯有如此，学术交往活动对于教师和专家、实践和理论才能产生双向促进意义。

三、教师学习的内容

教师需要学习哪些方面的内容？一直以来都是人们探讨不休的话题。理想的看法是，教师学得越多越全面，对自身的专业发展越有帮助。事实上在职教师由于学习时间、精力都非常有限，因而学什么就应当有一定的倾向性和针对性，以便更有效地提高教师的学习效率。对此，特级教师闫学结合自身经验和感悟提出了"读书建议"。

案例9-14 读什么书[1]

……细究不少优秀教师的成长轨迹，可以得出这样一个结论：是否具有完善的知识结构将最终决定我们在教育这条路上能够走多远。

正是基于这样的认识，这些年，通过阅读经典不断完善自己的知识结构成为我的阅读指南，成为我孜孜以求的目标。我曾对自己的知识结构做了明确的分析：上大学的时候，我读的是汉语言文学专业，在专业知识这一方面，虽然远远谈不上精深，但基本够用；那么，我要着力弥补的就是教育理论和人文素养这两个板块了。于是，从苏霍姆林斯基的《给教师的建议》、洛克的《教育漫话》、夸美纽斯的《大教学论》，到冯友兰的《中国哲学简史》、老子的《道德经》、弗洛伊德的《梦的解析》，再到国内外大量的儿童文学经典，都是我阅读的对象。长期高品位的阅读不断完善我的知识结构，使我逐渐拥有了开阔的胸襟和自由的思想方法，能够跳出教育看教育，能够比较敏锐地看清楚问题的实质。一句话，我作为教师的专业"底气"在阅读中逐渐厚实了。……

的确，教师读书学习不能只凭个人兴趣，应该立足于不断完善自身的知识结构。换言之，教师学习应有针对性地选择学习内容。关于教师的知识结构，研究者普遍认为，本体性知识、条件性知识和实践性知识这三方面共同构成了教师的知识结构。本体性知识是指教师所具有的特定的学科知识，如语文知识、数学知识等；条件性知识是指教师所具有的教育学与心理学知识；实践性知识是指教师在面临实现有目的的行为中所具有的课程情境知识及与之相关的知识。[2] Robert J. Sternberg 和Wendy M. Williams对教师知识结构进行了更为细致的划分，即包括"内容知识——有关所授学科内容的知识"、"教育学知识——怎样进行教学的知识"和"有关特定内容的教育学知识——怎样对所教的具体

---

[1]张彦春，雷玲. 特级教师的特别建议[M]. 福州：福建教育出版社，2009：43.

[2]教育部师范教育司. 教师专业化的理论与实践[M]. 北京：人民教育出版社，2001：35.

内容进行教学的知识"三种。[1]尽管研究者对教师知识构成持有不尽相同的观点，但无论从哪个角度看，都应该包括学科知识（教什么）、教育知识（如何教）两大方面。

（一）学科知识学习

学科知识是教师的教育教学工作取得成功的基本保证，对学生的成长和发展有至关重要的影响，不仅表现在对学生当时成绩的影响，更表现在对学生视野、思维等未来的影响。学科知识是教师知识结构中最基础的部分，具体包括教师能够系统掌握并熟练运用本学科的基本理论、基本知识和相应的技能，熟悉本学科历史、现状，了解其最新成就和发展趋势，发挥本专业的研究方法和学习方法。在一定的条件下，教师掌握的学科知识越多、越丰富，其教学的有效性、创造性就越强。

新课程改革以来，各科课程标准和教材，尤其是教育教学理念有很大的转变，但一些教师仍然是"经验"第一，知识水平仍仅仅局限于书本或是教参，很少能主动地了解当前本学科的发展状况，扩充学科知识的广度和深度。一项关于小学教师数学知识现状的调查结果表明："以新教材储备知识来考察教师教学内容知识发现，近40%的教师认为自己这方面的知识还不够，尤其是16年教龄以上的老教师有相当比例难以应付新教材。[2]有特级教师专门撰文探讨数学教师学科知识缺乏的问题。

案例9-15 学科知识缺乏[3]

近两年来，在听课观察与对话交流的过程中发现，近一半的课后分析或多或少涉及学科知识的纰漏或对学科知识理解的偏差。其中除了教师教错了之外，还有两类反映教师本体性知识缺失的现象：一

[1]Robert J. Sternberg Wendy M. Williams. 张厚粲，译. 教育心理学[M]. 北京：中国轻工业出版社，2003：6-7.

[2]吴卫东，等. 小学教师教学知识现状及其影响因素的调查研究[J]. 教师教育研究，2005，（4）：59-64.

[3]曹培英. 新课程背景下小学数学教师本体性知识的缺失及其对策研究[J]. 课程·教材·教法，2006，（6）.

是学生提出疑问，教师难以解惑；二是按似是而非的理解加工教学内容。……

例如，课堂上，有位老师问到有无最大和最小的整数，一个学生回答："没有，因为只要给我一个整数，我都可以加上1或减去1，从而找到比这个数更大或更小的整数。""这本是多好的回答啊，蕴含了数学的极限思想。"但就是这样的回答，老师却没有多大反应，让生成的课堂资源白白流失了。……

教师学科知识储备对于课堂教学的重要性也为教育大家所强调。苏霍姆林斯基曾说："你想有更多的空闲时间，不至于把备课变成单调乏味的死抠教科书，那你就要读学术著作。应当在你所教的那门学科领域里，使学校教科书里包含的那点科学基础知识，对你来说只不过是人们的常识。"[1]杜威也早就指出，教师作为一个社会团体的明智的领导者，依靠的不是其职位，而是其广博、深刻的知识和成熟的经验。教师必须对个人所教的学科有特殊的准备，必须对所教的学科具有真正的热诚，并把这种热诚富有感染力地传导给学生。[2]因此，拥有广博而精深的学科内容知识，或者说教师对所教学科内容知识有全面、深刻和灵活的理解，是教师的首要任务，否则教师不是漫无目的地随波逐流，就是呆板地受制于教科书的束缚。所以，教师要先从所教的那个学科领域学起，累土成丘，积微成著，才能持续确保学生随时汲取最鲜活的知识。

（二）教育知识学习

一个掌握了精深语言知识的人，并不一定能成为语文教师，也就是说，对于教师来说仅有本体性知识远远不够。教师如果要做专家，那就做教育学、心理学专家。教师既需要一定的理论知识以指导实践，还需要拥有丰富的实践性知识以确保实际教学活动有效地进行。舒尔曼曾

[1]苏霍姆林斯基. 给教师的建议[M]. 杜殿坤，译. 北京：教育科学出版社，2010：7.
[2]约翰·杜威. 我们怎样思维·经验与教育[M]. 姜文闵，译. 北京：人民教育出版社，2005：223-225.

指出，教师为使教学取得成功，必须知道如何把他所掌握的知识转换为学生能理解的表达形式，因此必须具备几个方面的知识：学科内容知识、学科教学法知识、一般教学法知识、课程知识、学习者及其特点的知识、教育目标、目的、价值观及其哲学和历史背景的知识。[1]教育理论知识和教育实践知识是确保教师有效教学的专业基础，在具体的实践中，两者往往是紧密联结、相互促进、共同发挥作用的。在此，我们将两者统称为教育知识。

1. 学科教学法知识学习

"学高未必是良师"，即使是毕业于一流大学的博士在刚刚走上讲台时也并不知道该如何教学。舒尔曼曾指出，只讨论学科知识而不看关注如何教授是不恰当的。因此，学科教学法知识对教师来说特别重要，它强调教师不仅对自己所教学科有深入的理解，还要懂得如何将学科知识按照儿童容易理解的最佳方式表达出来，即以适合儿童的思维与学习特点重新表达学科知识。它确定了教学与其他学科不同的知识群，体现了学科内容与教育学科的整合。

有关研究也表明，专家教师并不过分强调学科知识而力求对教学内容和学习内容有更深的理解，围绕学科教学整合自己的学科知识、教学知识和其他有关知识，并通过学习和实践不断进行补充和拓展，使其专业知识像滚雪球一样不断增大。[2]专家教师首先一定是某学科领域的教学专家，他们往往有异常丰富的学科教学法知识。因此，增补学科教学法知识是教师在职学习的重要内容。一般来说，学科教学论方面的理论书籍和名师的教学经验介绍是较好的学习素材。以语文学科为例，教师可以阅读《语文教学论》《语文课程与教学论》《小学语文教学论》《中学语文教学论》《窦桂梅与主题教学》《李镇西与语文民主教育》《于漪与教育教学求索》等相关的名师教学论著。

[1]姜美玲. 教师实践性知识研究[M]. 上海：华东师范大学出版社，2008：104.
[2]周赟梅. 专家教师知识及其认知特征[J]. 湖南科技学院学报，2006，（8）.

2. 关于"儿童"的知识学习

教育是培育生命的事业，是保障生命成长的事业，教育的根本问题是关于儿童的问题。马克斯·范梅南就曾鲜明地指出，教育学实际上是一门成人（包括教师、父母和其他与儿童成长相关的人）与儿童如何相处的学问。[1]对于教师来说，所谓"专业性"，最终都必在他与学生的教育关系中体现出来并得到检验。为此，教师除了建构"学科教学专家"的身份外，还应该努力做一名"儿童专家"，培养高度的学生生命意识，了解学生的生命特征，成为促进学生生命和谐发展的专家。

反观教育实践，尽管关于"儿童"的知识处于最重要的地位，但教育却普遍趋向于追求科学化、技术化，常常忘记关注学生本身。例如，习惯站在成人立场上看待学生；在教学过程中，与学生相处的时候，也常常是想当然，总以为自己多么地了解他们，以致有时自觉不自觉地犯一些低级错误。不得不承认，与儿童生活在一起的教师，有时并未真正认识他们，更未真正发现他们。这不能不说是身为教育者极大的遗憾甚至可悲之处。难怪有人提出，教师是一个冒险甚至危险的职业，伟人和罪人都可能在他的手中形成。因此，了解、学习关于儿童的知识、不断走进他们的生活世界、亲近他们的心灵世界，是每个教师一生的必修课。

想拥有丰富的有关"儿童"的知识，教师的阅读可从这样几类书入手。一是心理学书籍，尤其是教育心理学和儿童心理学；二是教育大师的教育经典类书籍：如蒙台梭利的《童年的秘密》、卢梭的《爱弥尔》、苏霍姆林斯基的《把整个心灵献给孩子》、阿莫纳什维利《孩子们，你们好》、吉姆·海诺特的《教师怎样和学生说话》、马克斯·范梅南的《教育机智——教育智慧的意蕴》等；三是儿童文学读物，即读一读孩子们喜欢读和正在读的书。或许，当教师徜徉于反映孩子们生活的书海中时，才能拨云见日，看见与我们眼前不一样的孩子，发现他们最真实的面貌。

---

[1]李树英. 教育现象学：一门新型的教育学——访教育现象学国际大师马克斯·范梅南教授[J]. 开放教育研究，2005，（3）.

3. 学习课程与教学理论

"人才置盛衰，其表在政，其里在学。"[1]马克斯·范梅南也特别指出："迷恋他人成长学问"的每一个人，都需要读一点优秀的教育理论。[2]这正是在提醒教师，教师也需要学习理论、亲近理论。教师为了确保其每天的教学都是科学、合理而有效的，除了掌握大量的学科教学法知识与儿童理论知识外，还需要了解一定的课程与教学理论，以便从源头上汲取更丰富的营养。教师可以了解课程与教学的历史发展、课程与教学的目标、课程内容、教学策略、课程开发、教学设计、课程与教学的组织、课程与教学的评价以及课程与教学研究的发展趋势等。有助于教师对课程与教学有清楚明了的认识，形成自己的教育教学观念，从更高的理论层面审视教学实践，从理论的高度对教育教学现象加以把握。

由于理论表达遵循严密的逻辑体系，教师读起来常常感觉费劲。这需要教师开辟适合自己的阅读方法，例如，静下心来，把自己放到文章讨论的主题情境之中，不断地理解其主要观点，体会其逻辑结构，必要时还要设身处地，结合个人经验反复体会作者的话。正如有的老师说："就算我是一株草吧，阳光、空气、水分、土壤都是比我伟大得多的事物的力量。但我是有生命的，现在为我的生存，小小的草就必须利用、控制它们，变它们成为保存我的手段。慢慢来，慢慢地更新，其成果才是确实可靠的。"[3]这种理论阅读姿态值得教师借鉴，无论哪一本艰涩或流畅的理论书籍，都能在阅读中与作者形成充分的对话，从中汲取自己所需的营养。

4. 阅读教育"经典"

人类几千年的教育历史，创造和积累了许多宝贵的教育思想财富，

---

[1]刘梦溪. 中国现代学术要略[M]. 北京: 生活·读书·新知三联书店，2008: 2.

[2]马克斯·范梅南. 教学机智——教育智慧的意蕴[M]. 李树英，译. 北京: 教育科学出版社，2003: 18.

[3]薛瑞萍. 薛瑞萍读教育理论[M]. 长春: 长春出版社，2007: 123.

这些财富保存的载体主要是教育经典。阅读经典，与教育家对话，是教师成长的基本条件，也是教师教育思想形成与发展的基础。教育智慧的形成，在一定意义上，就是跨越由这些经典构成的桥梁的过程。这是一个不可超越的过程。人类教育虽然不断变迁与发展，但是教育之根本不容易变化，教育过程的内在规律不会变化。如教育创新虽然是时代的主旋律，但是对于创新教育的论述，现在可能不会超过陶行知。现代的许多教育新思想，其实只不过是用新时代的语言和案例与过去的大师对话而已。教师应时常走回历史、走进经典，汲取其中的营养，丰满自己的思想，反观自己的实践，不断警醒自己。李镇西老师在刚参加工作中的几年中，就读了大量的教育经典，如《和教师的谈话》《给教师的一百条建议》《把整个心灵献给孩子》《爱情的教育》《关于人的思考》《巴甫雷什中学》《陶行知全集》《叶圣陶语文教育文集》《中国著名特级教师教学思想录•语文卷》《马卡连科教育文集》等。[1]

然而，教师的时间常常被大量繁杂的日常教学工作所分割，花费整块的时间去阅读经典名著的机会非常有限。在繁忙的工作之余，为了保证每天都能阅读，教师可以寻找自己喜欢读且能激发自己思考的教育作品，如经典的教育论文、散文、故事等，建立属于个人的"教育经典文库"。经典作品的收藏也可以始于某一位老师，或者仅仅是他的一篇文章。例如，在偶尔邂逅了李吉林老师的一篇文章后，可以进一步阅读她更多的个人体验。遨游在能让自己产生共鸣的作品里，获得的不仅仅是思想的提升，还有精神的愉悦。同时，教师还可以亲自见证作者的成长路线，充分领略他的人格素养，这对教师来说，也是一笔巨大的精神财富。

（三）人文阅读

英国哲学家培根说，"读史使人明智，读诗使人聪慧，演算使人精密，哲理使人深刻，伦理使人有修养，逻辑修辞使人善辩"[2]。教师

---

[1] 李镇西. 做最好的老师[M]. 桂林：漓江出版社，2006：39.

[2] 费朗西斯•培根. 人性的探索：培根随笔全集[M]. 何新，译. 哈尔滨：黑龙江人民出版社，1989：112.

作为传承文明的使者，需博采众家之长，集渊博的知识素养于和谐的人文情怀于一身。这是教师职业的内在要求。无论是历史上的教育名家、还是身边的优秀教师，无不是如此。李镇西老师在《做最好的老师》一书中写到："从教20余年，我可以这样说，我一直在不停地阅读，这已经成为我的生存方式之一——或者干脆说，'阅读欲'就是我的'生存欲'。这种'阅读欲'源于自身的危机感。学问的功底，学识的功底，使我如饥似渴地阅读。这些阅读不但赋予我独立思考的信念，而且让我从历史和文化的角度俯瞰语文教育。"[1]李镇西老师正是因为多年积淀了广博、深厚的阅读功底，才敢于站在一个较高的起点上"俯瞰语文教育"；正是因为把握了历史文化发展的脉搏，才把自己定位于文明的传播者、思想的启迪者、人生的导航者。所以说，教师若要成为学生精神世界的培育者，自己首先要成为精神世界的建设者；只有教师把自己侵染在文化的大火炉之中，才能为学生营造一片绿色的文化空间。尤其在新的历史时期，多元文化不断涌入和冲击，教师担负更加艰巨的历史使命，即培养出富有创新精神、人文素养和实践能力的综合素质的人才。因此，作为教师，就必须首先提升自己的人文素养和文化品位，人文阅读不仅必要，也是最有效的途径。

人文阅读就是读人文著作，比如文史哲方面的著作、文学方面的经典名著。在这个过程中，教师可以充分与经典文本对话，与大师对话，与文化对话，与民族精神对话。富有人文精神的阅读就是潜入人类文化的深处，吸取民族精神的精髓，通过个体的文化建构，实现个体人格的发育。教师畅游在富有人文内涵书籍的海洋，无形中也是在滋养自己的职业情操和精神世界，体味着人生的意义和幸福。以下人文阅读书目可供借鉴。[2]

古典类：《论语》《孟子》《庄子》《老子》《孙子》《韩非子》《史记》《古文观止》《唐宋词鉴赏词典》《唐诗鉴赏词典》《宋诗鉴赏词典》《苏东坡诗文选》《陆游诗词选》《李清照诗词选》《刘禹锡

[1]李镇西.做最好的老师[M].桂林：漓江出版社，2006：39.
[2]李镇西.做最好的老师[M].桂林：漓江出版社，2006：4.

诗文选》《李白诗选》《杜甫诗选》《红楼梦》《三国演义》《水浒》《西游记》《儒林外史》《聊斋志异》《中国古代文学史》等。

人文类：《忏悔录》《宽容》《马克思主义原理》《自我实现的人》《邓小平文选》《顾准文集》《中国古代思想史论》《中国近代思想史论》《中国现代思想史论》《文化的冲突与抉择》《历史深处的忧虑》《第三次浪潮》《当代著名批评家随笔丛书》《我的精神家园》《六大观念：真、善、美、自由、平等、正义》《民主和专制的社会起源》《城市季风》《中国的危机》《尼采：在世纪的转折点上》《傅雷家书》《相约星期二》《六月雪》《原上草》《荆棘路》等。

此外，在现代社会，人们思考如何在学会生存的同时，还需要学会生活、学会休闲，提高生活的品味。对教师来说，其生活态度、生活质量往往直接影响教学成绩，也间接影响学生对学习和生活的态度。因此，在业余生活中，教师要坚持阅读适量的生活类的书报杂志，处处留心生活中的学问，以丰富自身的生活内涵。做一名优秀的老师，不仅要做有思想的专业行动者，而且要做生活的智者和强者。

第十章 勤于表达

教师在教育实践中不断积累经验，在持续的阅读中不断形成个人见解，在不断的反思中将理论和实践融为一体。教师在自己的专业活动中逐渐建构个人知识，而个人知识是缄默、隐性的，需要借助语言将其表达出来。表达，就是教师将教学及研究中的所见所闻、所思所感、研究成果用文字叙述出来，把研究过程及结果变成文本的过程。通过表达，记录教育教学中发生的有意义的事件，为日后反思借鉴或与他人交流、共议教育教学意义，储备有用的材料；通过表达，阐释教育研究中的认识与发现，在研究的反思中增长教育智慧；通过表达，描述自己与学生在教育教学生活中的点点滴滴，彰显学生的成长经历以及自己所起到的意义与价值，增强教师自身的事业感与幸福感。

一、教师表达的困难

教师在阅读、反思中形成的点滴想法都需要及时记录下来，但非文史类教师缺乏专门的写作训练，尚未形成写作习惯；由于文史类教师习惯于常用的文学体裁等表达方式，在写作时往往碰到各种障碍，会出现言不达意、句不成章的困窘局面，甚至出现搜肠刮肚仍无处下笔的情况。对于一线教师来说，主要困难在于：难以动笔、难以说理、难以结构化。

（一）难以动笔

教师为顺利解决日常教学中的各种常规问题，往往会慢慢形成一些个人的教学习惯，这种教学习惯会保证教师工作的效率，也会使教师失去陌生感，年复一年的重复教学难以激发教师的表达冲动。许多教师提起笔，常常想不起来写什么。随着社会变化，教师承担了越来越多的社会性事务，无法将全部精力投入到教学中，因此许多教师有"哪里有时间写"的感叹。

1. 写什么

教学情境丰富而生动，在课堂中会与不同的人相遇，与不同的文本相遇，但从另外一个角度来看，教学情境又是重复而单调的，尤其是多年不变的教材、套路式的教学程序容易使教师丧失新鲜感。教师按部就班地处理教材，波澜不惊地处理几乎不断重复的、各式各样的教学问题，慢慢就会失去对教育情境感知的敏锐性，没有了敏锐的感悟，也就没有了"一吐方快"的表达愿望，自然也不知道该写点什么了。

第一，事情繁杂，不知该写何事。是写课堂教学中发生的小插曲还是写实际教学效果与预期设计的落差？是写学校教育管理中的不足，还是反思自己的教学情况？……当所有的事情都涌上心田的时候，总让人觉得千头万绪，难以选择。此种情况，宜静下心来细细思索：千头万绪亦有一端，选一件自己认为最有感悟和触动最深的事情即可。

第二，习惯定势，无事可写。备课、上课、改作业是学科教师固有的教学工作程序，如果是班主任，还要加上班级管理、教育学生。教师的生活就在时间的轮转中周而复始，而固有的教育对象、教育资料、教育程序使教师在日复一日、年复一年的往返中对教育生活形成了习惯。而习惯一旦形成就容易变成思维定势，由此导致看不到琐碎的教育教学活动中，相似教育事件和教育现象所蕴含的不同意义，闻不出学生在统一的教育框框中不同的生命气息，听不见学生表达发展需求的不同声音。更有教师认为，教学生活所碰到的事情虽千差万别，然而同出一辙，以同样的经验处之，又何来不同，又何必大惊小怪。长期如此，待至拿起笔，便发起牢骚：生活天天如此，有什么好写的。

2. 怎么写

近年来，教师接受了种种教育科研理论，各种新潮研究形式也越来越多，教学反思、教学日记、教育随笔、教育叙事等层出不穷。教师在理论专家的指导下紧跟潮流写作，这种应景式的写作，使教师不能深入领会背后的理论支撑，容易流于形式化，最后成为毫无个性的标准化文本。

在当前的学术制度内，科研写作一般定义为论文的写作，即用理论性的话语来解释教育实践中的问题，而这一套理论话语并不是教师所熟悉的。为了符合一些教育研究专家的规范，教师只能放弃自己的言语风格，套用纯理论表达的方式。最后的结果是，教师所写的与自己日常所做的无法建立联系，教师的写作也就成了别人观点的理论演绎，丧失了个性的表达。当写作不能带来表达的快感时，教师当然也就失去了表达的愿望。

教师应如何写作？怎样用自己的语言来写作？如何发出教师的声音？这都是教师写作中的难题。

3. 何时写

教师工作琐碎而繁忙，早读、上课、备课、改作业，有时晚上还要看自习，每天起早摸黑，忙个不停。它不像其他工作有严格的上下班时间，教育教学活动要花的时间是个无底洞。钻研教材、研究学生、处理教育教学事件、举行研讨会等，看似轻松，实则劳心劳力。

随着社会的发展变化，教育承担了越来越多的社会职能，这些额外的工作也占用了教师的工作时间。即使是周末也有继续教育课程的学习任务。因此总体而言，如何在繁重的工作任务后为自己争取写作时间，是教师在写作中需要解决的难题。

（二）难以说理

教师表达，并不纯粹是为了记录事情的发展与经过，而是通过叙述事情发展之时产生的感受、感想、感悟，让自己不断反思，对教学经验进行理论提升，这需要一定的理论功底。因此，教师在写作时常常会遇到难以说理的困惑，一般表现为几个方面：

1. 写作流于经验的总结，缺乏应有的理论深度

在教师的成长过程中，经验的积累起到了比较重要的作用，往往会导致教师对教育理论的漠视。教师在学习时，比较重视经验的模仿，所以教师在写作时，就容易沉湎于日常经验。对日常教学经验进行理论提升是许多教师面临的难题。由于缺乏应有的理论深度，教师不能准确界定研究对象，定位研究范围，也就无法从更广的视野来分析和解决问题。

2. 写作流于概念的演绎，缺乏应有的实践观

有一些教师在从事科研过程中，为了迎合理论研究者或行政管理部门的要求，借用理论研究者的话语方式，采用各种流行的理论作为自己的研究基础，在此基础上进行概念演绎。科研写作变成闭门造车，远离教师的教学实践，无法解决现实问题，成为理论研究的附属品，失去了教师研究特有的研究旨趣。

（三）难以结构化

文章要写得条分缕析，离不开结构化。文之所以有章节，章节之所以成文，把写作材料结构化是重要的原因。字成句，句成段，段成章，章成文，都离不开各段各章之间紧密的结构联系。然而，一线教师在表达时总有难以成文的苦恼，主要存在以下三个方面的问题：

1. 难以提炼主题

"主题是作者在文章中所表达的对客观事物的基本观点或看法。对于一篇文章而言，主题是文章的灵魂，是文章的主脑和统帅。"[1]缺乏主题，文章就失去了生命，成为没有灵魂的语言文字的堆砌；没有主

---

[1]梁明江. 教师写作学[M]. 海口：南海出版公司，2001: 12.

题，一切写作材料都变成了一堆无所依附、不知所云、毫无用场的"废品"。

然而，主题从何而来？主题主要是从材料中提炼而来，通过分析材料，从材料中逐渐生成主题。对于一线教师而言，重点要发掘教育教学事件的本质，从事件本身所反映的教学原理中提取文章的主题。然而，什么是发掘事物的本质呢？"发掘事物的本质，就是说：写人，要着力于人物思想的发掘，要全力寻求出支配人物言行举止的思想的最高点。记事，要在事物显示的多方面的意义中找到最主要、最动人、最深刻的那一点。说理，要着力于对事物矛盾冲突的剖析，善于捕捉那些处于支配地位的矛盾的主要方面，并据此做出明确的回答或判断。"[1]发掘事物的本质就是一个对事物进行分析、概括和综合的过程。

2. 思路不清，不善构思

许多教师在写作时会经历一种有东西可写但又无处写起、想写而又说不清的感觉。这便是写作思路不清所致。理不清事件的来龙去脉，抓不住事件本身的意义，就难以把整篇文章恰当地连接起来，写作便没有头绪。其实，思路不清也是对事件材料没有做出深刻思考的表现。

有的教师在表达时只是信笔而至，想到哪里写哪里，写到哪里算哪里，缺乏整体的构思与设计，没有相应的主题。对文章的写作范围不明确，为写作而写作，缺少对文章运筹帷幄的能力。教师写文章，不仅仅是表达自己的简单感受而已，更重要的是，从教育事件的反思中得到启示，不断提高教学智慧。因此，对材料进行整体规划，写作前列个提纲，对优化文章的结构非常重要。

3. 重点不分，详略不当

教师的写作表达不是记流水账，而是抓典型事件，深刻分析，表达典型意义。如果对所有的事件都平均用力，势必会造成事事带过，事事没说清、说透的情况，更会把事情简单化，忽略典型事件的典型意义，

---

[1]梁明江. 教师写作学[M]. 海口：南海出版公司，2001：18.

达不到教师写作应有的目的。

对事件的分析，并不是简单交代事件的发生、经过与结果，对于事件中的重要细节部分，宜进行详尽地描述，使事情的说理、反思、评价有足够的依据。详略不当的文章难以有效表现事件本身所蕴含的意义。

以上种种原因虽然给教师表达带来了困难，但优秀教师成长的经历表明，写作是教师成长的重要途径。通过写作，能对教师自己的经验进行反思。

二、教师表达的训练

教师在写作过程中会碰到很多实际困难，教师可以结合个人阅读和教学，有意识地进行表达方面的训练，以提高自己的写作能力。教师表达训练的途径非常多，对提高科研水平而言，表达训练的方式主要有写读书札记、参与叙事论坛和参加学术会议。写读书札记，就是在知识的源头内表达思考以加深认识；参与叙事论坛，就是在讲故事的对话与交流中深刻地反思与领悟，不断改进教育教学实践；参加学术会议，就是在表达与聆听中深刻感受新理论与新观点的冲击，使自己在最新的前沿上不断学习思考，形成理论修养。

（一）写读书札记

"一个人如果有日常阅读的兴趣，这个人会因此而拥有宁静而丰富的业余生活。"[1]阅读不仅可以增长见识，锻炼思考的能力，而且能怡悦性情，走出职业倦怠所带来的身心疲劳感。正如培根在《论读书》中所言：读书足以怡情，足以博彩，足以长才。对于研究者来说，仅仅阅读还是不够的，为了丰富理论的认识与理解，写写读书札记是一件很有必要的事情。

---

[1]刘良华. 教师阅读的理由与方法[J]. 基础教育，2007，（11）.

1. 关于读书札记

什么是读书札记？"把读书的心得、体会或所见所闻的一部分记录下来，累积成篇即可称为札记，然将其冠以通篇之额，故名：读书札记。"[1]其实，写读书札记就是在阅读之中或阅读之后，在摘录有价值的观点、材料、数据的同时，表达自己见解的过程。

写读书札记，它给教师本身带来的影响并非一日见功，而是渐进式的，这需要经过长年累月的积累。一篇篇的读书札记从笔中划过，小溪终汇成大海式的波涛巨浪，必定会给教师终身发展带来极大的推进作用。因为，写读书札记一方面有利于教师深入学习，另一方面有利于积累有用的材料。写读书札记，可以加深对理念的理解，在点评或发表看法、见解中锻炼思考能力，扩大视野，增强学以致用的能力，并最终加强自己的理论修养，形成自己的理论观点。通过摘录，有利于加深记忆，并积累材料，丰富日后的写作来源。另外，写读书札记也是迅速提高表达能力的一个有效途径。

2. 怎样写读书札记

阅读是写读书札记的前提。在写札记之前必须对书本进行充分的阅读，因为精彩的句子、独特的观点、有价值的部分往往是在第二遍、第三遍才被发现的。只有多读，才能读懂精华，在写札记中才能避免理解片面、断章取义的错误。

写读书札记主要围绕书中的一些观点发表自己的看法，如这些观点有什么妙处或不足，有什么价值，引起了自己哪些思考。可以针对文中的写作背景、内容、材料、数据等，或进行点评，或表达感同身受的理解，或表达不同意见和思考。简单来说，是有感而发，有言可表。至于篇幅，则可长可短。

一般来说，读书札记的结构包括几个部分：

标题。教师写读书札记首先要考虑的是标题，可借助标题来反映札记的观点和主题。读书札记标题的确定形式有多种，或直接用札记中

---

[1]马家亮. 读书札记[J]. 山东图书馆学刊，2009，（02）.

的观点做标题，如"挤点时间读书好"，或用札记中的主题做标题，如"史铁生的生死观"。

摘录部分。摘录部分是自认为有价值的一些观点，或一个句子，或一段话。摘录部分要忠于原文，即使是对原文的概括，也要忠于作者的原意。摘录时，要详细注明出处，即作者、书名（文章标题）、出版社（刊物）、出版年限（第几年、第几期）、页码等，以便日后引用。

点评。点评即是对所摘录的部分发表自己的看法：有什么价值，哪些地方感人，为什么感人，能给我们带来什么启示等。

案例10-1 挤点时间读书好[1]

[文摘] 有一位名人说过这样一句话："成功与失败的分水岭可以用五个字来表达——我没有时间。"对那些经常抱怨工作的繁忙、生活的艰辛已让自己无暇顾及原有的兴趣和特长的人来说，不妨学学奥斯勒，哪怕每天仅用15分钟的时间来干自己想干的事情，只要长期坚持，也可以充实自己的人生，挖掘出自己的潜能，干出一番成绩。

[点评] "我没有时间"这句话耳熟能详，甚至常常挂在嘴边，但正是这句话在悄悄地改变着我们。文中提到的奥斯勒，是加拿大著名的医生、医学教育家。他因成功研究血小板等医学成就名扬四海，也因热爱事业并兼任社会事务，除了睡觉吃饭，工作日程总是排得很满。但是，他规定自己，每天必须在睡觉前抽出15分钟来读书。他坚持读了半个多世纪，共读了1098本书。我们教师日常的教育和教学工作同样繁杂而辛苦，几乎没有闲暇读书、进修、自我提高。假如因为"我没有时间"而宽恕自己，那么我们曾拥有的知识便会像点燃的蜡烛那样渐渐干涸，在讲台上便会力不从心。如果能像奥斯勒那样，每天在无休止的工作之余，临睡之前坚持挤出一点时间读书，博览一些专业以外的书籍，或者按自己的兴趣方向，刻苦钻研某一门学问，那么既做了休息，也积累了知识。长此以往，必有成就。

---

[1]仇忠海，李敬. 教师读书札记[M]. 上海：上海社会科学院出版社，2007: 3.

（二）参与叙事论坛

思想是在交流与碰撞中产生的，教师在阅读的过程中不断积累个人感悟，通过写读书札记等整理自己的思想，还需要通过适当的途径与他人进行交流。参与教育叙事论坛是较好的途径。

1.叙事论坛与教育叙事

叙事，作为教师研究的一种方式，通过讲述自己的日常生活、课堂生活、教研生活中的故事，生动地显现实践生活的世界，以表达自己的所感所悟、所思所想，并在反思中剖析自己，不断地提高教育教学水平。叙事就是让教师成为"叙说者"和"记叙者"，以便"让教师的声音被人们听到"。"叙事是去揭示实践经验中的意义，而它提供的是一种分享。这里面不是没有理论，而是叙事研究不追求上升为一个普遍的理论，它不是去追求规律的东西。"[1]对教师而言，叙事的意义就是"以叙事的方式反思并改变教师的日常生活。因为'写'教育故事不是为了炫耀某种研究成果，它的根本目的是通过老师'写'自己的教育故事来'反思'自己的课堂教学。由于教师的'反思'总是以某种教学理念的眼光来'反思'自己的教学行为，教师的个人化的教学理论以及教学行为将经由这种'反思'发生转化。"[2]

叙事论坛不同于教育叙事。两者都是通过叙事即讲故事的方式表达自己的见解，但作为科研成果表达方式的教育叙事，通过书面写作表达教育理论与看法，它是叙述者单方面的思考研究成果，目的是让自己的声音被别人听到，以引起他人的思考与体会。而叙事论坛作为主题性极强的教研活动，主要有网络举行的在线形式和学校自己以教研活动组织的方式。叙事论坛不仅是让自己的声音被别人听到，还让自己听到别人不同的声音，在倾诉与聆听中，在对话与交流碰撞中，不仅抒发己见，而且广纳他人的见解，有利于提高教育教学的理论认识与水平。

叙事论坛是教师表达训练的一种方式，对教师自身的专业成长具

[1]丁钢. 声音与经验：教育叙事探究[M]. 北京：教育科学出版社，2009：53.
[2]刘良华. 改变教师日常生活的叙事研究[J]. 全球教育展望，2003，（04）.

有很大的意义。第一，在回顾、总结与反思中提升教育教学质量。叙事的过程就是对自己日常教育教学生活进行回顾，对生活进行提炼、裁剪，选取典型事件，这本身就是一个总结、反思的过程。而在论坛中通过与他人的讨论与互动，不断加深认识，改进实践中的教育教学行为，不断提升教育教学质量。第二，在对话与碰撞中加深理论的探索。如果说一个人的反思视野还比较狭隘的话，那么通过在论坛中的相互倾听与对话讨论，则能让自己学会从多角度思考问题，扩大视野，更全面地考虑问题，同时也能激发更深的探索热情。第三，"让自己过上有主题的生活"。如果教师不在职业倦怠中失去对职业的兴趣，不对日常教育教学生活感觉麻木，就应该让自己过上有主题的生活。叙事论坛是有主题的，教师在有主题的叙事中必然能让自己过上有主题的生活。

2. 参与叙事论坛

教师参与叙事论坛，首先要学会讲故事，讲自己的故事。不仅要生动精彩，而且给人启示与思考。

（1）讲故事。好的故事，总是能深深打动读者或听众，使他们参与到所叙述的故事当中来，感同身受，引起思考与讨论。因此，教师在论坛中要把故事讲好，应遵循一定的技巧。生动的故事具有以下几个特点：

第一，故事源于教师的现实教育教学生活，要"直面事情本身"（柳夕浪语）。故事关注的是教师的现实生活，尤其是教师的处境。描述教育教学生活的典型事件，包括教学中的课堂事件、教师个人的生活史与专业成长史。教师讲述的故事不是来自想象的虚构，而是直面实际的日常教育教学生活，面对事情本身。

第二，故事具有情节。好的故事一般都有时间、地点、人物、场景与情节。故事具有发展的开端、过程与结果。教师叙事应对事情发展的细节进行深度描写，尤其要描写教师当时的处境、想法，面对事情的处理方法及最后的结果。讲故事不是记流水账，生动的故事在于细节的深度表达。

第三，"故事所讲述的事件隐含了教育冲突、教育矛盾、教育困境。这些教育冲突、教育矛盾或教育困境的价值不只是使故事具有内情节，还有一个重要的价值：他们隐含了教育道理。"[1]

但有时候，有些教师会觉得无话可讲，在听别人讲述故事时，总认为自己的教学生活是那么地枯燥无味。原因在哪呢？一般而言，一位教师如果无法讲述自己的教育故事，则可能暗示：第一，这位教师可能不太自信，对自己所做的事情不太认可。第二，这位教师的教育行为可能没有自己的个性化创造，总体上与周围同伴接近，所以感觉无话可说。第三，这位教师没有形成自己的教学观念，他习惯于用日常经验来处理教育问题。因此，教师如果要让自己有话说，就要试着改变自己的日常教学行为，先做事，再叙事。

（2）如何参与论坛。在举行叙事论坛的时候，我们经常可以看到这种现象：有的教师积极踊跃，从他们的口中流淌出一个个鲜活的故事，表达他们的教育见解与思考；有的教师始终默默无言，似乎在追寻自己的故事，又似乎顾忌着什么而迟迟不敢畅所欲言。以做科研与表达训练而言，只有积极地表达、聆听与对话才能让自己真正有所收获。为此，教师应做到：

第一，富有勇气。迈出表达的第一步是要有勇气，有勇气向专家、同行、同事公开表达自己的观点和所经历的故事。表达是与别人分享的过程，有一种被理解的快乐。不要害怕自己的故事不精彩，只要大胆地表达，总会有收获。

第二，善于接纳批评。在叙事论坛上，讲故事的目的就是要抛出自己所经历的事件，让他人在聆听后发表看法，进行讨论。一般而言，对自己在故事中的一些行为或一些想法，有人或表示欣赏与赞同，或表示反对批评。因此，对于他人的看法与见解，无论是"悦耳"的，还是"刺耳"的，作为叙述者都要善于接纳，以宽广的胸怀容纳百家之言，才能在他人的批判中加强反思，不断提高自己。

---

[1]刘良华. 教师如何讲述自己的教育故事[J]. 福建论坛，2006，（07）.

第三，善于对别人的批评提出自己的看法。别人的批评有时并非合情合理，甚至与自己的看法针锋相对。教育的真理是愈辩愈明的，对别人的批评或质疑，要善于提出自己的看法，反驳对方的不足。但要注意的是，反驳不是吵架，不是无道理的高声嚷嚷，而是经过自己的理性思考，在深思熟虑中深度表达自己的见解。

总而言之，作为一种表达训练，教师在叙事论坛中要敢于并善于表达自己，在对话中不断地提高自己。因为，"教师讲自己的教育故事的意义，也就在于让教师自信，有自己的个性化创造，形成自己的教学观念。"[1]

（三）参加学术会议

教师做科研的前提条件，除了广泛地阅读书本博取丰富的理论养分外，还要参加一些研究活动以增长自己的见识，学习更多更新的理论，关注理论的热点。这种活动主要有定期举行的学术沙龙，如由华东师范大学瞿葆奎先生为培养研究生举行的"学术星期六"；学术会议，如由全国或省、某个行业围绕一定专题举行的会议等。学术沙龙一般是由某个组织或学校举行，参加讨论的对象往往只限于某个圈子，一般只有内部知悉，大多是一种内部交流，非内部人员一般难以参加。对于一线教师而言，比较容易获得参与机会的是学术会议，因为学术会议的对象是全国教师，有关会议的消息极易通过网络获悉，即使有与会对象的限制，仍然可以通过自费参加的方式旁听。

1. 学术会议的意义

学术会议是由一定的组织或单位在一定的时间和地点，围绕特定的主题面向全国的特定对象进行邀请举行的。如教育学年度会。学术会议一般会有某方面的专家、权威人士对主题发表看法，阐述相关主题研究的现状，提出未来的发展动向，引发对现存问题的思考。学术会议对研究人员来说有重要意义，因为学术会议往往要公布一些科研成果、一些

[1] 刘良华. 教师如何讲述自己的教育故事[J]. 福建论坛，2006，（07）.

新的构思、新的理论和新的发现。与一般的出版物不同，在学术会议上所作的学术报告可以即时进行讨论，可以当面提出一些有益的评论或建议。对教师而言，如果能在学术会议上发表看法，那将是一个展示自我的机会。通过与他人交流探讨，加深对问题的理解，也有助于实现成就感。第二，即使不能上台发表看法，通过细心的聆听同样能让自己增长见识。通过聆听专家们的报告，能有效地了解主题的最新发展动态。再者，学术会议上，一般能见到未曾谋面的专家，现场聆听指教，会有意想不到的收获。另外，参加学术会议是交朋识友的最佳时机，大家同住一处，会议交谈与闲聊的时间也多，容易与一些有见识者建立联系。

2. 参加学术会议应注意的问题

举行学术会议一般会在网络上发出通知，如"中国学术会议在线"（http://www.meeting.edu.cn/）。在会议前，一般会对有关对象发出与会论文的邀请，有一定的投稿日期。一般而言，会议论文并不像发表论文那么严格，因此，如果想参加学术会议，就要大胆地投稿，不要有太多顾忌。对于论文入选者，会议举办方会发出邀请，通常还会提供发言的机会。即使没有入选，也可以通过自费参与的方式去旁听。

为了能从学术会议中得到更多的收获，在参加学术会议之前应做好以下几方面的准备：

第一，了解会议的程序，谁是主讲者，有哪些议题，有哪些论坛，有哪些专场，在这方面的专家有谁会去，自己仰慕的专家谁会去。了解这些，就能根据自己的兴趣有的放矢地选择参加。

第二，了解主讲者的背景、研究兴趣、主要成就、代表作。对主讲者的情况进行了解，在会议上能更深入地理解他的报告，收获会更深。

第三，对主题的有关内容进行广泛地阅读，了解相关的知识，关注相关问题，做好准备，才能在会场有效地与他人沟通交流。

第四，做好参加会议的准备，如带上相机、录音笔、笔记本、名片等。

机遇总是垂青那些有准备的人。做好充分的准备，就会有意想不到的收获。

三、教师表达的方式

教师克服了写作困难，通过参与论坛、学术会议与他人进行交流和对话，用日志、随笔和个案等方式表达自己。结合教师教学工作的特点，我们认为，教师通常可用的表达方式主要有教育日志、教育随笔、教育个案、教育叙事等。

（一）教育日志

教师每天面对的事情极多。课堂预设的教学程序可能达不到预想的效果，也有可能因为学生和教学情境不同而出现了意想不到的收获；课下，可能为学生出现这样那样的问题而苦思良策，也可能为学生表现出这样那样的善意与真诚而感动不已。此种情况，拣一两件令人有所思、有所感、有所悟者记之，天长日久，时时反思，必能启迪教育智慧，增长教育才干。教育日志是记述这种情况的重要表达方式之一。

1. 什么是教育日志

"教育日志是对教育教学现象、工作实践中的人与事物的定期记录。'日志'除了记录事实外，还应有理性思考。"[1] "教育日志是教师将自己教育教学中甚至教育理念中随时出现的、记忆最深刻的事件(包括问题、经验、体会等)进行总结和分析，并记录下来。从本质上讲，教育日志是把反思这一单纯的内省活动外化的又一种形式，通过撰写教育日志可以及时、生动地再现教育教学活动中的各种欢乐与忧虑，对自己的教育教学活动进行不断地分析、回顾、研究，以改进自己的教育教学活动，提高自身的反思能力。"[2]教育日志作为教师研究表达方式之一，随着对教师教育研究的重视，得到了专家学者的广泛推崇与一线教师的重视与运用。

教育日志的内容比较宽泛，包括教育教学过程中发生的一切事情。

[1]刘旭. 一线教师教育科研指导[M]. 成都：四川教育出版社，2006：221.
[2]吕洪波. 教师反思的方法[M]. 北京：教育教学出版社，2006：58.

具体而言，包括意想不到的棘手教学事件，如后进生教育的一波三折，优秀学生偶然出现的"头疼事件"等；包括在师生互动过程中得到的意外收获；还包括教师对自己的教学行为或理念本身进行深刻地分析等等。只要是有意义和能引起人思考、感悟的内容，都可记录下来作为反思的材料。

教育日志记录当天发生或最近发生的事件，这些事件不一定有完整的故事情节，但能引人思考。因此，日志不仅仅是事件的记录，还包括教师本身的思考。它对以往的教育教学事件一般不做回忆，对同样的事件不再记录，除非同样的事件蕴含不同的意义或教师有更深刻的思考。

关于教育日志对教师的影响作用，国外一位教师曾这样描述："（日志）是一种有价值的工具。我经常回来读读过去的一周发生了什么。能够注意到一些关于我教学的事情，例如，有用的和无用的教训。我每星期至少做四次记录。看起来能让我专注于教学实践中的关键问题。"[1]通过写教育日志，让教师在最新发生的教育教学情况的回顾与反思中，加深对学生的理解，如学生的个别差异、学习特点、以往的学习经历、学习起点等；加深对教学的理解，如应该如何组织教学、设计教学；加深对教育理论的理解，认识到理论的不足，不断地改进教学实践，提高教育教学水平，促进自身的专业成长。

日志需要一天或几天撰写一次，至少每周一次，可通过纸笔或电脑进行写作。近年来，随着电脑进入教师的教育教学生活，越来越多的教师喜欢通过博客撰写教育日志，这样更便于跟他人交换阅读、交流与研讨。但对于众多教师而言，特别是条件还不具备的地区，纸笔仍然是写作的主要手段。

2.教育日志的类型

关于教育日志的类型，可以从表达主题内容的角度分为随笔式教育日志、专题式教育日志、跟踪式教育日志与自传式教育日志四种类型。

（1）随笔式教育日志。随笔式教育日志的写作内容不拘一格，凡

---

[1] 郑金洲. 教师如何做研究[M]. 上海: 华东师范大学出版社, 2005: 114.

发生在教育教学过程中的事件都可作为日志的材料，但绝不是日记式的流水账，主要是拣能引起思考和反思、具有一定教育意义的事情记录下来。它没有固定的主题，略能引起所思所想、所感所悟都可以叙述，文章可长可短，把想说的话表达清楚即可。

案例10-2 教师的日志[1]

今天是开学的第一天，所有的孩子都听得很认真。我自己也感觉这节语文课上得很成功，至少孩子们的发言很积极，读得也很整齐，有感情。

快下课时，孩子们的生字学习也接近尾声。我满意地指导他们读黑板上的词语，并不时地扫视全班。这时，我突然发现坐在靠窗第四排的那个男孩一直埋着头没有看黑板，仿佛齐读词语跟他毫无关系。顿时，我有些不悦——又是他！上学期期末考试，就是他拖了全班的后腿。这个孩子在家没人管教，跟年迈的奶奶生活。爸爸正在服刑，妈妈离婚后不知去向。从一定角度上讲，他是一个既没妈又没爹的孩子。可他偏偏学习不思长进，对于他，我真是又爱又恨。

"必须教训他！"我心里闪过一个念头。为了不影响其他孩子，我立刻放下手中的书，生气地走到他的桌前，重重地敲了敲他的桌子。他猛然抬起头，眼睛里充满了惊愕：他手里正拿着《新华字典》。原来他正在查我们刚学的生字，给新学的生字组词呢。我刚才的怒气瞬间烟消云散。一个十分认真的孩子差点儿因为我的主观臆断和偏见受到打击和伤害。我甚至不敢想象，如果今天我不走下讲台就大声点名批评这个孩子，如果凭自己以往的经验就擅自指责这个孩子，后果将会怎样？课后，我亲切地摸了摸他的头，说："今天表现得不错，继续加油哦！"他使劲地点点头，眼睛里满是受到鼓励而充满信心的神情。说实话，我庆幸自己今天的"差点儿"犯错，庆幸自己没有"差点儿"扼杀一个孩子渴求学习的真诚愿望。

---

[1] 刘旭，贺慧. 教师这样做研究：来自一线的小专题个案剖析[M]. 成都：四川教育出版社，2008：188-189.

这篇教育日志描写的是开学第一天语文课上发生的一个真实场景。虽然一节课上发生的事情有很多，但作者抓住了令自己最有感触的一件事——差点批评了一位正在用《新华字典》认真查生字的成绩差生。虽然只有短短的几百字，但把作者前后的心理活动刻画得十分深刻。这样的教育日志必定能为作者今后的教育教学提供反思的案例。随笔式教育日志的写作内容点点滴滴，看似琐碎，但经过长时间的积累，却是教师记述自己成长足迹的重要材料，对不断提高自己的教育教学能力具有重要的意义。

（2）专题式教育日志。顾名思义，专题式教育日志主要是围绕一个固定的主题叙述教育事件，通过对专题事件进行观察、记录、分析与研究，阐明其中蕴含的道理，彰显教育现象或教育问题的内在原理。它能使教师在某个方面获得整体的认识，加深对教育原理的理解，提高运用能力，深刻认识自己在这方面存在的缺陷，并试图积极改变，以提高专业能力。

（3）跟踪式教育日志。跟踪式教育日志以时间为线索，按事情发展的先后顺序来叙述教育教学过程中的事件，有一个明确的主题，事情的发展具有持续性。日志的内容或许是对一个学生发展变化的跟踪观察，也可能是对某一教育现象持续变化发展的记录。它的时间跨度或几天或几个星期，甚至一个学期或者一个学年。

案例10-3 跟踪日志[1]

三月八日

开学已经一周了，孩子们的变化太小了，刚开学还信誓旦旦，现在却依然如故，我的心情越来越沉重，屡次对学生发火，孩子们在我的高声呵斥下，惊恐、木然地看着我。我似乎体验到了威慑的作用，但效果并不好，该不写完作业的还是不写作业，作业乱的还很乱，一切照旧。难道是我错了，整整一夜，我辗转反侧，始终没想出好办法。突然，我想起了教研室曾经给我们讲过的"学生访谈"，这也是

[1]刘玉莲. 在学校教育中做研究[M]. 北京：首都师范大学，2006：383-387.

没有办法中的办法，抱着试一试的想法，准备了明天的访谈。

......

　三月十二日

　　这几天我一直在寻找促进学生发展差异性的评价方法，一个偶然的机会，我看到一份关于学生评价的文章。文中提到："采用星级评价，呵护孩子自尊心。"我深受启发，于是决定从作业评价开始尝试，打破一项定终身的做法。

......

　四月二十日

　　由于"非典"蔓延，我决定提前评选四月份的奖状，当28名学生从我的手中领到了奖状时，我看一半的学生已不是上次得奖的学生了，发完奖，同桌间在高兴地谈论着自己的感觉，这使我深切感受到：评价不仅要关注学生的成绩，而且要发现和发展学生多方面的潜能，了解学生发展中的需求，帮助学生认识自我，建立自信，发挥评价的教育功能，促进学生在原有水平上的发展。可是我也认识到此做法也不是很完善，如会不会给学生家长增负，学生本身有惰性，会不会坚持不下来等。这就需要教师坚定不移地按新课标的要求，不停地探索寻找"最好"的差异性评价方式。

　　这则教育日志以学生评价为主题，时间横跨两个月，详细地记录了一位教师和学生们探索差异性评价的曲折过程。其中有对学生在不同评价方法前后行为变化的对比描述，也有对教师反思的深刻描述，很好地展现了教师探索的心路历程。这样的教育日志对教师职业生涯的发展是很有意义的。

　　（4）自传式教育日志。自传式教育日志以记录教师成长过程为重点，以教育教学中所经历的事件为中心，阐释事件发生过程的思考与见解，以此展示自身成长的过程与轨迹。自传式教育日志最明显的特点就是以教师为中心，围绕教师的表现记录教育教学的过程。

案例10-4 成长日志[1]

一直以来，我都自认为是个相当不错的语文老师，虽谈不上渊博，但也有一定的积淀，觉得语文课也无非是读读写写，课文来来去去的也无非是那几篇，反正大考小考能有所交代那就可以了。感觉课前、课后我都能够掌握自如、游刃有余，自我感觉非常膨胀。因此，我固执地认为自己对语文教学已经有了透彻的理解。其实，我之所以自我满足，其实是有些许"坐井观天"、"画地为牢"的境况。

参加课题实验以后，我开始反思……

骤然间我发现自己已经严重落后，因为我像复印机一样，不断复制从前，却越来越不如从前!从教十年。我丢失的不单是光阴，还有探索的勇气和创新的精神。我必须重新定位自我!

……

我渐渐明白了一个道理：语文是关怀生命的大课堂，是唤醒良知的大课堂。在这个大课堂里，永远有悲天悯人的情怀，永远有对生命终极意义追求的激动，永远有着融合古今、探幽览胜的愉悦，每一节语文课都是与高尚灵魂的深情对话，每一节语文课都是一次神圣的心灵洗礼!一位优秀的语文老师必须眼光独到，必须懂得筛选，就像淘金人，从不计其数的沙石中淘出金子，纷纭的生活就是沙石，所有有益的感悟和体验都是潜藏其中的金子。

……

正是在沉痛的反思中认识到自己的不足，罗老师对以往的教学方式进行改革。在日志里记录了她的改革方法、体验和收获。

3. 撰写教育日志应注意问题

教育日志行文虽然简单易行，不太强调文章的结构和语言的润色加工，但撰写时应注意"日志的主体部分是教师对观察的记录和白描。每一次撰写的日志都包含一些基本的信息，如事件的日期（若书写日期与发生事件日期不同时，需标明之）和脉络性资料，即时间、地点、参与

---

[1]熊焰. 校本培训：教师专业发展[M]. 广州：广东高等教育出版社，2006：190-194.

者以及其他看起来可能对研究有帮助的事。"[1]

另外，为了发挥教育日志的真正影响，促进教师的专业成长，在撰写教育日志过程中，教师还应注意以下几个方面：

（1）学会观察，勤于思考。教师要在日复一日的教育教学生活过程中不失去教育的热情和敏感性，学会观察与思考是非常必要的。只有细致地观察，才能保持从琐碎的教学生活中发现不同寻常的教育意义；只有勤于思考，才能找到看似相同的教育教学事件中所隐含的教育原理及教育的意义。也只有这样，才能真正有所悟，真正在反思中提高自己。另外，学会观察，勤于思考，也是教育日志写作的源泉，否则，"同样"的生活必然使教师自觉乏味。

（2）描述性记录与解释性记录相结合。描述性记录描写事件的过程，包括事情发生的情境，活动的场所、时间，人物间的对话、冲突及神情表现等。在描述过程中，要抓住事件的细节以及令人印象深刻的部分，抓住典型事件的典型情节进行深刻描述。另外，对事件中相关人物的语言、对话要尽可能及时地记录，体会语言背后蕴含的意义。解释性记录就是记录教师自己在事件发生过程中的感受、理解、思索、推测、创见等。这些记录能为日后重新翻阅提供思考与启示，或者能从当时的想法、理解中生成新的理解，又或者从原来的不足中吸取教训，改进当前的教育行为。

（3）勤于动笔，坚持不懈。教师的成长是一个不断反思与总结的过程，教育日志给教师带来的影响也需要一个过程。因此，撰写教育日志需要坚持不懈，养成一个勤于动笔的习惯。如果工作实在很忙，时间很紧，可规定写作的固定时间，也可以把纸笔随时带在身边，巧妙地利用空隙时间记录。只要有坚持的动力与毅力，无论多忙，一篇篇日志总会随笔而成。正如涓涓细流汇成大海，教师在写作反思中会由教育新手转变成教育骨干，变成教育大厦的栋梁。

（4）对话交流，不断思考总结。教育日志需要经常翻阅，从中反

---

[1]郑金洲. 教师如何做研究[M]. 上海：华东师范大学出版社，2005：115.

思。其实，教育日志更需要与他人交流阅读，共同讨论。肖伯纳曾生动地描述："你有一个苹果，我有一个苹果，彼此交换一下，我们仍然是各有一个苹果，但你有一个思想，我有一个思想，彼此交换，我们就有了两种思想，甚至更多。"只有与同事、同行、专家学者多交流讨论，才能使自己的思想愈加深刻，豁然开朗，得出真知灼见，在交流中逐渐成长为一名专家型教师。

（二）教育随笔

"教育随笔是以教育为发端，教育生活中的一人一事、一课一得均可入于眼中、笔下。它体裁不拘、文体不限，多以散文为主，或抒情或叙事，或夹叙夹议，只要有事可据，有理其间，皆可有感而发，随意成篇。"[1]教育随笔是教师表达的重要方式之一，它短小活泼，形式多样，层次结构简单，涉及面小，写作材料便于收集、整理和使用，深为教师所爱。

1. 教育随笔的写作内容宽泛，取材不限

可以是教师备课时的一种想法，教学设计过程中的一点感悟，课堂上意外收获，师生间不经意出现的一次精彩对话，教学中获得的成功与失败的教训；可以是学生的一次精彩表现，一个不经意的动作、眼神；可以是课间趣闻、校园趣事；可以是家庭教育的问题、社会的教育现象，等等，都可以形诸于随笔。教师可以或叙述，或分析，或评论，或表达自己的思考。只要是所见所闻所思所想所悟，哪怕是小事一桩，也可入文。如下面这篇随笔，写的虽然是发生在教学生活中的一件小事——师生共同鼓励一位先天原因说话不太清楚的学生上讲台汇报小组的早读情况，但字里行间表现了温暖的浓浓爱意。事情虽小，但能以小见大，是一篇很有意义的教育随笔。

---

[1]刘旭. 一线教育科研指南[M]. 成都：四川教育出版社，2006：226.

案例10-5 说吧，我们不会笑你的[1]

今天早读课，我不能带班，临走前交代值日组长负责记录本组同学的早读情况，等老师回来做详细汇报。

我回来了，站在讲台上，看着一个个小组长拿着记录本登台汇报，都说得很好，想必也一定做得很好。轮到林艺坚了，他捧着写得满满的记录本慢慢走上讲台。同学们的目光一下子集中到他的身上，有些孩子立刻嚷了起来："老师，艺坚不会说，我来替他说吧！"我瞪了那些孩子一眼，说："我相信他能行！"

可是艺坚站在讲台上，一言不发，教室里安静极了。也许是孩子缺乏耐心，望着呆呆站立的艺坚，"扑哧扑哧"地偷笑。有的甚至露出了早有预见的神情——不屑一顾。我紧紧按着艺坚的肩膀，说："吕老师还没到咱们班上就听说有个叫艺坚的孩子，由于先天的原因，说话不太清楚。可一个多学期来，艺坚给吕老师留下了很好的印象。他尊敬老师，学习认真，工作负责。每次值日，他总是干得最卖劲，他擦的黑板是最干净的。课堂上，他总是听得最入神。他说话不清楚，这怎么能怨他呢？每个人都有自己的优点，也难免有一些缺点。我相信同学们都能够看到艺坚的优点，都能真诚地帮助他。好吗？"

话音刚落，一个温暖的声音传来："我们给艺坚一些掌声吧！让他勇敢一些。""啪啪啪"，掌声热烈而充满期待。

顿时，无声的眼泪从艺坚的脸上掉下来。教室更静了，所有的孩子都默默地望着艺坚，我也没有说话，只是把他搂得更紧了。一分钟，两分钟，三分钟……等待！再等待！可是，艺坚仍然没有开口。

突然，有一个声音从教室的一角飞出："艺坚，你说吧！我们不会笑你的。"一石激起千层浪，"艺坚，你说吧！我们不会笑你的。"全班几十个孩子都发出了同样的心声。

"呜——"泪水和着哭声，抽泣着，一阵紧过一阵。爱，已经融化了，在艺坚的心里四处流淌，在教室的每一个角落里驻足。艺坚呀

---

[1] 吕云萍. 灵性课堂与生命激情[M]. 福州：福建教育出版社，2006：150-152.

艺坚，他在想什么？一天天，一年年，他就这么无声地走过来——从不在大庭广众下说话，无声地朗读，无声地分点心，"值日"的工作在他的手里静悄悄地进行。今天，他心灵的闸门被打开了，被老师爱的等待敲开了，被同学们爱的掌声吹开了。

好了，通向阳光的大门打开了，一朵含苞多年的花儿就要绽放了。艺坚，勇敢地站起来吧!虽然最后你还是没有开口，但是我们已经听到你强烈的愿望，看到了你微微启动的嘴唇。我们相信你，一定行!

"说吧，艺坚，吕老师不会笑你的，同学们不会笑你的。是的，我们都不应该笑你的，也都不会笑你的。"

教育随笔的篇幅不限，可长可短，长则几千，感想滔滔，涌流而入；短则一千数百，有感而发，奇思妙想。有话则长，无话则短。不要求鸿篇巨制，也不要求一字千金，尽意而已。在表达形式上，可陈述，可比较分析；可先叙后议，或先议后叙，也可夹叙夹议；可反思，可点评，可总结，形式多样，随"意"而用。

与论文相比，教育随笔不受论点、论据、论证的束缚，可根据自己的思考大胆为文，不需要有足够的论据来证明，目的只是表达自己的想法，或浮想联翩，或据实而论。正如肖川教授所言："随笔可以更多地'大胆猜测'，放肆为文，而论文则更需要'小心求证'，言之有据。"[1]

2. 教育随笔的价值

为什么要写教育随笔？教育随笔对教师有什么积极意义呢？苏州大学朱永新教授认为："写教育日记和教育随笔的好处在于'能够自己和自己对话，是一个人成长的重要法宝'。"教育随笔对教师本身的成长是具有重要意义的，它能够激发教师的潜力，让教师不再被动地发展，改变教师的行走方式，促使教师迅速成长，为成为"名师"奠基，并在

---

[1]肖川. 教育随笔的写作要求[J]. 广西教育，2007，（7）.

此中提升职业的价值感与幸福感。

（1）改变教师的行走方式[1]。爱因斯坦有语云："人的差异在于业余时间。"对教师而言，充分利用业余时间对自身的成长起直接的推动作用。教师作为一种培养人的创新性事业，需要教师充分投入地研究解决教育教学过程中的新问题。然而，有的教师上完课后，在备课、批改作业之余无所事事，不知该做什么，精神空虚。如果能写写教育随笔，情况会大为改观。因为写教育随笔就是一个读书学习、观察思考、写作反思、改变实践的过程，能使教师改变每天千篇一律的教学生活，从中感受教育的乐趣，体会教学的意义。

（2）促使教师成长，为成为"名师"打基础。名师不是一日成名的，需要一个不断积累与提高的过程。教育随笔能记录这一过程，为成为"名师"蓄势。因为：

第一，教育随笔是教师做科研的起点。新课程的实施要求教师要有新的观念，不断改变旧有的教育方式以适应新的教育要求。然而，新观念的产生、解决新问题的能力不是从天而降的，不能一蹴而就。因此，新课程的实施要求教师成为研究者。而不习惯于研究，甚至不知研究为何物的教师，要瞬间变为研究者谈何容易。因此，一线教师做研究不妨从教育随笔起步，通过教育随笔，记叙自己的所见所闻所思所想，开始自己的教育科研生涯。"随笔是从最细小、最基本、最简单的研究做起。它是一个切入口，是一个起点，由此切入，可以解决教师对教育科研望而却步、无从下笔的现实问题。从这里起步，从点滴起步，可以消除教师对教科研的神秘感、畏惧感。"[2]

第二，教育随笔是改进教育教学的辅道。"教育随笔的独到之处，就在于帮助教师成为一位'有心人'——课堂的有心人、事业的有心人。""我写教育随笔的最大感受是，不仅能丰富自己的理论知识，还能把平时学到的理论运用到实际工作中。"[3]教师成为一个有心人，能

---

[1]梁伟国，李帆. 教育随笔：改变教师的行走方式[J]. 人民教育，2004，（02）.

[2]周竹生. 从"教育随想"到"教育随笔"[J]. 教育研究，2005，（02）.

[3]梁伟国，李帆. 教育随笔：改变教师的行走方式[J]. 人民教育，2004，（02）.

把理论运用到实践，对教育教学实践进行个别改进，这本身虽然不是什么大的教育改革，但对教师本身而言，确实是一个逐渐改革不断完善的过程。

第三，教育随笔是著文立说的基础。专著的形成并非一日之功，而是一个日积月累、积少成多的过程。思想的不断成熟，材料的不断丰富，经过长时间的挥笔，最终定能成就专著的神话。一位小小的教师也能著文立说吗？回答是肯定的。李镇西老师就是这样，专著不断，新书不穷。翻阅之，审视之，书中全由平日所撰之文稿累积而成，由对教育教学生活中的一点一滴思考而成。写教育随笔，记叙自己的成功与失败，记录一闪而过的想法，分析在课中一瞬间产生的教育机智等等。不仅能丰富经验，锻炼思维，思想成熟，从读书写作中得到理论的丰润，还能使自己的写作熟能生巧，行文如流水般顺畅，并为他日著书积累一笔丰厚的材料。

由写教育随笔开端做科研，由写教育随笔改革教育教学实践，由写教育随笔集文成书，这一过程，经过一段时间的淘沙与播种，不成为在某一方面的"名师"也难矣。李镇西由一位普普通通的老师成为今天教育之"名人"，足以说明这一点。

（3）提升职业的价值感与幸福感。写教育随笔，也可以说是记录自己的教育经历，由写的过程到翻阅的过程，就是一个充盈自己的过程。在写教育随笔的过程中，感受教育的乐趣，体会改变学生的快乐，体会教育的精彩，实现自我价值，享受教育的职业幸福。

3. 怎样撰写教育随笔

对于一个不太习惯写作的教师而言，该从何处下笔去写教育随笔呢？首先，可以读他人的成果。教师可以通过浏览"教育在线"、名师的教育博客和一些已结集成册的教育随笔，从中得到借鉴与启发。读得多了，提笔模仿。久之，一篇篇教育随笔就在自己的随思随写中生成。其次，细心的观察非常必要。了解学生，熟悉学生，关爱每一位学生，你一定能感觉到学生的一个动作、一个眼神，都值得你分析、思考。如此，才能从平淡无奇中体会其中的意义。再次，学习相关的教育教学理论。读名家名著、名师名说，看教育报刊，通过理论知识保持对教育教学生活中的敏感性，才能发现其中饱含的丰富意义，才能让自己想得更深，不被现象所迷惑。对于一位写作已久的教师而言，如果想达到发表的高度，还应注意以下几个方面的问题：

（1）立意新颖。立意就是文章的思想。教育随笔虽多以散文的笔法而作，看似随意但形散而神不散，因此，教育随笔虽是率性而为，但必须有一个明确的中心，一个要阐明的思想，才能使文章的材料紧扣中心，神韵一致。一篇好的教育随笔，立意新颖，说别人所未说，言别人所未言，道别人所未想，才有可读性，也才能给别人更多的启示。而众所周知的道理，众所能言的思想行为，即使自己刚有所悟，但作为发表之文实不足道也。

（2）取材别致。教育随笔也离不开对材料的选择。教育教学生活中的事件极多，然而要挑一二者叙述之阐发之，需要认真地斟酌与比较，才能选出最能发人深省的材料。一般来说，所选材料应具体、典型，因为随笔中所做的议论与分析都离不开事实，而典型的事件才能起到启示的作用。另外，教育随笔作为一篇"短文"，最好能选"小"材料，这样才能以"小"见大，以"小"见深，把道理说明、说透。

（3）行文流畅。一篇成功的教育随笔应语言优美，行文流畅，如山泉之水顺流而下，水到渠成。文中可用多种修辞手法，把深刻的道理娓娓道来，深入浅出。使文章别具一格，除了注意语言的工夫外，还要注意恰当运用引文。"在教育随笔的写作中，有一个值得注意的问题：如果一些引文被引用得很滥了，就要尽可能避免再引用，否则就显得俗不可耐，显得江郎才尽。另外，一些引文的出处尽管不需要详尽的注明，但仍需力求准确。"[1]

---

[1]肖川. 教育随笔的写作要求[J]. 广西教育，2007，（7）.

第十一章 不断反思

　　教师在科研中成长，在研究中找到发现的快乐，决定了教师不能停留于阅读，停留于教育概念的演绎，必须紧紧地将阅读和自己的个人实践结合起来，将教学变为"反思性实践"，让自己成为"反思性实践者"。美国心理学家波斯纳提出了教师成长的公式：成长=经验+反思。近年来，许多学校也都在积极提倡教师反思，将教师反思作为促进教师专业成长的有效途径。反思什么，如何找到值得思考的问题；如何反思，可以借用何种工具来促进教师反思，都是教师在自我反思的过程中经常会碰到的问题。

一、反思的过程

　　对于教师来说，反思是以复杂的教学情境引发的困惑和惊奇为起因，对教学行为及其背后的理论和效果进行反复、持续和周密的思考，从而赋予教学活动的意义，寻求改善实践方案的过程。根据这个定义，并综合多位研究者的观点，教学反思的过程可以概括为三个环节："识别问题—描述情境—分析与重构"。[1]

（一）识别问题

　　当教师的行为产生预期效果时，一般不会刻意思考。但没有产生预

---

[1]赵明仁，黄显华. 从教学反思的过程看教师专业成长[J]. 教育研究与实验，2007，（4）.

期效果，或超出预期效果时，可能会引起教师的困惑或惊奇，反思便会随之出现。如杜威所认识的那样，思维有两个极限，思维开始于困惑的和混乱的情境，结束于清晰的和确定的情境。前一种是反思前的情境，它提出反思需要回答的问题。后一种情境中，困惑消除了（也可能引起更加困惑或混乱的情况，但反思前的情境却更加清晰），这是反思后的情境。反思就是在两种情境之间进行的。有研究表明，当教师面对负面体验或自我理解出现危机时，会刺激反思思维的发生。当然，问题能否进入教师的意识之中，决定于教师是否具有善于发现的意识和能力。有研究发现，专家教师具有将貌似正常的情境"问题化"[1]，能主动去发现问题、定义问题的能力，而不是解决已呈现出来的问题的能力，这是他们和非专家教师的关键区别。

（二）描述情境

产生困惑只是说有了探究的大致方向，并不等于说需要解决的问题已经清晰。问题不可能脱离特定的情境而存在。问题和其所处的情境，是互动形成的。只有对问题情境进行细致描述，才能更加明确问题处在什么位置，以及如何更好地界定它。所以，对问题情境的描述，是一个逐步聚焦问题的过程。换句话说，教师用自己的语言描述具体的教学活动，能够使教师以不寻常的方式对所发生的故事，以及故事所处的特殊环境有深入理解。这个对实践情境深入理解的过程，也是用自己对实践环境的认识重构问题的过程。

（三）分析与重构

行动理论能够清晰地说明教师分析与重构的过程。从行动理论看，人同时拥有"宣称理论"和"使用理论"。"宣称理论"是教师行动中遵从的理论，它存在于教师的意识层面，容易随外界的影响而改变。"使用理论"存在于教师的行动中，是实际上缔造教师行动的理论，它

---

[1]Amy.B.M.Tsui. 追求卓越——教师专业发展案例研究[M]. 陈静，李忠如，译. 北京：
人民教育出版社，2003：284.

往往以缄默的形式，存在于教师的无意识层面。它是在历史文化传统中逐渐积累而形成的。除非有深刻的亲历体验，否则很难改变。

二、反思的内容

教师长期固定在某一所学校，某一个年段任教某一学科，"涛声依旧"，极易视界狭窄，固守惯例，近乎本能地做出关于教学目标、内容、方法的种种决策。[1]因此教师的反思，必然从日常的教学目标、内容和方法开始。教学反思必然要关注教育教学中具体性的问题，包括课堂内的行为选择、方法选择、多方互动策略、如何适时做出各种判断等。这些具体的课堂问题直接关系到教学效果，对这些问题的思考有助于教师从固定的教学习惯中走出来，并可以发现值得研究的问题，成为科研的选题来源。又由于课堂教学行为受到学生观、课堂价值观，甚至人生哲学的限制，如果仅仅从课堂行为着手，不深入思考行为背后的观念差异，教师的反思难以深入。随着课程改革的发展，一再让教师学一些看似全新的东西，替换他们过去旧有的知识。许多教师面对新的课程愈来愈自认无知，也愈来愈没有自信，教师的处境愈来愈不利。如何认识课程领域及教育系统的教学理念，积极追寻、建构个人的专业认同感，不断成长为负责任的行动主体，也应作为教师反思的内容。

（一）反思课堂的教学行为

课堂是师生活动的舞台，每一节课都上演着精彩的舞台剧，导演兼演员的多重角色使教师必须在最短的时间里做出判断，无法从容地思考。课堂结束后，追溯课堂中的精彩与失落，从中发现值得思考的问题，不断积累科研素材，可以成为教师科研问题的发源地。课堂教学面临复杂性和不确定性，已准备好的教学设计为什么没有取得应有的效果？课堂会不会出现的突发事件？这些都会引发教师的思考。

---

[1]柳夕浪. 促进反思的对话[J]. 上海教育科研，2002，（6）：10.

案例11-1 反思课堂突发事件[1]

第二天就要给全市开课了，我满怀激情地上第一课时。笔者自诩为是善于朗读的，真庆幸有《母亲的恩情》这样一篇感人至深的文章。让我可以露一小手了。《游子吟》是学生早已会背的，一读起来似唱儿歌，于是我决定来个声情并茂的范读，当我声泪俱下地朗读时，教室中一片哄堂大笑，许多孩子都笑到了桌底下，只有个别学生很茫然地看着我。我的心一下子沉到了万丈深渊。让一群七岁的孩子理解50岁孟郊写《游子吟》时所蕴含的情感，谈何容易？孩子能否真正与文本对话？能否在对话中激发感情？经过一夜未眠的思索后，我决定引领孩子在与文本对话的同时兼用超越时空的对话，真正有效地激发学生的情感。

苏老师在教学设计落空后开始了自己的反思，寻求适当的解决办法。在随后的课堂教学中，充分挖掘教材的情感因素，多处创设情境：或看图联想，或示范朗读，或描述讲解，或朗读赏析，引领学生移情入境，有效地改变了教师感动而学生无动于衷的尴尬局面。课堂教学是非常广泛的领域，涉及教师、学生、课程、环境等诸多因素，一般而言，可以从以下几方面着手：

1. 教学设计

教学设计是教学的基本环节。通过教学设计，教师对教材进行消化，制定具体的行动步骤，以达到设计者的预期目标。教学设计的质量直接关系到课堂教学的实际效果。在教学设计的过程中，设计者可以有意或无意地从自己的教育经历、个人设想、其他教师的教学经验入手，寻找设计的灵感，还要考虑到学生的实际学习状况，规划一堂课的学习重点、难点及学习程序。由于教育情境具有不确定性，教学过程必然会从师生的积极互动中生成新的设想与计划，如果能适时记录下来，可以为教师科研提供许多一手的鲜活素材，并为以后的经验提升奠定基础。

---

[1]苏守钰. 让"情"在跨时空的对话中涌动[J]. 2007,（5）: 45.（题目为引者拟订）

案例11-2 所谓的教学对话[1]

在上述（《小珊迪》教学片段）案例中，学生为了应付回答我提出的众多问题，根本无暇自主和文本对话。为了丰富所谓的"教学对话"，我一次又一次地打断了学生与文本的对话，硬是给学生提出诸如"什么指什么""为什么不能调换"等问题，以示对学生的"关怀"。如今才幡然醒悟，这样做且不说割裂了文本，割裂了学生与文本的对话，让学生的积极性究竟从何而生，何以入境。在这样的课堂上，学生根本体会不到阅读的乐趣。

费老师在备课中花了很多的心思，设计了许多问题，想引导学生理解文本，与文本进行心灵对话，但由于教学设计有缺陷，导致教学的实际效果并不理想。费老师在反思中敏锐地认识到自己的教学设计过于强调教师的引导，忽视学生的个人阅读体验是一个严重的不足。

课堂教学中会有设计无法实行的失落，也会有精彩的教学设计带来的灵动，通过教师的精心设计，学生的思维被激活，思路被打开，课堂中呈现出积极互动的良好状态。对这些成功的教学设计，反思其原因，及时整理归纳，不断累积，一篇篇有价值的论文也许就可以产生了。

案例11-3 教学中的难题[2]

在以往的作文讲评课中，有时为了帮助学生提高写作水平，我们一味让学生互相指正，结果讲评课成了批判课，学习变成了痛苦的生活体验，有时为了顾及学生的自尊心，树立学习的自信心，我们往往会绕过学生的缺陷，采用正面引导的方法。在小组合作中，我们会要求学生尽量只找伙伴的优点来夸一夸。而在"小作家大家评"活动中，在教师的巧妙引导下，学生学习作文的价值观得到重塑。"评委

---

[1]费战英. 心灵对话，让课堂熠熠生辉[J]. 教育科研论坛，2008：8：37. （题目为引者拟订）

[2]范国睿. 诗意的追求——教师实践智慧案例导引[M]. 上海：华东师范大学出版社，2007：60. （题目为引者拟订）

指出小选手的缺点是为了让他表现得更好，不用怕丢面子""学习就是要谦虚，别人给我们指出不足我们要虚心接受，不用不好意思"，这样的价值观得到学生的认同，学生的合作学习就不会有顾虑了。

林老师为了解决作文教学表扬和批评的两难问题，进行了精心地设计。通过合作教学的方式提高了学生参与的积极性，同时，不放弃对学生进行适当地价值引导，这也是林老师的教学设计中的亮点。在反思中，他发现面对教学中的两难问题也可以找到解决的办法。借助于反思，课堂教学的经验不再是简单的重复，变成了教师的实践智慧。

2. 教学策略

课堂教学不仅是知识的传递，也是知识的沟通与流动。教师与学生在课堂中既是信息的发布者，也是信息的接受者。优秀教师往往能敏锐地感知到学生对问题的掌握程度，适时采取不同的策略加深学生对知识的理解。采取何种策略激发学生思考，不仅表现在对教学内容的精心设计上，更体现在相互深入沟通和对教育时机的精准把握上。

如何处理课堂中出现的异常情况，需要教师的教学智慧，这种教学智慧产生于对自己或他人教学的深入反思。优秀教师会不断思考，如果碰到这种情境要怎么办。

案例11-4 课堂异常[1]

有一次，我听了一节低年级的课，老师出示了这样一道题目：路边停放着一辆汽车，挡住了商店挂出的彩灯的一部分。问："用怎样的方法可以知道挡住了几盏灯，分别是什么颜色。"老师是想让学生通过两边露出的灯，发现这串灯的排列规律。这时，一个小男孩把小手举得高高的，老师叫他起来回答，他特别认真地说："把汽车开走就行了！"听课的老师全乐了，讲课的老师脸红了，样子很窘，认为这个孩子答的问题没有价值，急忙对大家说："要找规律。"我当时

---

[1]李烈. 我教小学数学[M]. 北京：人民教育出版社，2003：31.

想："多好的回答啊，是创造性的体现，要表扬才对。如果是我，一定会说：'你想得真好，开走汽车是个好办法，可是司机没在，怎么办呢？'"

李烈老师在听课的同时，也对教学策略进行反思，如果教师能对学生的回答进行正面的回应，通过灵活的鼓励，肯定孩子的探索，其他同学也会由此产生发言的积极性，师生之间的心理距离会更近，课堂的探索一定会更加活跃。教师如果能不断收集相关的素材，"课堂意外带来的惊喜"完全可以作为教学科研的选题。同样是在听课的过程中，刘文东老师也进行了观察反思。

案例11-5 等待学生的真心话[1]

生活中，不可能事事顺心，不可能每个人都让我们喜欢。学生一起回答"没有"，开始我还感到奇怪，但是细想，可能学生们已经习惯了这样虚伪式导入问题。想想我们自己的课堂，经常能看到学生这样的回答。然后我们顺理成章地过渡到下面的环节。林老师（上课教师）听到学生的回答或许有点惊讶，但她并没有表现出吃惊的样子，而是笑着反问。学生沉默时，老师在等待，等待学生的真心话。

在一般的课堂中，教师往往按照设计思路将教学的每一个环节都设计好，把课堂的每一分钟安排好，似乎课堂中出现沉默就是浪费时间。刘文东老师从林老师的课堂中感受到课堂中适当"留白"的意义，通过"留白"可以给学生思考的空间，也可以成为课堂教学中的有效策略。

3. 师生关系

师生关系是教育教学的永恒话题，建立新型的师生关系也一直是课程改革的目标，真正建立民主平等的师生关系并不容易。师生关系往往体现于细节中，由于受到传统习惯的影响，教师对师生关系一般不进行

---

[1]刘文东. 课堂观察中的反思[J]. 广东教育，2008，（5）.（题目为引者所加）

认真的观察，必然影响师生间的交流和沟通。许多优秀教师的成功经验表明：不断反思日常教学的态度，时时刻刻体现对学生的尊重，是教师持续成长的必由之路。华应龙老师的教学实践体现了教师的谦卑之心。

案例11-6 教师的谦卑[1]

晚上，回到北京，躺在床上，我再次问自己：如果当时不"打住"，如果后面有充足的时间，我该怎样接受学生抛来的球？台下的教师为什么会给董思诚那么热烈的掌声？如果董思诚没有创造画大圆的方法，我说不出"人人皆可以为尧舜"那句话，真要课下再交流吗？交流什么？女孩为什么要质疑我？我的回答有什么不当的地方？

教学是语言的艺术，那位女生是在教我这个老师怎么说话。

这或许就是施教中的反哺，不是有报纸称现在已到了"反哺文化"时代了吗？现代师生关系比以往任何时代更需要提倡"教学相长"，可又难以达到"教学相长"的境界，因为教师往往是这对关系中的"后进生"。而文化人类学创始人泰勒、心理复演说的倡导者霍尔、儿童教育家蒙台梭利都曾在他们的著述中，赞成和推崇过"儿童是成人之父"的观点。看来，我们真得向孩子学习，同孩子一起学习。

华老师在外地讲课时，为了鼓励一个成绩不好的同学，随口说了一句："爱迪生上小学时，成绩就不好；爱因斯坦上小学时成绩也不好。"这时一个女生憋不住了，不高兴地说："您这不是打击我们成绩好的人吗？"这个小女孩的话引起了他的反思，他不仅由此想到了如何对待课堂上的偶然失误，更体会到了教师也应该向学生学习，同他们一起成长。正是在不断地深入反思中，优秀的教师慢慢成熟了。

（二）反思教育价值及自我价值观

课程改革的实践表明，纯粹着眼于教师的某些不合宜的行为改良，

---

[1]华应龙. 教育要给学生留下什么[J]. 人民教育，2009，（5）.（题目为引者所加）

由于不能触及灵魂深处而不能奏效，有的不适宜行为"卷土重来"在所难免，因为一个人难以改变某种习惯、个性或者活动方式。同时，纯粹地着眼于教师的某些旧观念，改造更新往往流于空泛甚至玄妙，形而上的理论灌输的结果往往是"涛声依旧"。[1]教师的反思不能仅仅停留于对教学行为的改良，还应当深入反思行为背后的观念层面，发现隐藏的观念，通过对话进行澄清和重构。

这种反思包括对教育不言而喻的预设、假定的追寻，尤其是那些"好教师"、"好学生"、"好教学"、"好教育"等假定的澄清与批判，学会从习惯性思维、例行行动中走出来，真正认识已有经验的局限性，不断获得新的经验。这里的预设是指支持人们思考和行动的理想框架、诠释结构、思维方式、价值标准等，是"人们没有讲出来的那些前提"，一方面它赋予思考与行动的合理性和合法性，为人们判断是非、区分好坏，作为取舍的终极依据；另一方面它又潜藏在意识的最底层，被思想和行动的枝叶遮蔽着，当人们的经历一次又一次向它表示认同后，它却悄悄淡出，"束之高阁"，不再理会，因而很难彻底说清楚。人们通常用不言而喻、不证而明、理所当然来指称，似乎没有必要解释，更不容许质疑。[2]

因此教师的反思应指向更新教育价值观这一方面。对天经地义的思考和行为提出质疑，探寻行动背后的理论。在这个过程中教师的自我意识也会觉醒，能审慎地思考自我，并对教育价值有清醒的认识。教师通过反思重建自己的教育价值观，在追寻教育价值的过程中实现自己的理想，一定会获得职业的尊严和幸福。

不过，这个过程相对要复杂得多，对教师也有一定难度。需要教师从教学专业的"个人主义"中走出来，从自我的藩篱中走出来，保持开放的态度与"他人"对话。在对话中，教师可以叙述个人教育教学的经历，坦露自己的困惑，即使面对不同的见解，也不能随波逐流，不固执己见，有选择地接纳别人的看法，及时调整原有的认知结构。

---

[1]张立昌. 试论教师的反思及其策略[J]. 教育研究，2001，（12）.

[2]柳夕浪. 促进反思的对话[J]. 上海教育科研，2002，（6）.

教育价值的核心是对"人"的价值的发现和思考，所以教师的教育价值观常常和他的自我观念、人生价值取向紧密相连。

随着教育系统和社会的开放，新的观念不断进入人们的视野。多元化的社会给人们带来庞杂的社会资讯，也给现代人带来了困境。尤其是在当代中国，教师作为生命个体，面对社会的巨大转型，如何重新确立自己的价值观，找到自己的安身立命之所？这是师范专业发展中最大的难题。教师是生活在"无根"时代中的"现代人"，只有真正觉醒并检讨：我是谁？我要往哪里走？我过怎样的生活？我要这样的生活吗？可以改变吗？……找寻到自己的生命价值所在，才有可能成为"现代教师"。

教师的首要意义是"人"，不是社会机器的零件。我国师范专业发展的研究应将教师还原为"生命个体"来探讨，而不是单纯地讨论师范专业。将教师作为"生命个体"，要关注"个体"在社会转型时期面临的诸多困惑，"个体"文化传统的缺失会导致人文精神的失落。有研究者指出，我们的师范专业理论不能仅仅着眼于"专业"的发展，应该全方位拓展，着眼于教师个体生存价值的实现，从人生追求、职业信仰、教学理想、自我发展等安身立命的问题，拓宽和更新教师教育、教师培训的内容。自我持续生长和发展的能力是教师发展最根本的内涵。[1]

教师对个体生存价值的寻求只有通过自己的深入反思才能实现。

1. 课堂教学的价值观

教学是什么，是每一位教师走上讲台的第一天就必须思考的问题。虽然教师在职前师范教育中多多少少都受过教育学的训练，能用理论的语言来解释"教学"这个概念。但教师实际运用的"教学理论"非常复杂，它受个人求学经历、社会传统的影响。由于我国多年来受凯洛夫教育学影响颇深，大部分教师对教育价值的选择还停留在"传递知识"上，虽然有些教师早已关注对学生技能、技巧，甚至能力和智力的发展，但大多还是蜻蜓点水。在课堂上，认真负责的教师们把力气用在讲

---

[1]吴惠青. 论教师个体的生存方式[J]. 教育研究，2003，（6）.

清知识、落实练习上，使学生能牢固掌握知识，考试时少出差错，其他目标很少涉及。新课程改革以来，我国基础教育中课堂教学的价值观正从单一传递现成知识，转变为培养健康发展的一代新人。学科、书本知识在课堂教学中是"育人"的资源与手段，服务于"育人"这一根本目的。"教书"与"育人"不是两件事，而是一件事的不同方面。[1]

教师要完成这样的观念转变并不容易，因为观念往往隐藏在深处，教师个人可能毫无觉察，甚至教师本人写在教学计划时的观念和实际上运用在课堂上的观念是互相矛盾的，即所谓"宣称理论"和"使用理论"。通俗而言，想的是一套，做的是另外一套。当然，此种说法并非指责教师心口不一，而是因为这个过程需要教师对自己的行为不断进行深入反思，有时甚至要借助外部力量，帮助教师发现自己实际运用的理论和宣称理论的差异。

案例11-7 上课就是讲课[2]

这是一堂初一历史课，30岁的女教师丁某通过讲解、提问、板书、课堂作业等方式比较顺利地完成了明末农民战争的"传授任务"。课后交换意见时，听课者问："你觉得这一节课上得怎么样？"答："问的不够透彻，学生的积极性还没有调动起来……"又问："能不能说说自己比较满意的地方？"答："重点还是讲出来了，特别是关于明末农民战争的原因、经过等，自己结合挂图，有重点地做了讲解。"听课人有意重复了女教师的话："哦，你觉得重点还是讲出来了。"并且把"讲"字念得特别重。说缺点也罢，谈优点也好，教师都离不开一个"讲"字。在她看来，上课就是讲课本，讲清楚、讲明白、重点讲突出，就是好的教学；否则就是失败的。

丁老师对自己在课堂教学中实际出现的问题没有清醒的认识，在研究者的提示下，也没有意识到。她使用的理论在很大程度上受原有学习

---

[1]叶澜. 重建课堂教学价值观[J]. 教育研究，2002，（5）.

[2]柳夕浪. 促进反思的对话[J]. 上海教育科研，2002，（6）.（题目为引者所加）

经历和教师群体意识的影响，呈现出一种无意识状态。教师身处较为封闭的学校环境，如何保持开放的心态，接纳新的观念，能认识到不同观念间的差异及互补性，灵活地根据具体的教育情境做出自己的判断和选择，需要教师在不断反思中积累教育智慧。

即使是新的教学观念，在课堂教学的具体实施时也会出现种种变化，对此教师也需要进行冷静的反思。

案例11-8 不能忽视学生[1]

只是透过这热热闹闹的课堂现象，学生能得到的又是什么？剖析课堂，常是优生或活跃学生的天地，多数学生是听众、看客，真正有意义地参与进去何其艰难！其实，从关注学生生命发展的理念出发，学生"进入"课堂的状态应该是"一个也不能少"，正如美国教育新理念所倡导的那样"不让一个孩子落伍"。

而要实现"零落伍"，我们的教学课堂就应该远离热闹、远离形式、远离浮躁。众所周知，小河流淌会有湍急也会有平静，潮会涨也会落，月有阴晴有圆缺，和这些自然现象一样，课堂不仅仅应该有热闹和争先恐后，也应该有沉静的时候，因为学习不仅是和事物对话、与他人对话，更重要的是跟自身对话。

面对新课程改革以来学生自主学习的观念，这位老师认识到热闹背后是对新课程学生观的忽视。

2．课程观

课程是什么？在课程发展中该做点什么？这样的想法及相应的行动深受教师长期身处的教学结构所影响。教师若长期处于被决定、被要求、被监督的执行者地位，会很自然地将课程文本视为当然；禁锢了教师对日常生活意义的追求，于是教师习惯于自我定位为技术工人或不自

---

[1]张文质．迷恋人的成长[M]．上海：华东师范大学出版社，2006：85．（题目为引者所加）

知。[1]叶澜也指出，中国的教师始终以服务于政治秩序的稳定和经济生活的繁荣等为最高宗旨，人们强调的始终是教师对于社会的工具价值，完全忽视甚至抹杀了教师自身成长的需要。[2]不仅如此，一些研究表明，随着学校管理阶层力量的日渐扩大，教师基本失去了对教学环境的控制权，逐渐被异化为技工，其教学工作也愈发变得繁复和受到更具压迫性的控制。[3]教师如果能借助于反思，推翻自己"被决定"的命运，修正统一课程，并利用教学中发现的问题提升师生意识，让学生都有机会在课程中发现自己。

案例11-9 教师是课程的创造者[4]

那么，宋定伯卖鬼时表现的机智勇敢错了吗？鬼所表现的善良诚实都对吗？因此在尊重文本本身、背景的前提下，我们需要跳出事件，辩证看待小说中的两个形象。客观评价才是学习的最好目的。因此，那种让学生讨论"到底世界上有没有鬼"之类的问题，就难以真正发挥语文课的"文学"功能。

而真正要讨论的是，宋定伯为什么一定要"诳鬼、卖鬼"？如果开始是为了保护自己，那么最后得钱又说明了什么？为什么必欲置之于死地而后快？与鬼同行，不厌其诈，用心可谓良苦。卖了那只可怜的"羊"以后，"恐其变化"，"唾之"，把钱弄到手，这才满足地"乃去"。教学中引用《阅微草堂笔记》中的一则故事：有个叫姜三莽的人，听说定伯卖鬼得钱的事，非常高兴。于是"挺棍执绳，巡行坟墓间"，打算"夜缚一鬼，唾使变羊"，以"供一日之酒肉资"，结果无所得乃止。这则笔记无疑包含着古人对《宋定伯捉鬼》价值取向的理解。

从技术性思维角度看，宋定伯能化无害之鬼为有利之羊，原无可厚

[1]周淑卿. 课程发展与教师专业[M]. 北京：九州出版社，2006：57.
[2]叶澜，等. 教师角色与教师发展新探[M]. 北京：教育科学出版社，2001：4-14.
[3]华勒斯坦，等. 学科•知识•权力[C]. 北京：生活•读书•新知三联书店，2001：130-153.
[4]窦桂梅. 文言文教学的系列思考[J]. 语文教学通讯，2009，（7-8）：19.

非。若从原则性思维看，是不是有善恶不分、利欲熏心的嫌疑？是不是存在性格缺陷——狡黠、善设罗网、工于心计？认为宋定伯是一个"有胆有识、善于谋略、勇于捉鬼的少年英雄形象"是不是过于片面？这宋定伯胆大，鬼都不怕，倒是事实。但也不能对鬼一概如此处理吧。事有吉凶，人有好坏，鬼也分善恶吧。岂能概以恶鬼待之，看来鼓励"不怕鬼"，鼓励人的机智勇敢还要视情况而定，否则，悖于人性。

我国语文教学一直是法定文本占据主导地位，包括教材和教参。多年来，只能按照给定的解读方式阅读文本，忽视了教师和学生的个性化阅读，语文课程本该具有的人文精神也被概念化的解释消解了。窦桂梅老师从习惯化地解读宋定伯的形象中发现了突破口，对文本的多元解读激发了学生的阅读感悟，教师成为课程的创造者，课程也变得丰富多彩。

3. 教师的角色观

教师职业有鲜明的特殊性，所从事的教育工作是一种与人的精神开拓和发展密切相关的工作。社会和文化对教师角色做出了结构性的限制，"师者，所以传道授业解惑也。""经师易得，人师难求。"这些表达指明了古代社会对于教师角色的期望。进入工业化社会以后，由于工业和经济发展，教育的核心逐渐转向以管理和效率为重心，国家、社会、家长都对教师角色提出了种种期待。教师不但具有"传道授业解惑者"的身份，也具有示范者和管理者、学生心理咨询者的身份。有的学者还提出教师也是研究者。教师要在社会化的结构限制和个人体验中慢慢建构自己的角色认同。

案例11-10 教师角色的变化[1]

对于"什么是教育"，爱因斯坦的回答是"把所学的东西都忘掉了，剩下的就是教育。"因此除了成绩，还应有心态，有思维方式，有行为习惯……也就是拿破仑·希尔总结的17条吧。既然如此，作为

---

[1]华应龙. 教育要给学生留下什么[J]. 人民教育，2009，（5）.（题目为引者所加）

教师的我们，在设计和实施教学时，是否应该多想一想、问一问自己：教学除了知识，还能给学生留下些什么？

......

由此推之，我们的教学要成功，也得有一个明确目标——不光要传授知识，还要启迪智慧，更要点化生命。

......

如何传授知识？我可以如数家珍、娓娓道来；怎样点化生命？除了"一棵树摇动另一棵树，一片云推动另一片云，一个灵魂唤醒另一个灵魂"，我便语焉不详了，当上下而求索。

华老师对教师的角色认同发生了改变，由最初的传授知识，到"点化生命"。教师也由单纯的知识传授者转变为生命的激励者。

4. 自我价值观

当代教师身处社会转型期，社会经济的巨大变革会导致传统价值观的失落，如何重新寻找自己的精神家园是必须面临的难题。教师作为社会的一种特定角色，更能深刻体会到社会变迁给个体带来的困惑和无奈，如何回应社会的深刻变化？能否在教育实践中找到自己的个人价值？都成为教师必须思考的问题。优秀的教师总能将个人价值观和教育紧密地结合起来，在教育梦想的追寻中实现自身的价值。

案例11-11 实现教师的价值[1]

我在爱孩子经历中，渐渐长大了。我把这种爱，升华成自己的理念，又把它细化成自己的行为。

正是因为对儿童的热爱，使我不怕吃苦，不怕麻烦。意志使我体验到作为人的一种力量。我觉得意志会使感情持续、稳定、强化。我想心理学认为情感和意志是人心里的两大区域，实际可能并不这样。

---

[1]李吉林. 李吉林与情境教育[M]. 北京：北京师范大学出版社，2006：288.（题目为引者所加）

其实在一个人的内心世界里，两者难以一分为二，它们是互动的，是互相影响的。

儿童的眼睛，儿童的情感，儿童的心理，构筑了我的内心世界。是的，正是儿童，是童心，给了我智慧。我想说，爱会产生智慧，爱与智慧会改变人生。

一个人的"情"与"思"水乳一般交融在一起，总是互相影响着，构筑起每一个人的精神世界。近半个世纪的小学教育工作的实践与研究，让我更深地感悟到教师不仅是一个思想者，他（她）首先是一个不倦的学习者，一个执著的探究者。

李吉林老师的情境教学之所以能取得成功，在于她从儿童世界中找到了自己的理想，找到了自己的精神家园。

三、反思的工具

教师能在反思中成长已经成为学界的共识，通过对日常教学行为及背后观念的分析和了解，有助于教师不断挑战复杂情境中的各种问题，在新旧观念的碰撞中重构专业认识，进而提升个人素养及专业素质，实现专业教学和生命个体的和谐发展。在具体操作中，教师一方面可以通过个人写作回顾教育教学中的点滴事件，寻找隐藏在教学事件背后的思想观念，可以借助反思日记、教学后记等形式提高反思意识，袒露自我，参与对话；另一方面还可以借助"他人"的力量，在观念的碰撞中找到思维定势的突破口，尽快走出误区。另外，使用观察工具也有助于教师更好地反思自己的教学行为。

（一）回顾反思

回顾反思是指教师回忆走过的教学历程，思考以往的教学行为，将个人理论外显化。这是最常见的反思方式。通过回顾，教师可以总结课堂教学中的成败得失，积累教育科研素材，提出值得思考的问题。主要形式有反思日记、教学后记等形式。

1. 反思日记

反思日记是教师反思的常见形式。反思日记可以促进教师的专业发展，促使教师用挑剔的眼光审视自己的日常教学，勇敢地找出其中的问题，而不仅仅满足于惯性的教学方法。尤其是对有经验的优秀教师，他们积累了丰富的教育教学经验，能够很好地组织和驾驭课堂，从而习惯于以自己的观点和角度来思考问题。长此以往，容易形成"孤芳自赏"和"自以为是"的主观教学。

案例11-12 反思日记[1]

在思想品德课《说话有礼貌》的教学中，我设计了一个活动情境：打电话通知同学春游的时间，看看学生们怎样使用礼貌用语。之所以设计这样一个活动，是因为我觉得学生基本上都打过电话，春游又是学生感兴趣的活动之一，一定能引起他们的兴趣。刚开始时，学生们的确表现出极大的热情，争先恐后地要表演打电话。我请一组同学到前面来表演，他们拿过电话说："喂，喂，你明天上午到学校集合。"说话的同学不仅慢慢吞吞，而且根本没有使用礼貌用语，连通知的事情也没有说清楚。我又请了另一组同学，情况也没有什么改变，和我预想的效果大相径庭。这是为什么呢？我对打电话这个活动产生了怀疑。课后，我经过仔细思考，觉得打电话通知春游时间这个情境不符合一年级学生的生活实际，他们很少或者根本没有春游的经验，所以表演起来就无话可说。那么，创设的情境与学生的生活实际究竟应该有多大的联系？教学环节的设计与学生的理解和认知水平又如何联系？这些问题引发了我的深入思考。学生们在学习课文之前，都有各自的生活经验，这些经验是学生们学习的基础，他们理解课文是带着自己的生活体验的。因此，在设计教学环节时，我们的出发点要放在学生已有生活的基础上，这就要求教师课前要充分了解学生的生活。

---

[1]申继亮，等. 专业引领下的教师反思能力发展[J]. 中国教育学刊，2006，（6）.（题目为引者所加）

后来，通过调查，我了解到一年级学生打电话大多数是向同学或老师问作业。这就要求我以后在上课之前一定要先去了解学生。

在这则反思日记里，毛老师发现了自己教学中的问题，即学生的表现与自己的设想不一致，教学没有取得良好的效果，并分析了产生这个问题的原因——设计活动与学生的生活经验不符。毛老师提出了自己的疑惑：创设的情境与学生的生活实际应该有多少联系？这个问题的提出，表明毛老师已经超越了就事论事的水平，能够对教学情境背后的教育理念进行思考。毛老师在课后对学生又进行了调查，了解学生的真实生活，使反思的最终目的——改进教学得以实现。

2. 教学后记

课堂是师生共同活动的舞台，每一堂课都有其独特性，无法复制。其中既有教学设想顺利实现、师生合作的美妙回忆，也不乏气氛沉闷、枯燥乏味的遗憾。教师在教学后记中可以回味捕捉教学目标、重点难点、知识处理、教学方法、学法指导的经验之得，借助于教学后记，提炼和思考隐藏在教学行为背后的教学观念，将自己的个人经验提升为有价值的应用理论。

案例11-13 教学后记[1]

要学习演奏歌曲，如果只是机械地做模仿性的吹奏练习，学生们一定会感到枯燥乏味。教学时首先从欣赏、演唱、谈感受入手，帮助学生掌握感性的材料，在优美音乐的感染下，产生学习的欲望和兴趣，为吹奏教学做铺垫。为了帮助学生克服吹奏时可能遇到的困难，首先运用具体直观法。让学生通过动脑、动手、动口，竞赛式标出竖笛音阶指法图。本学期学过F调的指法，要结合音阶吹奏的体验练习，帮助学生加深巩固对竖笛发音指法的记忆。第二步运用分析、归

---

[1]王枬. 智慧型教师的诞生[M]. 北京：教育科学出版社，2006：172.（题目为引者所加）

纳发展法。利用已经会唱的歌曲，找出歌中出现的音，以明确吹奏时所需的音及竖笛的指法。第三步运用示范法。通过指导练习，用气息的示范和乐句指法连贯运用的示范，帮助学生了解吹奏的要求。教师以清唱乐谱配合指法的变换，指导学生进行无声指法练习。为学习有困难的同学保持足够的信心，采用分句练习法，练好上一句，再练下一句，这样可创造一个安静的学习氛围，使学生能更专注地练习。最后加入气息吹奏时，提示大家注意歌曲的情绪，利用自身对歌曲的感受控制气息，达到较完美的表达。

庄蝶老师通过教学后记总结了该堂课的教学所得，既有对学生学习兴趣和难点的充分估计，对教学内容的有效分解，还有对音乐教学独特性的深入认识。正是对课堂教学经验的不断积累，让庄老师成为全国中小学优秀音乐教师。

反思日记及教学后记对于增强教师的反思意识，提高自身教学水平可以起到积极的作用。回顾反思对教师的帮助主要体现在以下方面[1]：

1. 反思意识增强

教师的反思意识是指教师反思的自觉性和主动性。教师首先要有反思的意识和习惯，才能自觉地发现和分析教育教学中的问题。一位教师这样写道："自主反思是这个学期我的一个变化。我经常会在某个晚上，回忆当天或几天以来的某个难忘的片断，并把这些片断串连成文字，流淌在笔尖，落到纸上。在这个过程中，理性思考的火花便会闪现在头脑中，促使我思考现象背后的深层内涵。"

2. 通过总结教学中的经验和教训，提高了教育教学能力

教师在写反思日记时，会回顾教学中的重要环节，课堂中的偶发事件，找到教学中成功和失败的地方，与教学目标的实现有差距的地方。通过反思，找出问题的原因，从而改进自己的教学。有的教师同时教不同的班级，在反思后，会改进自己的教学方法，从而达到更好的教学效

---

[1]张彩云，等. 小学教师关于反思日记的认识[J]. 教育学报，2006，（2）.

果。用教师自己的话来说，就是：教学——反思——再教学。在这个循环的过程中，使教师的教育教学水平得到提升。

3. 有助于将理论和实践结合起来，不断提升自身的理论水平

教师在平时的教育教学中对教学的各个环节思考较多，比如应该拟定什么样的教学目标？怎样设计教学活动保证教学目标的达成？学生的反应如何？而较少思考课堂教育教学事件背后的原因，很少考察教育理论如何运用于实践。通过写反思日记，"能够深入思考教学中的理论问题，使自己不断学习新的知识，从而提高理论水平"，"从大的方面来说，是促使自己形成一种大教育观，能站在理论的层面去看待教学活动，从而跳出"小我"着眼"大我"，使理论和实践相结合。"

4. 积累素材，便于今后的论文写作

有些教师经常提到写反思日记，能帮助自己积累教育教学中的素材，为今后的论文写作做好铺垫。教师写道："上完课如果不记录，很多有价值的东西就会一闪而过，再回忆起来就非常困难。通过及时记录反思日记，帮助我积累了很多有价值的素材，以后再写论文就不用担心没什么可写了。"由此看来，写反思日记不仅有利于教师日后论文的写作，更为教师进一步开展研究打下了良好的基础。

回顾和反思多是教师的个人行动，虽然能解决教师教学和研究中的一些问题，但由于受教师角色的限制，无法抽身于教育现场，观察问题的角度和时间都会受到制约。也受理论基础的制约，这种反思往往深度不够，许多教师认为"自己理论积累少，站在理论的高度分析具体事例的能力不强，对一些事例往往分析得不够透彻，需要不断学习理论，通过反思不断提高。""想要找到现象背后的理论来源，对我来说，太难了。""在写反思日记的过程中，我常常苦于找不到问题背后的原因，深深地感觉到自己理论知识太缺乏了。"同时，很多教师会觉得"总是自己一个人想，一个人写，难免受到自身思维的局限，有必要和其他教师进行交流，学习他们的经验，尤其希望得到专家面对面的指导，讨论反思日记"。还有的教师认为"有时觉得自己反思得不够深入，但又没

有相关的理论知识，要是能得到专家的指点就更好了"。另外，回顾反思受自身文字表达能力的限制，有时会"想了很多，但苦于无法用文字表达清楚"。

（二）观察反思

个人回顾反思存在主观性，固然有一些盲点，由于课堂教学任务的紧迫，教师只能关注达成教学任务的细节。即使在课后进行回顾，也只能是片段式的，无法反思课堂的全貌。如果想更客观地了解课堂中发生的实际情况，反思被忽视的细节，可以借助于课堂观察、录像等研究手段，记录课堂中发生的有价值的事件和信息，课后进行系统的分析和研究。

1. 课堂观察反思

课堂观察与诊断是把自然的教学情境作为定量、思辨的直接源泉，采用实地体验、参与式观察和课后访谈等方式搜集相关数据，从不同侧面、不同视角进行分析和解释，同时留出适当的空间给他人思考和批评。它以课堂发生的事实为依据，以能否有效解决教学中的实际问题为目标，将教学双方的认知、态度、情感等内隐的要素视为重要的研究资源。就观察者而言，不仅需要按事先设计的观察方案聆听教学对话，观察师生的行为表现，感悟方案执行的真实性、合理性和创造性，而且要把方案之外，现场突发且又在情理之中的真实行为及其细节记录下来[1]。比如：

记录教师讲授的时间、学生活动的时间、师生分享的时间。

记录师生提出的问题，对提问的水平、提问的方式、应答的策略和互问的对象做定性、定量的分析。

记录学生参与练习的人次、个体参与交流的频次、不同小组或个人完成练习的时间差异和有效程度的差异，教师依此做个别指导。

记录媒体的设计和学具的选择是否直观、形象和生动，呈现的时机是否适当、合理，演示的时间和方式是否能兼顾不同学生的需要，以及

---

[1]王洁，顾泠沅. 行动教育——教师在职学习的范式革新[M]. 上海：华东师范大学出版社，2007：108.

教与学内容的联系是否和谐、默契、相融。

记录小组学习时学生独立思考的时间和行为，互相倾听、陈述和修正是否有序和有效，教师如何面对质疑、提问做个别指导等等。

案例11-14 观察记录[1]

不久前，我参加了市教科所举办的"全市小学习作教学观摩研讨"活动，听了9位老师的习作指导课。听课过程中，我针对习作指导课的时间效益做了专项课堂观察。一堂习作课的时间比例如何分配才科学？从师生教学行为的"设境导入、拓宽思路、课堂练笔、交流评改"这几个方面记录了每一节课各环节所占的时间。

年级	课题	设境导入 拓宽思路	课堂练笔 巡视指导	交流、评改
四年级	打动心灵的画面	27	8	5
四年级	××的自述	22	7	8
四年级	学用象声词	27	8	5
六年级	我的五样	30	8	3
六年级	施了魔法的纸	25	12	3
五年级	喜怒哀乐	19	14	7
五年级	爱与感恩	19	9	12

分析：从这次习作观摩研讨课堂看，习作教学普遍分为三个板块：创设情境，打开思路；学生习作，教师巡视；交流习作，指导评改。其中，第一板块耗时最多，多则34分钟，少则19分钟，平均25分钟；第二板块所占时间其次，平均9分钟；第三板块耗时最少，平均不到6分钟。那么，我们不禁要问：这样的时间安排是否科学、合理呢？习作教学真的需要花费那么多时间用于打开学生的思路吗？学生在习作课上真正用于动笔写作、形成书面表达的时间充分吗？习作后的交流评改真的无关紧要吗？

---

[1]卢永霞. 从课堂观察反思习作课时间有效安排[J]. 新作文，2009，（9）.（题目为引者所加）

卢老师利用课堂观察的方法对习作的课堂时间分配进行了比较研究，发现了一些共性问题，并提出具体的解决方案。这些数据是教师在课堂教学中不易注意到的，观察后的发现对于教师有较强的冲击力。

2. 录像反思

随着现代教育技术的发展，课堂录像也可以在教师反思中发挥重要作用。借助于课堂录像，教师可以全方位地观察自己在课堂中的实际表现，为教师提供了在真实可信的学习环境，从不同的视角（如自我的视角、同事的视角和时间的视角）重新审视自己教学、反思自己的机会。

案例11-15 录像反思[1]

在区教研室老师的带领下，我们选择了课文*The Hero on the Wall*，第一次尝试用录像技术进行课堂观察与诊断。我们听讲座，学习录像分析技术，请区电教馆专业人员为我们摄像，一台专门拍教师，一台专门拍学生。课堂实录也有明确分工：

项目	具体内容	责任人	备注
教师语言	记录教师上课的教学语言，如课堂用语、课堂提问（标出生词与词组）	宋老师、周老师、张老师	记录要详细；描述教师的表情与动作
学生回答	详细记录学生的回答内容，标出男女，统计人数	沈老师、陈老师	描述学生的表情与动作
小组讨论	记录小组的活动内容、次数、活动气氛、学生表情、参与面	邵老师、任老师	着重对一个小组讨论的记录
座位表	参照范例	叶老师	
板书、媒体	全程记录教师的板书、媒体运用情况	薛老师	原版记录，把黑板画下来
摄像指挥，整理、分析资料，学生问卷设计调查		吴老师、盛老师	其他教师协助

[1]王洁，顾泠沅. 行动教育——教师在职学习的范式革新[M]. 上海：华东师范大学出版社，2007：109.（题目为引者所加）

通过翔实的数据，开始分析讨论教学中的实际情况。我们发现，在这堂课中，老师对状语从句进行操练时，注意到练习的层次和变式训练。但是老师在引入课文后，忽略了安排教学的铺垫，学生因无法推断替换词的正确读音而影响了阅读和交流。

教研组的教研活动，以分工协作的形式共同分析一节课，有助于将教师的反思引向深入。

通过课堂观察和教学录像，教师可以反思个人很难注意到的现场细节，发现值得研究的问题，激发教师的思考。有利于反思的深入，教师可以针对自己教学中的问题有针对性地进行观察，能克服反思日记和教学后记流于形式和肤浅的缺陷。但也有明显的缺陷：人力和时间成本较高，会给教学带来一定负担。

（三）对话反思

教师写作反思日记是一个与自我和文本重新对话的过程，它常常会受到自身知识和经验的束缚，因此，许多教师都渴望加强沟通和对话。由此看来，反思中的沟通与对话，要求双方不依附于任何一方，既不受某一方的控制，也不能相互毫无联系，只能存在于两者之间，表现出一种"主体间性"，一种相互尊重、理解和接纳的社会关系。"对话中发生对他人的言语、行动意义的尊重解读和有选择的接纳，同时也伴随着对自身原有意义的质疑、反思和改进，双方都有可能突破原有体验与理解的局限性，获取一些新的意义。"[1]

在针对反思日记的交流过程中，教师需要专业引领。如果没有专家或骨干教师的协助与引领，教师之间的反思交流可能会自囿于同水平的重复操作，无法得到提升。那么，作为与一线教师合作和对话的研究者，应该如何去引导教师呢？教师在写作反思日记中遇到的最大困难是缺乏理论知识、找不到反思点，这就需要研究者对教师多进行理论方面

---

[1]李小红，邓友超. 教师反思何以可能[J]. 高等师范教育研究，2003，（15）.

的培训，给教师提供学习的理论材料。很多教师是有学习的愿望的，但苦于"不知道该学什么？该读什么书？"感觉"十分迷茫"。因此，研究者应该利用自己的优势给予教师学习材料方面的帮助。同时，在实践中要针对教师具体的教育教学实践，指导教师找到反思的切入点。

1. 同伴对话

具有相同或相似经历、知识背景的人（如学科教研组内的教师），往往有共同的话题，容易开启心扉。这种同质交流可以相互交流信息，分享经验，共同提高。因此，教研组内部的交流也可以促进教师反思。

> **案例11-16 同伴对话**[1]
>
> 这个学期，我们高一物理教研组试图探索"以学生自主发展为目的，催生高层次思维活动"的课堂教学模式。物理教研组在制定教研计划时，选择了"共振现象"这节课为研究课例，并确定由翟老师主讲，教研组老师共同参与研究。
>
> 课后教研组进行了反思。赞成者认为："这节课较好地完成了教材上规定的教学内容，教学安排紧凑。""自己研制的几个实验很有新意，调动了学生学习的积极性"。反对者认为："这样的教学安排是眉毛胡子一把抓""实验太多，学生来不及思考和消化""各个部分之间的过渡不够自然，学生的思维不是连续的，不利于学生形成准确的概念"。翟老师自己也感觉这节课上得不理想，认为"教学的素材比较多，注意力多放在如何控制好时间以及如何完成教学计划上，没有关注学生的思维是否真正调动起来"。
>
> 经过讨论，大家认为改进的重点应该放在如何选择适当的情境导入新课，选择的情境如何与概念学习加以衔接上。

但这种同类型的交流易形成趋同倾向、"集体共识"，教师常以同

---

[1]王洁，顾泠沅. 行动教育——教师在职学习的范式革新[M]. 上海：华东师范大学出版社，2007：131.（题目为引者所加）

行、同事也这样认为，这样做为由，较少质疑反思做法本身的合理性。需要突破群体思维的盲点，多进行异质对话。

案例11-17 学科间对话[1]

刘老师是数学特级教师，但对数学领域以外的知识不仅极感兴趣，而且还相当精通。很多时候，会和历史科老师就书上的某一个文物图片探讨半天，也会为现实中的环境问题和生物老师争论。甚至有一次刘老师和化学老师就"《神秘岛》对学生的化学学习"问题讨论了一个星期。这样的老师，学校不仅视为"宝物"，而且专门成立"刘老师工作室"，带领其他老师对于学科教学、课改中的热点与难点问题进行深入的专题研究和实践。

不同学科教师的对话有助于拓宽教师视野，从跨学科的角度考虑问题，提升综合素养。

2. 与理论研究者对话

理论研究者往往有较宽广的理论视野，较深厚的教育哲学基础，能深入到问题的实质，可以提高教师反思的理论深度。有学者专门对此进行了研究，将教师与理论研究者之间的反思性对话概括为四个步骤。[2]

（1）描述。从对话开始，教师首先要真实地描述整个教育教学事件。事件可以是教学中的某个成功或失败的环节，也可以是一次偶发事件、一个长期无法解决的问题。质疑自己的教育教学常常会让教师痛苦，但反思性对话就是让教师能够敞开心扉，挑战自我，不断发现教育教学中的问题，从而推动自身向前发展。

（2）澄清。澄清的主要目的是通过追问，了解叙述者对于事件的解释，暴露出个人的教育观念或潜在问题。它可以发生在描述过程之中，

---

[1] 王洁，顾泠沅. 行动教育——教师在职学习的范式革新[M]. 上海：华东师范大学出版社，2007：94.（题目为引者所加）

[2] 申继亮，张彩云. 教师反思性对话的实践模式[J]. 教师教育研究，2006，（7）.

也可以出现在描述结束之后，要根据叙述者描述的情境而定。

（3）质询。当面质问自己的教育观念和理论假设，发现其中不合理的地方。有时教师自己能够逐步悟出来，有时还需要其他对话者，尤其是教师指导者客观地指出来。在这个阶段，教师内心也许会充满矛盾，面对各种意见不知所措。需要教师保持开放的心胸，虚心听取其他对话者的意见，敢于直面自己落后的教育观念、不合理的理论解释。教师尤其需要更高水平的教师指导者引导，挑战自己的教育理念，帮助找到自己存在的问题，而不是仅仅告诉他们如何改变教学行为，如何改变教学设计。

（4）重构。在这个阶段里，教师的个人知识得到了重新建构。教师意识到自己在教育教学中的问题，找到这些问题产生的根源，发现自己教育教学理念上的偏差后，会对事件形成新的认识，产生新的个人理论。

> **案例11-18 对话促成长**[1]
>
> 张老师有四年的幼儿教育工作经验，负责中班的管理和教育。她的班上有一个特殊的女孩子丁丁，几乎不和任何人说话，她想了很多办法改变她，但毫无效果。于是她希望研究者和她一起观察了解这个孩子，找到帮助这个孩子的办法。在这个班的游戏活动时间，研究者和其他中班老师、幼儿园教研主任首先一起对这个孩子进行了30分钟的观察，然后再和张老师进行了反思性对话。
>
> 观察结束后，研究者先请张老师描述她观察到的情境和她的困惑。
>
> 在研究者和其他教师的追问中，逐步发现，丁丁的主要问题是交往能力的问题，帮助她意识到丁丁很多方面的发展落后于其他孩子。通过对话，了解到了张老师对事件原因的解释，也发现了以往忽视的问题。
>
> 第三阶段，张老师逐渐意识到自己对事件的解释存在着偏差，丁

---

[1] 申继亮，张彩云. 教师反思性对话的实践模式[J]. 教师教育研究，2006，（7）.（题目为引者所加）

丁的主要问题不是交往能力的问题，而是没有得到适当的关注，加上自己又敏感，缺乏自信心。不说话只是她逃避挫折的一种表达方式，对话者必须抓住教师描述的关键细节，帮助她逐步领悟到自己存在的问题，并能够欣然接受。

对话结束后，张老师非常兴奋，她一再感谢大家帮助她发现了自己以往忽视的问题，而对帮助丁丁解决这个问题充满了信心。她表示会采取适当的方法，希望能看到全新的丁丁。

通过与研究者的对话，教师发现了以往容易忽视的问题，这种对话有助于教师的专业成长。

第十二章 形成专业社群

"独学而无友，则孤陋而寡闻。"教师应该是专业社群中的一员，而不是孤军奋战者。[1]随着新课程改革的逐步推进和教师自身发展的需求，迫切需要教师走出画地为牢、孤军奋战的局面，组建专业社群，通过社群成员间的互相切磋、彼此反馈，将教师个人的力量融合起来，实现教师的共同发展。

一、专业社群的特点

一般认为，教师专业社群是指教师同校内的同事和校外学者专家、家长组成一个社区，在民主、平等的气氛下进行专业对话，实施批判的反省，研究改进教学，并促进全体教师的专业成长。[2]马克斯（Marks）等人描述了教师专业社群的特征："教师共享一定的目标；以合作的方式解决问题；去个人化以及对教学的实际问题进行专业对话。"[3]帕尔默则这样描述教师专业发展的社群："在真正的社群中，犹如真实的生活，不存在纯粹的知识客体，也没有绝对权威。"[4]以上观点可以看

[1]赵明仁，袁晓峰.理论引领的教师专业发展模式[J].教育理论与实践，2006，（10）.

[2]杨启光.专业化进程中的教师教育人才培养模式——以构建教师专业社群文化为视角[J].江南大学学报：教育科学版，2008，（3）.

[3]Marks, H. M. & Louis, K. S. Does teacher empowerment affect the classroom. The implications of teacher empowerment for instructional practice and student academic performance[J].Educational Evaluation and policy analysis, 1997, 19（3）.

[4]帕尔默.教学勇气——漫步教师心灵[M].上海：华东师大出版社，2005：102-108.

出，教师专业社群必须由教师构成，却有别于"一群教师"，它的组建与运作需建立在教师拥有的共同目标上，旨在消除孤立和隔离，共同解决教学实践中的各种问题，实现教师的专业发展。专业社群多种多样，其活动方式亦灵活多变，但不管哪种形式的社群构成，一个运作良好的教师专业社群必须具备以下三个特点：

（一）共享互惠

有互惠才有真正的合作，仅一方受益的合作注定不会长久。近些年来的中小学教师与教育专家的研究，专家们提供思想，充当指挥者的角色，中小学教师被动地依附，没有自己思考问题。研究结果也仅仅为教授、专家的聘用、晋升增加学术光环，而位于教育第一线的教师却依旧为教学实践的具体问题感到困惑迷茫。这种做法不但受到质疑，也因未能触及教育实践活动之根本，逐渐受到中小学教师的排斥。专业社群建构是以自愿为基础，以学科教学、课堂管理、课题研究、兴趣爱好等因素为依托，以"共享互惠"为前提而建立起来的。

在专业社群内部，强调站在他人的角度，理解与自己不同的思想观点、思维方式。由于差异的存在，才使相互间的对话、交流成为一种必要和可能，而交流和对话并不是简单地消灭差异，而是要摆脱以自我中心的观点，从他人的角度看问题，拓宽自己的视野，真正为我所用。彼此结成相互依存的互动关系，使各种不同的思维方式得到交融，保持旺盛的生命活力和发展动力。[1]

（二）鼓励合作

合作是社会互动的一种方式，指个人或群体为达到某一确定目标，通过彼此协调作用采取联合行动。参与者必须有共同的目标、相近的认识、协调的活动、一定的信用，才能使合作达到预期效果。[2]合作是当今时代的要求，缺少合作的专业社群只是形式上的社群，发挥不了真正的作用。

---

[1]柳夕浪. 教师研究的意蕴[M]. 北京：教育科学出版社，2007：163.

[2]夏征农. 辞海（缩印本）[M]. 上海：上海辞书出版社，1999：389.

1．合作匮乏

我国大部分教师处于孤军奋战、与人隔离的境地。即使在一些倡导"合作"的专业社群或者学习共同体、学习型组织中，其所谓的"合作"也通常流于形式，只是表面的、浅层次的合作，甚至还有"表面搭伙，背后拆台"的现象，究其原因主要有以下几个方面：

（1）缺乏合作传统。"文人相轻，近臭远香"，崇尚"个人主义"，缺乏必要的交流与合作是我国教师长期以来存在的状况。教师间彼此互不干涉，互不交流，各行其是，日复一日地重复工作。偌大的校园其实被不同学科、不同班级、不同教师分割成无数个支离破碎的、无形的狭小空间。这样不仅不利于学生的成长，也使教师的成长一直处于孤独无援，举步维艰的境地，造成教师之间缺乏合作观念。

（2）竞争的压力。竞争无处不在，无时不有，教师在学生升学、教师评级评奖的压力下不堪重负。有些教师认为把自己的"心得体验"传于他人，就会造成自己在竞争中失利，因此不愿意和他人真正进行合作与分享，把同事看成潜在的"对手"。

（3）习惯性防卫。彼得•圣吉（Peter.Senge）在其《第五项修炼——学习型组织的艺术与务实》一书中谈及心智模式（mental modles）的概念，指出："心智模式根深蒂固于心中，影响我们如何了解这个世界，以及如何采取行动的许多假设、成见，甚至图像、印象。"[1] 它往往悄无声息地潜藏在我们的意识之下，不易发觉，却支配着人们如何行动，不良的心智模式是一些改革难以绕开的、隐藏在暗处的顽石，造成成员彼此间存在习惯性防卫，阻碍系统的思考。教师之间也存在这样一种习惯性防卫，会阻碍教师真正树立牢固合作的观念，也会阻碍社群的真正运作。只有真正"开诚布公"的合作，才能使集体的力量大于个人力量之和，形成真正的专业社群。

---

[1]彼得•圣吉. 第五项修炼——学习型组织的艺术与实务[M]. 郭进隆，译. 上海：上海三联书店，1998：9.

案例12-1 教师合作学习可能出现的问题[1]

1. 肤浅的合作。教师之间的合作有时根本涉及不到教学实践的实质,合作所及也只是争议较少的领域。

2. 顺从的合作。教师合作有时是一种盲从和服从,缺乏自身的个性,独立思考和创造性受到压抑,反而达不到合作应有的目的。

3. 人为的合作。人为的合作强调更多的是合作形式,没有考虑合作的精神实质和潜在的假设。在形式和教师行为上,虽然同样显示出合作文化中相互讨论、观摩以及探索的特点,但其目的在于满足行政组织或官方改革的要求,不在于教育实践本身的要求和教师自己的价值取向。

4. 诱骗的合作。有些教师的合作纯粹是一种行政的、政治上的要求,旨在确保教师盲从和投身于他人设计的教育改革。如果这些改革在伦理上站不住脚,这种合作无异于同流合污。

2. 社群需要合作

专业社群的建构应基于合作,鼓励合作,但时下教师多是孤立的,把自己围于一个狭小的空间,自耕"一亩三分地",竞争有余,合作不足。这种现状亟待要求教师打破固步自封、闭关自守的现状。在差异中交往,在交往中合作,在合作中实现教师的自我成长和教师的专业发展。

(1)时代进步的需求。无论是中国古代的"悬梁刺股""囊萤映雪",还是西方"爱弥儿"式的"自由人"教育,单靠个人的智慧与勤奋,就可以实现个人的价值与成功。但是,在当今这个日新月异、变化不居的时代里,个人的力量就显得过于贫乏与薄弱,无论是个人或者是集体的成功,都无法离开他人的帮助与合作。

(2)学生发展的呼唤。"为了一切的学生,为了学生的一切",教育目标是培养全面发展的人,实现每个学生的发展。学生发展包括学生

---

[1]陈向明. 教师教育研究[M]. 上海: 华东师范大学出版社, 2003: 269.

的各个方面和层次，包括知识、情感技能、人生观、价值观等。学校课程也渐由分科课程向综合课程转化，单个教师的智慧与才能，"传道、授业、解惑"的传统角色已难以满足学生发展的需要，教师间的团结协作、密切交往才是解决之道。

（3）新知识观的影响。受后现代主义及建构主义知识观的影响，人们已经认识到知识不是固定、一成不变的客观真理，它具有情境性、动态性，是人们在不断地交流、互动或碰撞中生成的。而学习也是一个不断探究、交往合作的过程。

（4）教学的复杂性。教学中时刻会发生一些不稳定、无法预料的偶发事件，它具有多样性、复杂性、瞬间性和不可预测性，倘凭单个教师的一己之力，用一成不变的方法解决教学过程中的所有问题，不仅不切实际，而且教师自身也会感觉到精力透支、能源枯竭。合作之于教师就如源源不断的活水，能提供不竭的智慧与力量。

3. 社群鼓励合作

专业社群建构基于成员间的共享与合作，能让成员之间进行思想碰撞，使成员间积极真诚地参与和接纳。托马斯（Thomas）曾明确指出："教师教育思想的一个重要转向就是将关注的重心从'个人化的努力'（individual effort）转向'学习者的社群'（communities of learners），在社群中，教师通过参与合作性的实践来滋养自己的知识和智能。"[1]马卡连柯曾说过："凡是集体没有统一的工作计划，没有一致的步调，没有一致的、准确的对待儿童的方法，那里就不可能有任何的教育过程。"[2]他同时指出"如果有5个能力较弱的教师团结在一个集体里，受到一种思想、一种原则、一种作风的鼓舞，能齐心一致地工

---

[1]Thomas, G. , Wineburg, S. , Grossman, P. , Hyhre, O. &Woolworth, S. In the company of colleagues: an interim report of the development of a community teacher learners[J]. Teaching and Teacher Education, 1998（1）.

[2]马卡连柯. 普通学校的苏维埃教育问题[M]. 北京：人民教育出版社，1956: 172-173.

作的话，就要比10个各随己愿、单独行动的优良教师要好得多。"[1] 因此，教师不应当成为"孤独的巡逻兵"，而应当是"集体中的一员"。在集体中教师可以相互帮助、互相配合、取长补短，发挥集体的力量。

需要注意的是，专业社群虽然鼓励"合作"，但并不否认差异、排斥差异、整齐划一，而是基于差异、珍视差异，在差异中沟通、协调，达成共识，联合力量，实现最终的共同目标。团队行动不是简单的统一目标、统一步调、统一指挥、统一行动，它重在扩展和解放教师个体，做个体所不能做、无法做的事情。[2]在教师专业社群中教师可以打破学科界限，与不同学科教师进行合作。并从多维度不同方面，观察和了解学生，扬其所长，补其所短。

（三）平等对话

"平等对话"是专业社群的基本特征，社群需要多种声音，需要成员间基于平等、尊重和信任的基础上进行对话。它是多主体间的坦诚相见，互相包容与共同成长的基本方式与途径，它包含"专业社群的对话性"和"对话主体的平等性"两层涵义。

1. 专业社群的对话性

对话精神，自古皆有。从西方"产婆术"到东方"善待问者如撞钟，叩之以小者则小鸣，叩之以大者则大鸣"，皆体现了对话的思想。"对话"也是专业社群赖以存在、生长的前提，教师专业社群的社会性特征决定其对话性的要求。

（1）对话是生活的必需。"存在就意味着进行对话交往。对话结束之时，也是一切终结之日。因此，实际上对话不可能，也不应该结束……单一的声音，什么也结束不了，什么也解决不了。两个声音才是生命的最低条件，生存的最低条件。"[3]在巴赫金的对话哲学中，他认

---

[1]马卡连柯. 普通学校的苏维埃教育问题[M]. 北京：人民教育出版社，1956：171.

[2]柳夕浪. 让教师专业社群变得更聪明[J]. 人民教育，2009，（5）.

[3]巴赫金. 巴赫金全集（第五卷）[G]. 石家庄：河北教育出版社，1998：340-341.

为任何人都是以他人的存在为前提，自我存在于他人之中，"对话"是生活的本质所在，是人存在的基本方式。面对面的交流是与近人对话，读书是与远人对话；探讨是与今人对话，读史是与古人对话；回忆是自己与过去对话，反思自己与自己的对话。人的思想只有同他人的思想发生对话关系之后，才是能生根、发芽，具有生命力的思想。一言以蔽之，"对话是探索真理与自我认识的途径"[1]。离开了对话，"人"不是真正意义上的"人"，"用对话式交往关系取代独白式是我们合理的选择"。[2]

（2）专业社群需要对话。专业社群的对话不是"一对多式"，不是单向的、封闭的"你听我讲"或"你讲我记"式，而是多主体间有"回路"与"反馈"的交流与对话，包括提问、聆听、质疑、议论、辩解、应答等。例如社群成员间就"现存的教师专业培训的有效性及改进策略"这一议题谈谈自己的切身感受，发表自己的见解，或进行集体的讨论。通过交流、对话或讨论，可以使个体的思维得到深化和活跃，使个体从狭隘走向广阔，使视界从灰暗走向敞亮，实现经验的宽广，自我的丰富，个性的完美。

2. 对话主体的平等性

专业社群中对话主体的平等性包括社群成员地位的平等和对话机会的平等。即，不论以何种方式组成的专业社群，新手与名师也好，下属与上级也好，教师与专家也罢，首先需要确保教师社群的每位参与者都是平等的，都有发表自己观点的权力，拥有平等的"话语权"。

真正的对话总是蕴含着一种伙伴关系，既不是用一种观点反对另一种观点，也不是将一种观点强加于另一种观点之上，它不应变成一种简

---

[1]雅斯贝尔斯. 什么是教育[M]. 三联书店，1991: 12.

[2]Giroux, H. Modernism, postmodernism and feminism: Rethinking the boundaries of educational discourse. In H. Giroux (Ed.). Postmodernism, feminism and cultural politics: redrawing educational boundaries (217-256): Albany: State University of New York Press. 1991.

单的行政操作。[1]若社群中有很强的"等级"观念或"权威"意识，那么敞开心扉、开诚布公地交流与对话是不可能的。事实上在专业社群的运作中，真正落实"平等对话"也不是那么轻而易举的事。

其一，鉴于教师资历、职位、教学水平的不同，在新教师与老教师的意见相左时，新教师为了避免正面的冲突，可能索性保持沉默。会造成社群活动中的个别教师唱主角，他人成了陪衬；个别教师得到了发展，其他处于被动依附的状态，这种交流的实质是"独白"，不是"对话"。

其二，由一线教师与专家构成的专业社群中，一线教师敬畏于专家身上的"学术"光环，在专家面前不敢表达自己，怕遭人耻笑，抑或根本听不懂专家讲些什么；有些专家们也不乐意"委身下嫁"，不能平等地对待一线教师，使用教师们不熟悉的专业语言，掌握"话语霸权"。

案例12-2 话语霸权[2]

一位课改专家在基层指导实验时，遇到这样一个事例——评课时，上课的教师被遗忘在现场门外。

这是一次公开课教学研讨活动，大家听完一位教师的讲课后，便习惯性地一排排坐好，打开笔记本，拿起笔来，然后低着头，等待事先安排好的某个人上台发言。由于最后发言的往往是权威人士，所以，前来听课的教研人员也习惯性地被安排在最后一个发表意见。他滔滔不绝地发言，忽然想起一个问题，觉得需要先了解一下讲课教师的想法，可是这个时候才发现那位讲课教师并不在现场，四处搜索，才发现她竟被安排在教室门外。此刻她努力地向评课现场伸着头，显然是想听清楚评课者在发表什么意见……

事后了解到，但凡在进行类似的教研活动，讲课的教师往往谦

---

[1]柳夕浪. 教育参与教育研究：理念、方式与局限[J]. 华东师范大学学报：教育科学版版，2002，（9）.

[2]余文森，洪明. 校本研究九大要点[M]. 福州：福建教育出版社，2007：27.（题目为引者所加）

虚、认真地聆听评课的领导、教研人员和专家们的评价意见，认真做好记录，明确今后要改正的失误或不足。此外，该教师基本没有发表意见的机会，否则就会被认为态度不够谦虚。这次活动中也不例外，讲课教师最后被要求作表面性的发言，只不过表示虚心接受大家的意见而已——尽管她可能对一些评课者的观点并不赞同……

以上事例中所表现的不平等对话现象，在现实教学实践中并不少见。"平等对话"就是要改变这种倾斜式的对话，每个社群成员都应正确的定位自己和他人的角色，把先前所谓的身份、地位等条件"悬置"起来，放松心态，态度坦诚，用"心"去交流。认识到的看法与见解，都是一己之见，一种理解。每个人都有自己"特定"的视角，宛如看庐山时的"横看"与"侧观"造成"远近高低各不同"的现象，没有孰对孰错之分。对话的目的恰恰就是分享不同的视角，让事物本身更清楚明了。

一线教师作为躬身实践者，应该意识到自身掌握的实践经验，同时也应体会专家"晦涩"理论背后隐藏的教育真谛，以及对教学实践的指导意义。教育专家们也应该意识到没有日常的教育情境，理论就成了无源之水、无本之木。一线教师的实践并非没有理论指导，他们可能日复一日地使用"不自知"的理论，也有"自下而上"地建构理论的潜质。在对话中应尽量将"术语"转换为可操作的、教师熟知的语言，消除话语霸权。总之，社群中的每个参与者都是"局内人"，不是"看客"，都是"平等对话"的主体。

二、专业社群的类型

专业社群有不同的类型。对学校专业社群而言，可以从空间角度简单分为校内和校外两种专业社群。

（一）校内专业社群

校内教师组成的专业社群包括学科组、年级组、课题组等，其中学科组是以同一学科为纽带组成的教师社群，他们拥有同样的教学问题，很容易走到一起；年级组，是指同一年级不同学科教师组成的专业社群，他们面对同一群学生，社群可以帮助他们更全面深刻地了解每一个学生；课题组，即基于校本研究的需要，教师间针对同一教学科研问题组成的专业社群，他们有同样的兴趣与爱好。除此之外，校内教师专业社群还有诸如青年教师组、专家组、兴趣组等。由于绝大多数教师没有机会和教育专家、教学名师进行面对面的合作或交流，使由本校教师组成的社群成为校内专业社群的基本建构方式。

教师作为独立的个体，在教学技能、管理方式、教学特点、教学风格等方面存在差异是不争的事实。即便面对同样的学生、出现同样的教学问题，不同教师的处理结果可能会大相径庭。充满教学智慧的教师可以"化干戈为玉帛"，有些教师可能会加剧冲突，甚至恶化关系。正因为如此，校内组建的专业社群以其便捷、有效、灵活自主、涉猎范围广等特点，为教师提供互相探讨的平台。教师之间共同反思无效的教学设计，探讨新的教学概念，寻找解决问题的对策，并积极地相互支持，就能够超越个人狭隘的视野和单一的思维方式，在互动中找出解决问题的最佳办法，会对教学现象进行得更深入。[1]

（二）校外专业社群

校外专业社群，顾名思义，主要是指一线教师与学校以外的人员结成的专业社群。主要包括外校的教师、教育科研人员、教育理论研究者、大学教师、教育专家以及网络上的志士同仁等。

1. 与专业人员组成的专业社群

专业人员是指各级各类的教研员、教育理论研究者、大学教师、教

---

[1]赵明仁，袁晓峰. 理论引领的教师专业发展模式[J]. 教育理论与实践，2006，（10）.

育专家等。随着基础课程改革的逐步开展以及校本教研的兴起与发展，一线教师与专业人员结成的专业社群如今已经深受欢迎与推崇。

首先，一线教师来源于教育的第一线，他们不辞劳苦、年复一年、任劳任怨地埋头苦干，然而重复工作也使他们进步甚少。对教育科研工作来说，很难透过表象看到隐藏在背后的本质。假如有专业人员的"引领"与"提携"，可以使他们从单调、重复的劳动中解放出来，用新的角度去观察和审视教学，用新的眼光去发现、发展自我，提高教学水平和理论素养，实现从"教学匠"到专家型教师、研究型教师的蜕变。

案例12-3 一线老师的声音[1]

我是一名普普通通的农村中学教师。在学校中，我按照教学大纲、教学参考书、课本，中规中矩地教着我的课程，日复一日、年复一年。如果不是"教师发展日"的出现，我可能就这样按照我原有的教学轨迹，教一辈子。但是自从有了与大学教师合作的经历，原来教学是这么有魅力，有这么广阔的空间，让我去研究、去发现、去创造。更重要的是它让我体验到另外一种工作方式，在教学中研究、思索、设计让我浑身充满了激情和生命的活力。在这儿我感受到了教育人生的快乐和价值。

其次，教研员一般来自一线教师，他们有长期的教学与研究经验，可以站在理论与实践相互结合的角度，提出更具前瞻性和实践性的建议。与一线教师的合作与互动，可以使教研员研究扎根于教学实践，获得第一手的资料，实现与时俱进，提升自己的教研水平。

再次，教育理论工作者、教育专家、大学教师等，他们掌握丰富的教学理论，对教育问题有很多真知灼见，可以提供多维度、多视角的技术与理论支持。倘若"躲在小楼成一统"，只是"闭门造车"，便无法真正理解教学实践中的所急、所需，造成赖以生存的现实土壤贫乏，缺

[1]宋敏. 大学与中小学合作研究现状、问题及思考[D]. 北京：首都师范大学，2005.

少实践滋养的理论也必定贫乏而苍白。通过教师专业社群，便可以从丰富多样的教育实践中汲取大量的、用之不竭的营养，进而丰富、发展、完善教育理论。

案例12-4 研究者的感触[1]

在合作研究的过程当中，可以发现书本上你看到的东西，在实践当中你就可以看到另外一面，实践中有更多的东西值得研究，对大学的教学也会有帮助，因为毕竟看到了很多生动的例子。原来你在课堂上讲的例子是别的人写出来的例子，现在用的例子都是自己看到的，经历过的，让教学更活灵活现一些，也会丰富自己看问题的角度。

由此可见，一线教师与专业人员相结合，可以优势互补、各取所需、共同提高、共同发展，同时满足教育理论和教学实践发展的双重需要。

2. 教师虚拟专业社群

随着科学技术日新月异的发展，网络已渗透到人们生活的方方面面，只要鼠标轻轻一点就能真正实现"天涯若比邻"。教师也可以借助网络这个平台，结交天下的志同道合者，探讨教育问题，思考教育工作的人生。正如一位教师亲身感触的那样："网络上的有很多志士同仁，他们的话语闪烁着智慧的光芒，对我有很大的触动和启发。当我遇到一些百思不得其解的问题时，他们会给我出谋划策，往往会有很多意想不到的收获。我觉得自己的视野开阔了，之前我的问题全是浓缩在一个小小的课堂里，而现在我关心社会共同的教育问题、共同的学生，不再是一个小小的班级。"②

由于教师虚拟专业社群成员来自五湖四海，彼此的生活和工作上没有交叉，没有利益和面子的冲突，他们更愿意相互欣赏与借鉴，愿意吐露自己的挫折与迷茫。既多了些真诚，也少了些尴尬。在这一点上，教

---

[1]宋敏. 大学与中小学合作研究现状. 问题及思考[D]. 北京: 首都师范大学, 2005.
②笔者2009年1月份对深圳市南山区南油小学陈显平校长进行的访谈。

师虚拟专业社群具有无可比拟的优越性。事实上，近年网络上出现的教师专业社群越来越多，这种新形式的教师专业社群突破了地域的限制，使来自不同地区、不同学校、不同背景的教师有机会进行交流，打破了资源相对集中的局面，缩小了各地区教师专业发展的差异，开阔了教师的眼界。教师虚拟专业社群为教师专业的发展注入了强大的生命力。

3. 校际间教师组成的专业社群

专指不同学校或者不同学校的教师之间按照一定的组合结成的群体。因为不同学校之间的办学方式、办学理念、校情学风都有差异，可以使教师就普遍存在的问题进行合作，取长补短，相得益彰，实现资源共享、智慧共生。

三、专业社群的建构与运作

专业社群的建立并非一日之功，需要相应的建构策略与运作机制。

（一）专业社群建构策略

拥有共同愿景、人人积极参与、鼓励同伴互助与加强自我反思四个方面是建构教师专业社群的主要策略。

1. 建立共同愿景

每个教师做科研时都有"我想要创造什么"的想法，这是个人所持的愿景。而共同愿景则是组织中人们所共同持有的意向。个人愿景的力量源自一个人的关切深度，而共同愿景的力量源自共同的关切。当人们真正共有愿景时，这个共同的愿望会紧紧将他们结合起来。[1]教师专业社群的建设也要源于教师所持有的共同愿景，这种愿景能使各种不同的活动融汇起来，为教师专业社群的发展提供能量与焦点，保障专业社群

---

[1]彼得·圣吉. 第五项修炼——学习型组织的艺术与实务[M]. 郭进隆，译. 上海：上海三联书店，1998：238.

沿着正确的方向发展。

案例12-5 拥有共同的愿景[1]

随着新课程改革的不断推进和深化，北京小学在"培育优质学生群体"这一课题研究的统领下，以年级组、学科教研组为单位，扎扎实实地开展校本教研，促进教师的专业成长，数学教研组就是其中的优秀代表。近年来，数学组取得了骄人的成绩和广泛的社会认可……

为什么他们能在短短几年内，获得如此多的成绩？他们专业发展的动力是什么？研究者首先就发现他们拥有共同的愿景：确立了核心的价值观。在这个团队中，每个成员都有共同的信念与价值追求，即有共同的核心价值观。概括说来，北京小学数学团队共同信奉下面的内容：

▲教育的根本目标是促进每一位学生的和谐发展。

▲教师要做推进并深化课程改革的主力军。

▲要让学生快乐地学习有价值的数学。

▲有效教学的根本是把握数学教学的本质。

▲追求教师的专业尊严，体验教师的职业幸福。

在这些核心价值观的指引下，团队成员之间也可能有"争执"，但这些"争执"都是友善的，成员都在试图使他们之间的关系比已往更好，只是在试图改善友好关系时才有分歧。在共同体中，大家能够互相依靠，互相信赖，不求报答地互相帮助，"我们的责任，只不过是互相帮助；我们的'权利'，也只不过是希望我们需要的帮助即将到来。"

2. 人人积极参与

专业社群旨在实现经验共享、智慧共生，积小智为大智。每个人积

---

[1]刘加霞. 打造优质团队促进学科发展——对北京小学数学教师团队发展机制的分析[J]. 中小学管理，2009，（1）.（题目为引者所加）

极主动地参与是专业社群发展的前提和必须，为了保障人人积极参与社群建设，需从以下策略着手：

（1）制定社群规则。社群规则包括组织、评估、奖惩等方面，社群成员都需要签订契约。对表现好、成绩突出的社群成员给予一定的奖励，调动每位教师参与的积极性。

（2）分工合作。选择有意义的、能够激发教师兴趣的、与教师生活密切相关的研究主题。在研究过程中，给每个社群成员都分配一定的任务，承担相应的责任。

（3）定期研讨。合理规划社群运作进程，依据社群主题定期开展研讨会议，可以增加社群成员交流和互动，培育协作学习的社群文化，增强教师的归属感和团体的凝聚力。

（4）发挥协调人的作用。由于社群成员间是平等对话的主体，没有上下级之分。因此，要保证社群健康有序地运行，引导社群成员积极互动，协调人充当信息的加工者、扩散者，舆论的引导者和社群维系者的角色。在教师专业社群的发展中起至关重要的作用。

3. 鼓励同伴互助

同伴互助指在两名或两名以上教师间发生的、以专业发展为指向、通过多种手段开展的，旨在实现教师持续主动地自我提升、相互合作、共同进步的教学研究活动。[1]专业社群的构建不仅需要每名教师积极主动地参与，更需要教师之间的专业切磋、资源共享、互帮互助。

案例12-6 优秀教师≠优质的教育人才资源[2]

湖北省某市投资近2亿元新办了一所高中，建设了全市一流的办学校舍，并从全省范围内招聘了一批优秀骨干教师，计划在10年内使其成为一流的优质学校。然而，开办10年来，该校的教学质量并没有达到预期的效果，学校依然是一流的学校设置，二流的教学质量。原

---

[1]朱宁波，张萍. 教师同伴互助的校本教研模式探析[J]. 教育科学，2007，（12）.

[2]周冬祥. 校本研修：理论与实务[M]. 武汉：华中师范大学出版社，2007：39.

因在哪里呢？经过调查分析，发现主要原因在教师队伍建设方面。原来，该校领导认为本校教师是从全省公开招聘来的，基本上都是县、市重点中学的骨干教师，教学业务能力强；但没有注意到这些教师来源不同、素不相识、独立性强、各自为战、过度竞争、缺乏团队协作，甚至发展到不顾学生整体的协调发展，争抢教学时间，大搞题海战术，导致同事关系紧张，又引发师生关系紧张。加上管理失范，使教学矛盾没有及时得到有效化解，最后导致教学质量难以提升。

以上事例可以看出，即便是最优秀的教师，如若同伴间缺乏互帮互助的工作氛围，也产生不了最优质的教学效果。教师专业社群的建构需要教师良性的交流与互动，以调动教师教学研究的积极性，促进教师的专业发展，提高教学教研的效果。

同伴互助的形式多样，分享教学经验，可以了解自己教学的优劣所在，不断改善并加以改进；共同设计教学，可以让多名教师围绕同一节课、同一单元出谋划策，提高教师教学设计水平；观课、评课，可以通过听课或观看教学录像等形式，就观摩到的教学情境或具体案例进行剖析、研讨、切磋，寻求改进方案提高教研水平。总之，通过教师间同伴互助的形式可以实现社群集体的共同成长，而不仅仅是个别教师的成长。

4. 加强自我反思

反思是在行动和观察之后做出的，它既是行动的结束，同时也是新行动的开始。反思是一种强有力的、有价值的行为，是促使教师自我成长和专业发展的核心因素。只有当教师认识到教研和专业社群的重要作用，不断进行"自我反思"，才会主动内化为自己的价值信念，才能积极主动地参与建设专业社群。

案例12-7 在追问自己的过程中发展自己[1]

黄老师是一位参加工作20多年的中年教师。参加工作以来，他勤奋学习、刻苦钻研，业务水平不断提高，教学能力得到大家的公认，并担任了教研组长，是学校的一名骨干教师。然而，在体会到成功喜悦的同时，他也感觉到自己的工作热情和干劲正在悄悄减退。如何才能使自己上升到一个新台阶呢？在参加以"教师生涯规划"为专题的校本研修活动中，他追问自己："过去自己能够胜任教学，在新一轮的课程改革中，自己还能够胜任教学工作吗？"通过学习、观摩、研讨、反思等一系列研修活动，他认识到："胜任是相对的，过去的胜任只能说明过去，并不意味现在能够胜任，更不能保证将来仍然能够胜任。"他以动态发展的观点，深刻地反思自己，明确自己的优势与不足，确立专业发展的目标，找到促进专业发展的路径，制订了专业发展5年规划，明确自己在这5年中的每一学期、每一学年计划完成的研修任务和业绩目标……

上述案例中，黄老师进行自我追问的过程也是他不断进行"自我反思"的过程。正是如此，才能更深刻地认识到自己的优势与不足，才能不断地发展自己。全国特级教师袁蓉从自己的教学实践和成功经验中总结出："教学成功=教学过程+反思"[2]的规律。因此，自我反思亦是促进教师专业社群发展的决定性因素。

（二）专业社群的运作

运作合理、组织得当的教师专业社群，犹如一部高速运转的精密机器，会产生的巨大的惯性与动力，能激发成员的巨大的潜能。相反，运作散漫、组织无序的专业社群，宛如一盘散沙，发挥不了应有的作用。

---

[1]周冬祥. 校本研修：理论与实务[M]. 武汉：华中师范大学出版社，2007：85.

[2]夏子辉. 新课程下教师的自我反思与教师专业化发展[J]. 成都教育学院学报，2004，（11）.

1. 扁平化组织

扁平化组织的结构外形特征是扁而平，相对于传统的层级结构，它的组织层次较少，管理幅度却增加了。[1]扁平化组织作为一种新型的组织结构形式，主要运用在企业的组织与管理上，具有灵活方便、反应快速、交流畅通、释放潜能、实现价值等无可比拟的优越性。1981年韦尔奇就任GE公司CEO后，对GE的管理结构进行了大刀阔斧的改革。从1981年到1992年，该公司被裁撤的部门多达350余个，管理层级由12层锐减至5层，副总裁由130名缩减至仅仅13名。经过这一番改革，GE的官僚主义风气大为减少，灵活性突出。[2]在我国，一些大型企业（如海尔集团、长虹集团等）面对日益激烈的市场竞争，为提高竞争优势，也开始组织结构创新，并取得了一定的成效。

在教师专业社群运作方面，传统的"金字塔"组织分为"备课组、教研组、年级组、教导处、校长室，一级服从一级，自上而下地运作"[3]。这样的组织固然可以使每个环节、每个人的工作都得到有效的安排与监督，具有管理稳定、权责明确、组织稳定等优点，但因其层次组织多、规模庞大、职权过于集中的特点，极易滋生官僚主义作风，造成信息传递失真、交流不畅、人浮于事、推诿扯皮等现象。这些都是与专业社群的宗旨与愿景背道而驰的，不利于双向的交流与合作，阻碍了教师的成长与进步。

社群组织结构的扁平化，恰恰弥补了这些的不足，它指学校领导或校外的科研人员直接渗透到各个社群中，参与到一线教师的教学与科研里，去除不必要的中间环节，减少决策和行动上的滞延。通过亲身备课、说课、评课活动，体验到教学的重点、难点和问题所在；通过对教育现场的直接观察，提高对问题的敏感性与及时应变能力；通过横向、纵向、全方位多角度的沟通与对话，能集思广益，创设民主、平等、宽松的文化氛围；通过身体力行，而非发号施令式的"冷眼旁观"，可提

[1]刘艳巧. 扁平化结构的实践基础[J]. 经济论坛，2004，（20）.

[2]杜少华. 仅有扁平化组织是不够的[J]. 商务周刊，2006，（89）.

[3]柳夕浪. 让教师专业社群变得更聪明[J]. 人民教育，2009，（5）.

高社群成员的凝聚力和内驱力，激发教师的教学和科研的能力。

教师专业社群扁平化组织要求淡化等级观念，从虚构理论、空谈学风、无意义地创造文本中脱离出来，把理论与实践的"残缺关系"变为"亲密接触"，从教学实践中掌握第一手的资料，使研究真真正正地基于实践的需要，并服务于教学实践。在从行之有效的感性经验中提升理论，从不得其解的困惑中找出症结。一言以蔽之，社群组织结构的扁平化，是为了消除学校里的等级观念，淡化官僚作风，让信息及时地上通下达，交流畅通无阻。激发出每个人的巨大潜力，使学校成为知识的乐土，心灵的沃土。

2. 小规模互动

俗语说得好，"三个臭皮匠，赛过诸葛亮。""多一个人，多一份力量；多一个脑袋，多一份智慧。"专业社群的构建旨在积聚教师的教育智慧，解决凭一己之力无法克服的难题。何以要小规模互动？又如何小规模互动呢？

（1）何以小规模互动。尽管"人多力量大"是过去许多人的信条，但"三个和尚没水喝"也警示出人多不一定就是好事的道理，人多也可能是累赘。事实上，有时人多反而会相互抵消力量，产生反方向的张力。彼得•圣吉《第五项修炼——学习型组织的艺术与务实》一书中提出这样一个问题："在一个管理团体中，大家都认真参与，每个人的智商都在120以上，何以集体的智商只有62？"[1]

同样，在由几百人组成的研讨会上，不难发现，真正能够全身心投入、热烈互动、积极思考者往往是少数，"事不关己高高挂起"的参与者居多。"小规模互动"中"小"即人少，它意味着简单与灵活，小规模的教师专业社群让每个人都有"当事人"的心态，不是"看客"的身份。就像一个家庭，解决家庭矛盾的时候，每个人都会勇于面对、积极思考、出谋划策，任何人不可能躲，也根本无处可躲。当然，专业社

---

[1]彼得•圣吉. 第五项修炼——学习型组织的艺术与务实[M]. 郭进隆,译. 上海: 上海三联书店, 2004: 10.

群不是一个稳固的家庭，组建、重构、解散也是非常容易。可以根据需要，随时随地做出适当的调整。同时"规模小"可以避免管理幅度及难度方面的问题。

也并不是说"规模小"越小越好，应当保证社群成员有一定的同质性和异质性。同质性可以让社群有共同的信念和专业价值观，使社群朝共同目标和愿景努力奋斗；异质性是指社群组织具有多元性，它是社群"互动"的前提，只有"异质"才会有对话、分享、批评、反省，才会有新鲜的生成和深层的理解。有研究者从群体动力学的角度指出："大约10～15个学生组成的调查研究组是理想的，这个数字足以保证多样性和个人的参与。"[1]所以社群组建需考虑年龄、性别、专业背景、教研经验等多方面因素。

（2）如何小规模互动。专业社群互动形式多样，包括教师之间共同的阅读与讨论、观摩教学、课例研究、深度会谈、专题讨论等。这些主要以教师为主体，以教师最关切的问题为主题，能满足教师最迫切的改革实践的需要，是促进教师专业发展的最有效的途径。下面就以赵明仁老师在深圳市后海小学所做研究为例，具体说明。

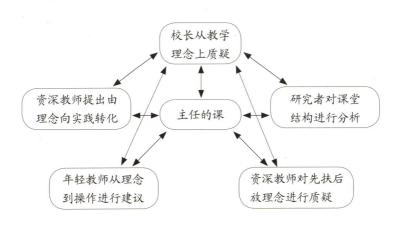

图 12-1 专业社群中的互动[2]

---

[1]柳夕浪. 让教师专业社群变得更聪明[J]. 人民教育，2009，（5）.

[2]赵明仁，袁晓峰. 理论引领的教师专业发展模式[J]. 教育理论与实践，2006，（10）.

"课改论坛"是后海小学为实施新课改专门开展的研讨活动，有一个由全体教师和校外专家组成的学习共同体。在讨论中，主任把自己的教学行为以及行为背后的理念公开呈现出来，通过这种实践，为大家进行专业交流提供了平台。校长发挥了主导性的理论引领作用，通过对共享理念的强调，使大家的讨论集中在一个核心概念——如何使学生学得更好的辩证思考上。几位年轻教师，也毫不客气地提出自己的改善建议。研究者一方面对教学理念进行审视，一方面对课程结构进行分析，从理论和实践结合的角度提出见解，发挥专家的理论引领作用。这样，在小规模的互动中彼此分享了新知，共同提出改进教学的建议，并给予及时有效的反馈，在小规模的社群互动中促进教师的大成长。

3. 理论引领

理论引领是理论对实践的指导、理论与实践的对话、理论与实践的重建。一群普通平庸的人群，造就不出高水平的实践者和研究者，教师要走出狭隘与偏见，专业社群要前进与发展，就必须呼唤理论的引领。它可以保障专业社群活动的有效性和科学性，引导教师运用科学的态度与方法，遵循教育教学的基本规律，减少教师做低水平的迂回反复，提高教研的水平与效率。同时，专家引领可以维持社群中教师的科研热情，使社群朝既定的目标不断前进。理论引领既包括教育科研人员和大学教师等专业研究人员的引领，还包括资深的专家型教师，如特级教师、学科带头人的引领等；既包括显性引领（专家、教师的引领等），又包括隐性引领（前沿理念、指导理论的引领等）。

（1）引领方式多样化。引领方式应该是多样的，而非单一的。尽管人们都认可"理论引领"的重要性，但对于"理论引领"的方式，往往见仁见智。其中吴永军认为引领方式主要有专家专题讲座、理论学习辅导报告、教学现场指导、参与式培训等[1]；潘国青认为引领方式主要有学术报告、科研讲座、专家的"坐堂咨询"、研修结合的专题培训班、

---

[1]吴永军. 校本教研：新课程的教学研究制度[J]. 江苏教育，2003，（11A）.

请专家进行课题论证、成果鉴定和专家与教师的合作研究[1]；余文森认为引领方式主要有学术专题报告、理论学习辅导讲座、教学现场指导以及教学专业咨询等。[2]"理论引领"之于实践即是"月映山川，理一疏万"的表现方式。上述引领方式，都可以给教师思想上带来触动与冲击，让他们以理论为武器，重视审视教学与自身，重视审视那些司空见惯、习以为常的教学案例，捕捉有研究价值的潜在问题，彰显被尘埃蒙蔽事物的本真。

案例12-8 专家引领[3]

每次与专家交流，他总能让我们在思路上、材料上、认识上得到提升，指导随机而及时，让我们有春风化雨的感觉。一次公开课前期，我们和专家一同开展备课研讨活动。那次讨论的课题是《秋天的雨》，这是一篇充满情趣的散文诗，字里行间流淌着生命的美丽。作为小学教师，我们习惯于从小学生的视角来挖掘教材，确定教学策略。这次我们决定从语言文字入手，让学生在比较、诵读中品味语言，感悟秋天的美景。鉴于此，专家提醒我们，作为教师，我们的视角应该高于学生，能对教材有全面深入的理解，只有高瞻远瞩，教学才能游刃有余。接着他说：课文体现的美不单是语言美和景色美，还有结构美、意境美和心灵美，这些在教学中不一定一一呈现给学生，但教师心中要清晰。这样才能设计出合理的教案，才不会使我们的课堂单一失色。虽然话语不多，却让我们感受到，教师备课的视野应该超越教学设计，教学设计是教师全面吃透教材并充分了解学生后形成的最有效的学习方案。这次指导填补了我们备课的局限性，也让我们认识到备课的真实内涵。

不可否认，上述引领方式是经过实践检验的行之有效的方式。同

---

[1] 潘国青. 学校教育科研中的专业引领[J]. 教育发展研究，2004，（10）.

[2] 余文森. 自我反思同伴互助专业引领[J]. 黑龙江教育，2003，（11）.

[3] 王金华. 拓宽专业引导途径，提升校本研究水平[J]. 宁夏教育科研，2007，（3）.

时，不难看出上述所谓的"引领"主要是指教研人员、科研人员、大学教师等对教师的培训、报告或讲座等方式。鉴于教研人员、科研人员、大学教师的人员有限，不可能深入到每一个社群之中，他们的指导和报告也通常是"一对多"式的，以致一些正确的理论只能是空谈一阵，不能持之以恒地贯彻下去，也不能"内化"为教师自己的东西。

一些骨干教师或者专家型教师采用先进的教学理念，通过开展主题或专题讲座、经验交流、名课观摩等活动，在共同备课（设计教学）、听课评课、教后反思、现场诊断与指导中，潜移默化地运用理论、内化理论、发展理论、重建理论与实践，引导教师专业社群向前发展。当然教育专家、科研人员与骨干教师、专家型教师有工作定位的差异，二者理论的来源与关注点都不同，所以多种引领方式间应当相辅相成、交叉进行、优势互补。

（2）引领需指向实践。理论引领最大的障碍就是理论空洞，脱离实践。对教师来讲，空洞的理论就如装饰甚美的花瓶，美虽美矣，却不实用，只可远观，不可亵玩。所以当理论是"阳春白雪"，是"床前明月光"时，理论引领也只能是一纸空文。于是，一些教师认为理论是专家、学者们的事，与己无关，自己的本职工作只是教书育人。专家讲理论固然言之凿凿、动人心扉，但结果却"听听激动，想想心动，事后一动不动"，这固然和教师自身有关，也显现了理论研究和教师实践之间的固有矛盾。

教学向来是复杂的活动，教师需要结合复杂的教学情境，把理论渗透在具体的课程设计与教学活动中引领课程设计与教学活动。[1]只有自身和学生都发生可喜的变化时，教师才会相信理论，并愿意主动地"内化"理论。这就需要理论引领与实践进行亲密接触，直面教学中的真实问题。在与教师平等对话、讨论的基础上，与特定教学情境互动的过程中，要分析问题产生的原因，提出解决问题的思路与设想，以便在实践层面发挥理论的引领作用。

---

[1]赵明仁，袁晓峰. 理论引领的教师专业发展模式 [J]. 教育理论与实践，2006，（10）.

案例12-9 "在游泳中学会游泳"[1]

我开始与教育科研零距离的接触，可问题接踵而至：教育科研怎么入手？科研的课题怎么来？我该从哪儿做起？……在我茫然困惑的时候，带着许多问题请教了学校给我聘请的指导老师，专家给我指点了迷津。

教育科研怎么入手？

专家：教育课题研究，可以从自己解决教育教学问题的研究做起，课题就存在于教师的实践中、课堂中和自己的周围环境。

科研的课题怎么来？我该从哪儿做起？

专家：要经常有一种想研究的欲望并试图弄清"为什么"，带着这种研究意识，寻找课堂教学中的问题，把它们一一罗列出来。然后可以采用"比较—分析—归类"的方法对问题进行整理，再对照当前教育改革的要求和所倡导的教育教学理念，反思课堂教学，筛选出有代表性的问题加以研究。

我回去后反思自己的课堂教学，分析教学中的问题，结合当前教育改革理念，提出了"小学数学体验式学习及其影响因素的研究"这一研究课题。可确定了课题之后，接下来又该做什么？

选定课题后，我该怎样进行研究？

专家：你可以对所选问题设计一个研究方案，方案中要对研究的价值、研究要解决的问题、研究的内容、研究的目标、怎样进行研究等方面做出系统的规划。研究目标是什么？它和我们平时的教学目标有什么区别？

专家：研究目标指向的对象是研究者，规定教师要完成的任务。教学目标指向的是学生，有要求学生完成的任务。研究目标是依据研究主题确定的，是研究者要追求的直接结果，包含了对成果的预期。

研究的目标和研究的内容之间又是什么关系呢？

专家：研究内容是为实现研究目标而必须研究解决的具体问题，有研究者要探索的内容。

---

[1] 宋进喜. 理论引领的体验式培训对促进教师专业化发展的研究 [D]. 上海师范大学学报，2007.

上述案例可以看出，"专家"的理论引领是指向教师现实的"所需"、"所急"，与教师的需要紧密地联系在一起，所以理论引导应以问题为切入点，想教师之所想，急教师之所急，引领专业社群实现教学水平的提高。

（3）引领不能"包办"。需要谨记的是，教师专业社群立足于教师，服务于教师。教师不仅是教学实践的主体，也是教育科研的主体。理论引领重在"提携"，不可"包办"。科研人员及专家提供咨询，出谋划策，充当"服务"者的角色，重在介绍新知，启发引导。教师做科研就是让教师自己观察思考、寻求答案、探索教学、挖掘潜能，建构自己的理论。因此，"引领"应以"点拨"为主，不能包办代替，喧宾夺主。

案例12-10 引导教师近思[1]

所谓近思，就是让教师学会关注自己身边的问题，善于解决自己身边的问题，不断提高自己的教学能力和水平，发展自己的教育智慧。如果教师们能认真地思考平时在教学中发生的每一个问题，就会使自己变得机敏，并由此转变自己的行为和态度。

为引导教师近思，在教研活动中，我帮助教师剖析发生在他们身边的教学问题，让已经迟钝的感觉变得敏锐、聪慧起来。……为了让教师们学会思考，我向他们提出了这样几个问题：

1. 为什么学生成绩分化问题严重？

2. 学习成绩两极分化到什么程度？

3. 是从什么时候开始分化的？

4. 不同年级的成绩分化程度是否相同？

5. 成绩分化问题过去是否存在？

6. 如果存在，现在是否比过去更严重？

7. 在成绩分化问题上有男女生差异吗？

8. 造成分化的主要原因是什么？

---

[1]曲天立. 教研员：教师思维的激荡者[J]. 中小学教师培训，2008，（2）.（引用时有缩简）

　　这个课题研究对教师的震动很大，原来自己身边有这么多问题可以思考，需要研究，也激发了大家关注身边问题的意识。其实，注意多关注身边的问题，教师的教学行为就会逐渐得到改善，教学素质和能力就会慢慢提高。

　　理论引领应当是在教师感到困惑与迷茫、无所适从的时候；在社群水平停滞不前，感觉力不从心的时候；或者发展走向迷途或歧路，出现"高原"现象的时候。专业研究人员或专家型教师要给予及时而有效的帮助，指点迷津，引领方向。使教师不再囿于同水平的反复，不再匍匐于"理论"的脚下，积极自我反思，站在"专家"的肩膀上，生成自己的智慧，成为理论的建构者。

参考文献

■著作类

Anselm Strauss, JulietCorbin. 质性研究入门：扎根理论研究方法
[M]. 吴芝仪，等，译. 台北：涛石文化出版社，2001.

彼得·圣吉. 第五项修炼——学习型组织的艺术与实务[M]. 郭进隆，
译. 上海：上海三联书店，1998.

蔡清田. 教育行动研究[M]. 南京：南京师范大学出版社，2005.

蔡笑岳. 教师专业发展与教育科研[M]. 广州：暨南大学出版社，2007.

陈向明. 教师教育研究[M]. 上海：华东师范大学出版社，2003.

陈向明. 教师如何做质的研究[M]. 北京：教育科学出版社，2001.

陈向明. 质的研究方法与社会科学研究[M]. 北京：教育科学出版社，
2000.

陈晓萍，许淑英，樊景立. 组织与管理研究的实证方法[M]. 北京：北
京大学出版社，2008.

仇忠海，李敬. 教师读书札记[M]. 上海：上海社会科学院出版社，
2007.

丁钢. 声音与经验：教育叙事探究[M]. 北京：教育科学出版社，2008.

范国睿. 诗意的追求——教师实践智慧案例导引[M]. 上海：华东师范
大学出版社，2007.

高祥宝，寒青. 数据分析与SPSS应用[M]. 北京：清华大学出版社，
2007.

顾泠沅，王洁. 行动教育：教师在职学习的范式革新[M]. 上海：华东
师范大学出版社，2007.

华勒斯坦，等. 学科·知识·权力[C]. 北京：生话·读书·新知三联书

店，2001.

马克斯·范梅南. 教学机智——教育智慧的意蕴[M]. 李树英，译. 北京：教育科学出版社，2003.

教育部师范教育司. 教师专业化的理论与实践[M]. 北京：人民教育出版社，2001.

克莱丁宁，康奈利. 叙事探究：质的研究中的经验和故事[M]. 张园，译. 北京：北京大学出版社，2008.

李臣之. 综合实践课程教学论[M]. 广州：广东高等教育出版社，2010.

李吉林. 李吉林与情境教育[M]. 北京：北京师范大学出版社，2006.

李烈. 我教小学数学[M]. 北京：人民教育出版社，2003.

李镇西. 追随苏霍姆林斯基[M]. 上海：华东师范大学出版社，2009.

刘良华. 教育研究方法：专题与案例[M]. 上海：华东师范大学出版社，2007.

刘良华. 校本行动研究[M]. 成都：四川教育出版社. 2002.

刘梦溪. 中国现代学术要略[M]. 北京：生活•读书•新知三联书店，2008.

刘旭，顾颉，胡燕. 一线教师教育科研指南[M]. 成都：四川教育出版社，2007.

刘玉莲. 在学校教育中学做研究[M]. 北京：首都师范大学，2006.

柳夕浪. 教师研究的意蕴[M]. 北京：教育科学出版社，2007.

卢纹岱. SPSS for Windows统计分析（第3版）[M]. 北京：电子工业出版社，2006.

吕洪波. 教师反思的方法[M]. 北京：教育教学出版社，2006.

吕云萍. 灵性课堂与生命激情[M]. 福州：福建教育出版社，2006.

罗伯特•K•殷. 案例研究：设计与方法[M]. 周海涛，译. 重庆：重庆大学出版社，2005.

约翰•杜威. 我们怎样思维•经验与教育[M]. 姜文闵，译. 北京：人民教育出版社，2005.

Robert J. Sternberg Wendy M. Williams. 教育心理学[M]. 张厚

桀，译．北京：中国轻工业出版社，2003．

帕尔默．教学勇气——漫步教师心灵[M]．上海：华东师范大学出版社，2005．

马克思·范梅南．生活体验研究——人文科学视野中的教育学[M]．宋广文，等，译．北京：教育科学出版社，2003．

马云鹏．教育科学研究方法导论[M]．长春：东北师范大学出版社，2002．

裴娣娜．教育研究方法导论[M]．合肥：安徽教育出版社，1995．

苏霍姆林斯基．给教师的建议[M]．杜殿坤，译．北京：教育科学出版社，1984．

孙亚玲．教育科学研究方法[M]．北京：科学出版社，2009．

唐荣德等．教师素质：自在的教师[M]．桂林：广西师范大学出版社，2008．

田学红．教育科学研究方法指导[M]．杭州：浙江大学出版社，2006．

汪利兵．教育行动研究：意义、制度与方法[M]．杭州：浙江大学出版社，2003．

王洁，顾泠沅．行动教育——教师在职学习的范式革新[M]．上海：华东师范大学出版社，2007．

王枬．教师印迹：课堂生活的叙事研究[M]．北京：教育科学出版社，2008．

王铁军．中小学教育科学研究与应用[M]．南京：南京师范大学出版社，2002．

风笑天．社会学研究方法[M]．北京：中国人民大学出版社，2005．

夏征农．辞海（缩印本）[M]．上海：上海辞书出版社，1999．

唐纳德·A·舍恩．反映的实践者[M]．夏林清，等，译．北京：教育科学出版社，2007．

熊焰．校本培训：教师专业发展[M]．广州：广东高等教育出版社，2006．

徐碧美．追求卓越——教师专业发展案例研究[M]．陈静，等，译．北京：人民教育出版社，2003.

余文森，洪明．校本研究九大要点[M]．福州：福建教育出版社，2007.

张民生，金宝成．现代教师：走进教育科研[M]．北京：教育科学出版社，2002.

张文质．迷恋人的成长[M]．上海：华东师范大学出版社，2006.

张筱玮．教育科研与教师专业发展[M]．长春：东北师范大学出版社，2005.

张彦春，雷玲．特级教师的特别建议[M]．福州：福建教育出版社，2009.

张彦春，朱寅年．16位教育家的智慧档案[M]．上海：华东师范大学出版社，2006.

郑慧琦．教师成为研究者[M]．上海：上海教育出版社．2004.

郑慧琦等．做有思想的行动者——研究型教师成长的案例研究[M]．上海：上海教育出版社，2008.

郑金洲．案例教学指南[M]．上海：华东师范大学出版社，2000.

郑金洲．教师如何做研究[M]．上海：华东师范大学出版社，2005.

郑金洲．学校教育研究方法[M]．北京：教育科学出版社，2003.

钟祖荣．现代教师学导论[M]．北京：中央广播电视大学出版社，2001.

周冬祥．校本研修：理论与实务[M]．武汉：华中师范大学出版社，2007.

周淑卿．课程发展与教师专业[M]．北京：九州出版社，2006.

■论文类

蔡明慧，李臣之．引导学生"感悟生命意义"的叙事研究——以《触摸春天》教学为个案[J]．天津教科院学报，2007，（3）．

曹培英．新课程背景下小学数学教师本体性知识的缺失及其对策研究[J]．课程•教材•教法，2006，（6）．

陈德云．教师的实践性反思与叙事研究[J]．全球教育展望，2002，（11）．

陈佑清. 交往学习论[J]. 高等教育研究，2005，（2）.

崔允漷，周文叶. 课堂观察：为何与何为[J]. 上海教育科研，2008，（6）.

崔允漷. 听评课：一种新的范式[J]. 江苏教育，2007，（12）.

肖正德，李长吉. 山村小学青年教师需要的叙事研究[J]. 教育理论与实践，2003，（10）.

邓友超. 论教师学习的性质与机会质量[J]. 教育研究与实验，2006，（4）.

丁钢. 教育经验的理论方式[J]. 教育研究，2003，（3）.

丁后银. "问题为本的学习"与"行动研究"的整合[J]. 外语与外语教学，2009，（3）.

窦桂梅. 读书，我们必须的生活[J]. 教育文汇，2008，（4）.

段晓明，陈荟. 走向生活体验——教育研究中的叙事研究法[J]. 教育研究与实验，2004，（4）.

佟德. 提出研究假设的方法[J]. 教育科学研究，2006，（8）.

傅敏，田慧生. 教育叙事研究：本质特征与方法[J]. 教育研究，2008，（5）.

韩健. 例谈教师如何做行动研究[J]. 当代教育科学，2007，（2）.

胡兴宏. 中小学教师科研选题策略[J]. 人民教育. 2009，（8）.

华应龙. 教育要给学生留下什么[J]. 人民教育，2009，（5）.

贾霞萍. 中小学教师怎样进行课题研究（四）——教育科研方法之教育实验研究[J]. 教育理论与实践，2008，（4）.

康纳利，克莱丁宁. 叙事探究[J]. 丁钢，译. 全球教育展望，2003，（4）.

李明汉. 教师校本科研与教育叙事研究[J]. 中国教育学刊，2003，（12）.

李小红，邓友超. 教师反思何以可能[J]. 高等师范教育研究，2003，（15）.

李艳，王继国. 代教：社会转型期乡村社会特殊教师群体——以山西省部分农村地区教师构成为例[J]．教育理论与实践，2004，（3）．

李哉平，徐朝辉．教育科研课题结题与研究报告的生成[J]．教学与管理，2007，（12）．

梁伟国，李帆．教育随笔：改变教师的行走方式[J]．人民教育，2004，（2）．

刘剑华．我的教育故事[J]．中国教育学刊，2006，（12）．

刘良华．教师如何讲述自己的教育故事[J]．福建论坛，2006，（7）．

刘良华．教育叙事研究：是什么与怎么做[J]．教育研究，2007，（7）．

刘万海．近二十年来国内外教育叙事研究回溯[J]．中国教育学刊，2005，（3）．

刘文东．课堂观察中的反思[J]．广东教育，2008，（5）．

柳夕浪．促进反思的对话[J]．上海教育科研，2002，（6）．

柳夕浪．教育参与教育研究：理念、方式与局限[J]．华东师范大学学报：教育科学版版，2002，（9）．

柳夕浪．让教师专业社群变得更聪明[J]．人民教育，2009，（5）．

毛作祥．中小学课题研究成果文本表达问题探讨[J]．教学与管理，2007，（11）．

苗元江．心理学视野中的幸福——幸福感理论与测评研究[D]．南京：南京师范大学，2003．

牛利华．教育叙事研究：科学反思与方法论革命[J]．当代教育科学，2005，（16）．

卜玉华．教师职业"叙事研究"素描[J]．教育理论与实践，2003，（6）．

潘国青．学校教育科研中的专业引领[J]．教育发展研究，2004，（10）．

申继亮等．专业引领下的教师反思能力发展[J]．中国教育学刊，2006，（6）．

施铁如．后现代思潮与叙事心理学[J]．南京师范大学学报（社会科学版），2003，（2）．

帅飞飞，李臣之．中学教师对新课改认同感的调查研究[J]．全球教育展望，2009，（5）．

宋进喜．理论引领的体验式培训对促进教师专业化发展的研究[D]．上海师范大学，2007．

王枬．关于教师的叙事研究[J]．全球教育展望，2003，（4）．

王枬．教育叙事研究的兴起、推广及争辩[J]．教育研究，2006，（10）．

吴卫东，等．小学教师教学知识现状及其影响因素的调查研究[J]．教师教育研究，2005，（4）．

肖洪涛．怎样撰写课题研究报告[J]．江西教育科研，2002，（10）．

徐碧美．如何开展案例研究[J]．教育发展研究，2004，（2）．

徐胜，梁英，赵捷．重庆市特殊幼儿融合教育行动研究报告[R]，中国特殊教育，2006，（2）．

杨明全．教育叙事研究：故事中的生活体验与意义探寻[J]．全球教育展望，2007，（3）．

姚云，顾明远．中国教育研究成果国际化的几个问题[J]．中国教育学刊，2007，（3）．

叶澜．让课堂焕发生命活力[J]．教育研究，1997，（9）．

叶澜．重建课堂教学价值观[J]．教育研究，2002，（5）．

余文森．自我反思同伴互助专业引领[J]．黑龙江教育，2003，（11）．

张彩云等．小学教师关于反思日记的认识[J]．教育学报，2006，（2）．

张恩德，程朝霞．一堂物理公开课的教育叙事研究[J]．上海教育科研，2009，（9）．

张立昌．试论教师的反思及其策略[J]．教育研究，2001，（12）．

张希希．教育叙事研究是什么[J]．教育研究，2006，（2）．

张肇丰．叙事研究与案例研究的性质和应用[J]．课程·教材·教法，2010，（2）．

赵明仁，黄显华．从教学反思的过程看教师专业成长[J]．教育研究与实验，2007，（4）．

赵明仁，袁晓峰．理论引领的教师专业发展模式[J]．教育理论与实践，2006，（10）.

周国韬. 教师叙事研究：挖掘和发展教师实践性知识的有效途径[J].
中小学教师培训，2007，（10）.

周勇. 教育研究的理论追求——华东师范大学丁刚教育访谈[J]. 教育
发展研究，2009，（9）.

周竹生. 从"教育随想"到"教育随笔"[J]. 教育研究，2005，
（02）.

■外文类

Elliott, J. (1991) Action Research for Educational Change,
Open University Press.

Gall, J. Gall, M. Borg, W. (1999) Applying Educational
Research: A Practical Guide, Longman, 4th ed.

H. Giroux (Ed. 1991). Postmodernism, feminism and cultural
politics: redrawing educational boundaries [M]. Albany: State
University of New York Press.

Lewin, K. (1952) Group Decision and Social Change, In Swanson
G. Newcomb, T. & Hartley, E. (eds) Readings in Social Psychology,
Holt, New York.

McNiff, J. (1988) Action Research: Principles and Practice,
Macmillan Education Ltd.

Merriam. (1988). Case study research in education a
qualitative approach San Francisco CA: Jossey-Bass Publishers.

Rudduck, J. & Hopkins, D. (eds) (1985) Research as a Basis
for Teaching: Reading from the work of Lawrence Stenhouse,
Heinemann Educational Books Ltd.

Clandinin, D. J. ; Murphy, M. S. ; Huber, J. ; Anne, M. O.
Negotiating Narrative Inquiries: Living in a Tension-Filled
Midst[J]. The Journal of Educational Research, 2010, 10 (3).

Conle, C. Narrative Inquiry: Research Tool and Medium
for Professional Development[J]. European Journal of Teacher
Education, 2000, 23 (1).

Marks, H. M. & Louis, K. S. Does teacher empowerment affect

the classroom. The implications of teacher empowerment for instructional practice and student academic performance[J]. Educational Evaluation and policy analysis, 1997, 19（3）．

Stenhouse, L. What Counts as Research? [J]. British Journal of Educational Studies. 1981（6）．

Thomas, G. Wineburg, S. Grossman, P. 'Hyhre, 0. &Woolworth, S. In the company of colleagues: an interim report of the development of a community teacher learners[J]. Teaching and Teacher Education, 1998, 14（1）．